IMAGE MAKING

이 미 지 메 이 킹

IMAGE MAKING

저자 정연자 · 서혜경 · 신원선 · 윤미연

You are the message !!

Yelim

저자 약력

정연자

- 건국대학교 대학원 의상학 석사 졸업
- 건국대학교 일반대학원 이학 박사 졸업
- 한국인체미용예술학회 고문
- 뷰티융합연구 소장
- 건국대학교 뷰티화장품학과 교수

서혜경

- B.C.M(Beauty Centre of Milan) Italy – Fantasia Course 수료
- Totalia Japan– Fashion Color Image Consultant Course 수료
- SSKPatners 브랜드&이미지연구소 대표
- (전) 중앙대학교 외래교수, 오산대학교 한양여자대학 출강

신원선

- 서경대학교 대학원 미용예술학 박사 졸업
- 한국인체미용예술학회 상임이사
- (사)한국메이크업전문가직업교류협회 이사
- 호원대학교 K–뷰티소재학과 교수

윤미연

- 건국대학교 일반대학원 향장생물학 박사 졸업
- 국제문화예술학회 상임이사
- 한국미용학회 편집위원
- 배제대학교 뷰티케어학과 교수

■ 머리말

21세기는 이미지가 곧 경쟁력으로 통하는 시대이다. 현대사회에서의 **'이미지'** 란 용어가 사용되고 있는 분야는 기업, 광고, 상품 등의 공공분야 뿐만 아니라 정치인, 경영자, 연예인, 일반인 등과 같이 다양한 분야에서 폭넓게 상용되고 있다.

이렇듯 이미지 연출 이라고 할 만큼 눈으로 보이는 전체적인 이미지가 상당히 중요한 부분을 차지한다. 개인의 이미지 관리는 성공과 행복을 성취하는 가장 중요한 요소이다. 그러므로 조금만 개선하면 상당히 멋진 사람으로 변신할 수 있는데 이러한 행위를 **이미지 메이킹**(Image Making)이라 한다.

사람의 첫대면에서 첫 인상은 대단히 중요하며 일단 결정된 첫 인상은 다시 돌이키기 어렵다. 사람의 첫인상은 약 7~15초의 짧은 시간에 결정되며 외모(80%) 목소리(13%) 인격(7%)의 순으로 외적 이미지가 첫인상을 좌우한다.

개인의 성격이나 개성에 따라 표정, 헤어 메이크업스타일, 패션, 자세, 매너, 화술, 억양 등 많은 요소들을 조화시킴으로서 분위기와 매력을 최고로 표현해 낼 수 있는 방법을 찾는 것으로 이 방법은 사람마다 다르기 때문에 자신에게 맞는 방법으로 접근해야 한다.

본서는 이들의 개념을 이해하고 이미지의 형성과정과 요소가 무엇인지를 알아가며 퍼스널 이미지를 분석하여 내적 이미지와 외적 이미지를 표현할 수 있도록 하는 다양한 콘텐츠를 포함하고 있다. 얼굴 이미지의 첫 인상과 표정관리, 태도이미지의 바른 자세, 커뮤니케이션의 스킬, 글로벌한 테이블매너, 등을 포함하고 컬러이미지, 헤어 메이크업이미지, 유형별 패션이미지, 비즈니스 정장의 패션 감각, 나아가 면접 이미지 등이 있다.

또한 독자들이 자기계발과 이미지 관리를 모색하여 사회 구성원으로서 인정받는 이미지 리더로서 자신의 능력을 최대로 발휘할 수 있도록 하는 지침서 역할을 하는 것에 있다.

유난히도 추웠던 겨울을 지나 2024년 새 봄을 맞이하여, 그 동안 여러 분야에서 이미지 컨설팅의 축적된 노하우를 가지고 본서를 집필하게 되었다. 이 책이 출판되기까지 수고하신 예림출판사 임직원과 석종환 사장님께 감사를 드린다.

2024년 2월 저자 일동

Contents

Part 1 이미지 메이킹의 기초

Chapter 1 이미지 메이킹의 이해

1. 이미지의 이해 ···11
2. 이미지 메이킹 ···21
3. 퍼스널이미지 메이킹 ···23
4. Personal Identity ···33
5. 이미지 케어 ···52
6. 이미지 리더십 사례 ···54

Chapter 2 얼굴 이미지

1. 첫인상 ···58
   1) 첫인상의 결정 요소 59
   2) 첫인상의 효과 59
2. 얼굴표정 관리 ···62
   1) 입의 표정 63
   2) 눈의 표정 66
3. 얼굴 스트레칭 ···68

Chapter 3 태도 이미지

1. 자세이미지 ···72
2. 바른 자세 및 종류 ···73
   1) 선 자세 74
   2) 앉은 자세 74
   3) 걷는 자세 74
   4) 보행 시 태도 75
   5) 인사자세 76
3.프레젠테이션 ···79

Chapter 4 커뮤니케이션 이미지

1. 커뮤니케이션의 이해 ···87
2. 커뮤니케이션 스킬 ···92
3. 대화의 커뮤니케이션 스킬···93
4. 보디랭귀지 커뮤니케이션···105

Part 2 뷰티코디네이션 이미지

Chapter 5 피부 이미지

1. 피부의 이해 ···122
2. 피부의 유형 ···122
3. 피부의 자가 진단법 ···124
4. 피부의 증상과 관리 ···125
5. 피부와 자외선 ···127
6. 기초 스킨케어 제품 ···129

Chapter 6 메이크업 이미지

1. 메이크업의 도구 ···133
2. 기초 메이크업 ···139
3. 포인트 메이크업 ···142
4. 얼굴형에 따른 수정 메이크업 150
5. 베이직 메이크업 ···154
6. 향수 이미지 ···160

Chapter 7 헤어 이미지

1. 모발이란 ···163
2. 모발의 노화 ···164
3. 모발의 종류 ···164
4. 헤어컬러 및 머릿결 ···166
5. 샴푸 ···167
6. 두피 마사지 ···168
7. 린스 ···168
8. 얼굴형에 어울리는 헤어스타일 169
9. 다양한 헤어연출 ···172
10. 헤어연출 따라하기 ···180

Part 3 컬러 이미지와 패션 이미지

Chapter 8 색채 이론과 컬러진단

1. 색의 개념 ···190
2. 퍼스널 컬러분석 ···202
3. 사계절 컬러이미지 ···208

Chapter 9 패션 이미지

1. 패션 코디네이션의 요소 ···215
   1) 체형의 분류 216
   2) 체형에 따른 의복 디자인 선택 218
2. 얼굴형에 따른 코디네이션 ···220
3. 체형별에 따른 코디네이션 ···227
4. 컬러 이미지 배색 ···235
5. 패션스타일에 따른 개인의 이미지 240

Part 4 국제매너와 면접 이미지

Chapter 10 매너의 개념

Chapter 11 복장 매너

1. 여성 기본정장···268
   1) 정장차림 269
   2) 액세서리 274
2. 남성 기본정장···279
   1) 슈트 280
   2) 셔츠 283
   3) 베스트(Vest) 284
   4) 팬츠(Pants) 285
   5) 액세서리 286

Chapter 12 생활 매너

1. 기본 매너···289
2. 직장생활 에티켓···291
3. 사회생활 에티켓 ···292
4. 승하차시 에티켓 ···294
5. 공연 및 관람 에티켓···295

Chapter 13 비즈니스 매너

1. 방문 매너···297
2. 소개 매너 ···298
3. 악수 매너 ···299
4. 명함 매너 ···300
5. 전화 매너 ···302

Chapter 14 면접 이미지

1. 이력서 ···305
2. 자기소개서 ···309
3. 면접 ···314
4. 면접 이미지 ···320

Part 1

이미지의 기초

Chapter 1. 이미지 메이킹의 이해
Chapter 2. 얼굴 이미지
Chapter 3. 태도 이미지
Chapter 4. 커뮤니케이션 이미지

Chapter 1

이미지 메이킹의 이해

21세기는 이미지가 곧 경쟁력으로 통하는 시대이다. 이미지 연출 시대라고 할 만큼 시각적으로 보이는 전체적인 이미지가 상당히 중요한 부분을 차지한다. 이미지 메이킹(image making)이란 개인에게 잠재되어 있는 내면의 잠재능력을 밖으로 표출시켜 줌으로써 활동력 있고, 자신감 있는 사람, 호감을 주는 사람으로 보이게 하는 것을 말한다. 자신의 개성과 직업, 신분 등을 그 사람이 추구하는 상황에 맞게 이미지화 하여 상대방에게 호감을 줄 수 있는 최상의 이미지를 만드는 것이다. 개인의 이미지를 극대화 하여 표현되는 특성들은 자신을 관리하고, 좋은 인상을 만들어 주기 때문에 자신의 목적을 성공시킬 수 있는 미적 이미지를 창출하는 것이 매우 중요하다.

1. 이미지의 이해

이미지란? 이미지의 어원은 라틴어의 이마고(imago)에서 유래하였으며 '모습'과 '형상'이라는 뜻을 가지고 있다. 어떤 사람이나 사물로부터 받는 시각적인 표상이나 기억, 인상, 느낌 등 어떤 대상에 대해 받은 느낌이 마음속에 한 형상을 이루어 떠오르는 것이다. 현대사회에서의 '이미지'란 용어가 사용되고 있는 분야는 기업, 광고, 상품 등의 공공분야 뿐만 아니라 정치인, 경영자, 연예인, 일반인 등과 같이 다양한 분야에서 폭넓게 상용되고 있다.

이미지(image)

감각 대상에 대해 감지된 정보가 마음속에서 정보처리의 과정을 거치며 재구성되어 만들어 지는 형상(形象), 어떤 사람이나 사물에 대해 가지는 시각상이나 기억, 인상, 평가 및 태도의 총체이다.

1) 자기이미지(Self-concept)

개인 이미지는 자기로부터 시작되며, 자기는 '다른 사람들' 또는 자기 외부의 대상들과 대조되는 자기 자신을 가리키는 말이다. 자기이미지를 구별하는데는 여러 학자마다 다소 차이는 있으나 어떤 학자는 특정 상황에서 자신에 대해 갖는 견해를 자기개념(self-concept)이라고 부르는 반면, 감각적 양식(시각적, 청각적 또는 촉각적)으로 표현된 자기를 자기이미지라고 표현한다. 또한 '자기개념(self-concept)이란 개인의 자기이미지(self-imsge)이다' 라고 자기개념, 자기 이미지, 자기 도식(self schemata), 정체성의 개념들을 포함하여 같은 의미인 자기이미지로 사용하기도 한다.

(1) 자아이미지의 유형

개인이 자기 자신을 바라볼 때의 모습인 현존자아(extant self concept), 개인이 되고자 하는 상태의 모습인 이상적 자아이미지(ideal self image), 타인에 대한 자신의 인상으로 나타내고자 하는 제시자아(presenting self)로 나누고 있다.

실제적 자아	스스로가현재 생활에 대해 실제로가지고있는자신의 집합체이다.
이상적 자아	개개인은 잠재된 아름다운 자아이미지를 찾아서 이상적 이미지를 형성한다.
사회적 자아	타인에게 보여주는 이미지로 자신 또는 타인에게 표현하고자 하는 이미지를 말한다.

(2) 자기이미지의 분류

자기이미지란 '예쁘다, 예쁘지 않다' '멋있다, 멋있지 않다' 라는 생김새가 아니라 느낌 또는 분위기를 뜻한다. 따라서 겉으로 보이는 외모가 그 개인의 전부일 수 없다. 왜냐하면 개인의 내면과 외적 이미지가 조화를 이루어 개인의 정체성이 결정되기 때문이다. 결국 이미지는 개인의 내적 요소와 외적 요소의 조화에 달려있다고 할 수 있다. 자기 이미지는 크게 내적인 이미지(internal image)와 외적인 이미지(external image)로 구분한다.

내적인 이미지	가치관, 신념, 이상, 지적수준, 신뢰감, 배려, 겸손함
외적인 이미지	표정, 자세, 습관, 행동, 스피치, 헤어, 패션, 메이크업 등

① 내적 이미지

내적인 이미지란 심리적, 정신적, 정서적 특성이 이미지화 된 것으로 인성(personality)을 뜻한다. 즉, 개인의 심성, 생각, 감정, 가치관, 신념, 지적 수준 등 인간적 면모를 결정짓는 유기적 결합체를 의미한다.

② 외적 이미지

외적인 이미지란 내적 이미지가 외부로 표현된 현상을 뜻한다. 또한 외적 이미지는 외모에서 느껴지는 표정, 용모 , 복장, 태도, 자세, 말씨 등을 뜻하는 것으로 외부로 나타나는 현상이다. 외적인 이미지는 외모적 이미지, 행동 이미지, 언어적 이미지로 다시 나눌 수 있다.

외모적 이미지	겉보기, 표정, 인상, 옷차림, 미소, 메이크업, 헤어 등
행동 이미지	걸음걸이, 제스쳐, 태도, 에티켓, 자세 등
언어적 이미지	커뮤니케이션, 대화의 소재, 내용, 말투, 목소리, 속도 등

이러한 모든 것이 혼합되어 개인의 특성을 나타내는 총체적 모습을 total image라고 한다. 즉 자기이미지란 자신이 지각하고 인지하고 있는 내적인 모든 것과 그것이 외면으로 나타난 외형적 특성 또는 태도를 결정짓는 느낌의 총체라고 할 수 있다.

2) 자존감(Self-regard)

사람은 누구에게나 존중받고 인정받고 싶어 한다는 것은 진리이다. '자존감' 은 자아를 존중하고 사랑하는 마음이다. 자존감의 형성은 마치 물이 얼음이 되는 것처럼 물리적인 것도 아니고, 병이 생기는 것도 아니기 때문에 여러 가지 자존감 테스트(EPPS)를 통해 대략적으로 측정 할 뿐이며 이 테스트가 정확 하다고 할 수도 없다. 그 만큼 인간의 정신세계와 심리는 복잡하며 자존감 또한 여러 요소에 의해 영향을 받기 때문이다.

(1) 자존감의 특징

이러한 자아존중감은 나와의 관계를 맺는 방식이기 때문에 내가 나타내는 모든 행동에서 드러난다. "나는 자존감이 낮다" 라고 말하는 것은 자신을 존중하는 마음이 낮다는 뜻으로 자신을 존중하지 못하기 때문에 자신의 부족한 점을 끊임 없이 상대방과 비교한다. "키가 작다, 외모가 열등하다, 공부를 못한다, 집안 환경이 좋지않다, 운동을 못한다, 등등" 여러가지 자신의 단점을 타인과 비교해 자존감을 떨어뜨리며 즉, 자존감의 부재는 열등감으로 나타난다.

A라는 사람은 성적이 나쁘고 키도 작고 외모도 열등하다.
B라는 사람은 성적이 좋고 키도 크고 외모도 우세하다.

자존감이 낮은	나는 B보다 성적도 낮네, 키도 작고 외모도 볼품없어, 난 내가 정말 싫다.
자존감이 높은	B는 성적도 좋고 키도 크고 외모도 잘생겼어. 나는 성적이 좋지 않고 키도 크지않고 외모도 못생겼어. 하지만 난 날 싫어하지 않아. 왜냐하면 있는 그대로의 나니까. 내가 만약 B였다면 난 B 그대로의 나를 사랑했을 거야. 난 변함 없는 나였을 테니까!
A의 자존심	내가 B보다 키도 작고 성적도 좋지 않고 외모도 열등하지만 B 한테는 절대 지기 싫고 무시당하기 싫어 B를 이기고 말거야.

자존감은 대인관계와 자기이미지에도 매우 중요한 영향을 미치는 심리적 요인이다. 예를 들어 인간은 자신이 지니고 있는 생각에 따라 다른 사람을 대하는 태도가 달라진다. 자신이 유능한 사람이라고 생각하는 사람은 다른 사람을 대할 때도 당당하게 행동한다. 그러나 자신이 나약하고 단점이 많다고 생각하는 사람일수록 대인관계행동에 있어 소극적이고 소심하기 쉽다. 즉 자존감이 낮아 열등하기 때문에 생기는 자존심은 또다시 열등감에게 먹이를 주어 다른 열등감을 키운다.

높은 자존감의 특징	낮은 자존감의 특징
성취도와 자아상이 높다.	성취도와 자아상이 낮다.
신체 만족도가 높다.	자기 외모에 불만이 많다.
대부분의 일을 스스로 해결할 수 있다.	다른 사람의 영향을 많이 받는다.
새로운 일에 열정을 가지고 도전한다.	위험 부담이 있는 상황은 피하고 싶어한다.
실수, 실패를 배울 수 있는 기회로 삼는다.	실수와 실패를 두려워한다.
남이 아닌 자기 자신과 경쟁한다.	지나친 경쟁 또는 방관한다.
마음이 편하고 스트레스를 잘 다룬다.	민감하며, 늘 스트레스를 안고 있다.
리더십 높다.	리더십 낮다.
활동적이고 열정적이다.	내성적이고 수동적이다.
자신감이 넘치고 의욕적이다.	다른 사람과 비교의식을 갖는다.
배우고자 하는 열망과 도전을 즐긴다.	운동이나 놀이에 지나치게 빠진다.
삶에 대한 태도가 긍정적이다.	삶에 대한 태도가 부정적이다.
필요하다면 주저없이 도움을 청한다.	다른 사람의 탓과 원망한다.
지금 현재에 집중한다.	비난에 지나치게 민감하다.
유머 감각이 있다.	"모르겠어", "상관없어"라는 말을 자주 한다.

(2) 나의 자존감 테스트

각 문항을 읽고 자신이 느끼는 대로 자신을 나타내면서 정확하고 솔직하게 답해보자.

		매우 그렇다	꽤 그렇다	보통 이다	다소 그렇다	전혀 아니다
1	나는 가끔 내가 아니었으면 하고 바란다.					
2	나는 다른 사람과 자신을 비교한다.					
3	나는 자신에 대해 낮은 평가를 한다.					
4	나는 나 자신의 조그만 실수도 용서하기 힘들다.					
5	나는 누가 나의 잘못을 지적하면 인정하기 힘들다.					
6	나는 문제를 직면하기보다 회피하려한다.					
7	나는 자신에 대해 부정적인 말을 많이 한다.					
8	나는 아주 쉽게 포기하고 결단력이 부족하다.					
9	나는 있는 그대로 자신을 드러내기가 매우 어렵다.					
10	나는 새로운 것에 익숙해지기 까지 많은 시간이 걸린다.					
11	나는 겉으로 드러나는 것으로 인정을 받으려한다.					
12	나는 높은 지위를 얻어 사람들로부터 인정을 받고자 한다.					
13	나는 다른 사람들보다 잘 생기지 못했다.					
14	나는 삶을 열정적으로 산다.					
15	나는 나 자신을 잘 안다.					
16	나는 현재 내가 하는 일에 만족한다.					
17	나는 나 자신을 있는 그대로 받아들인다.					
18	나는 다른 사람과 친밀한 관계를 잘 맺는다.					
19	나는 도움이 필요할 때 다른 사람에게 요청할 수 있다.					
20	나는 친구들에게 인기가 있다.					
21	나는 타인과의 갈등을 만족스럽게 해결한다.					
22	나는 가족들과 좋은 관계를 맺고 있다.					
23	다른 사람들은 대체로 나의 생각을 따라주는 편이다.					
24	내가 할 말이 있다면 대체로 하는 편이다.					
25	우리 가족은 나를 이해한다.					
	합계	1~13 (합계:), 14~25 (합계:) = (점수)				

(1~13번은 매우그렇다(0점), 꽤 그렇다(1점), 보통이다(2점), 다소그렇다(3점), 전혀아니다(4점), 14~25 매우그렇다(4점) 꽤 그렇다(3점), 보통이다(2점), 다소그렇다(1점), 전혀아니다(0점)로서 답한것을 더해서 점수를 계산 하면 된다. 채점방법은 총 100점 만점이다.

채점결과

75점~100점	자존감이 높은 사람으로 천성이 밝아서 주위사람들에게 좋은 기운을 주며 매사에 긍정적으로 임하는 타입의 사람이다.
60점~75점	자존감이 다소 낮은 편이지만 조용히 내실을 키우고 노력하는 사람으로 좀 더 자신을 드러낼 필요가 있다. 잘 할 수 있는 무언가에 더욱 몰두해 보면 좋은 결과를 얻을 수 있다.
60점 미만	꿈꾸는 자만이 꿈을 이룰 수 있다. 세상이 두렵고 모든 사람들이 날 싫어하는 것처럼 느껴진다. 그러나 그렇지 않다. 거울 속의 자신을 들여다보고 자신에게 힘을 불어 넣어라. 매사에 비관적으로 보거나 자신의 능력을 지나치게 과소 평가할 수 있으므로 꿈꾸는 자만이 꿈을 이룰 수 있음을 명심하기 바란다.

(3) 건전한 자아상을 형성하는 3가지 요소

건전한 자아상을 가지려면 소속감, 가치감, 자신감의 3가지 요소가 중요하다.

소속감	누군가로부터 사랑받고 있다는 느낌이다.
가치감	자신을 중요하고 가치있는 사람이라고 여기는 것이다.
자신감	자신의 능력에 대한 만족감이다.

"모든 것은 꿈에서 시작된다. 꿈 없이 가능한 일은 없다. 먼저 꿈을 가져라. 오랫동안 꿈을 그리는 사람은 마침내 그 꿈을 닮아간다."

– 앙드레 말로 –

3) 열등감(Inferiority feeling)

자기 자신이 다른 사람들에 비해 못하다거나 뒤떨어져 있다는 만성적인 의식이나 감정을 말한다. 열등감에 빠진 사람은 자기 자신을 무능하고 무가치한 존재로 여기며 무의식 속에서 자기를 부정하기도 한다. 또한 자기 안의 열등한 요소를 인정하지 않으려는 경향이 있고 일종의 콤플렉스로 작용한다. 이성적이지 못하고 불안심리를 동반하며, 경쟁에서 자기는 실패할 거라는 생각에 사로잡혀 있기도 한다. 열등감은 성장과정에서 타인과 나를 비교하면서부터 자연스럽게 만들어지며, 나폴레옹(Napoleon Bonaparte)은 키가 작고 또한 프랑스의 변경(코루시카섬) 출신이었다. 프랭클린 루즈벨트(Franklin Delano Roosevelt)는 소아마비로 보행에 어려움이 따랐다. 하지만 그들은 자기의 있는 그대로의 모습을 받아들이며 그것을 극복하기 위해 노력하였으며 자기만의 이미지를 만들어 나갔다.

신체적인 것	장애, 대머리, 말더듬, 비만, 작은키 등
정신적인 것	학교성적, 운동을 못한다, 미인이 아니다 등
사회적인 것	학력, 신분, 언어 등

(1) 낮은 자존감과 열등감의 징후

자아상이 부정적으로 형성되면 당연히 자존감이 낮을 수밖에 없으며, 자존감이 낮으면 몇 가지 징후들이 있다.

① 지나치게 겁이 많거나 두려워하게 된다.

② 보는 사람이 부담스러울 정도로 겸손하다.

③ 스스로 이루지 못하는게 많다고 생각하는 패배주의적 생각을 한다.

④ 과거의 상처에 대한 회상을 많이한다.

⑤ 다른 사람과 자주 비교한다.

⑥ 스스로의 외모를 부끄러워하고 싫어한다.

(2) 열등감 테스트지(질문지)

		전혀	별로	보통	가끔	항상
1	키가 큰 사람을 보면					
2	사교성이 좋은 사람을 만나면					
3	학력이 높거나 공부를 잘하는 사람을 만나면					
4	집이 크거나 잘사는 사람을 만나면					
5	얼굴이 잘 생긴 사람을 보면					
6	여러사람 앞에서 말을 잘 하는 사람을 보면					
7	운동을 잘 하는 사람을 보면					
8	배우자나 애인이 멋진 사람을 보면					
9	몸매가 날씬한 사람을 보면					
10	사회적 지위가 높은 사람을 보면					
11	능력이 탁월한 사람을 보면					
12	가족끼리 화합하고 행복한 사람들을 보면					
13	다리가 긴 사람을 보면					
14	재치와 유머가 풍부한 사람을 보면					
15	노래를 잘하는 사람을 보면					
16	일가친척 중에 훌륭하거나 유명인을 둔 사람을 보면					
17	자세나 태도가 반듯한 사람을 보면					
18	성격이 좋고 원만한 사람을 보면					
19	좋은 직장이나 학교를 다니는 사람을 보면					
20	가문이 훌륭한 사람을 보면					

▶ **열등감 테스트지(집계표)** 점수는 각 항목별로 전혀(1), 별로(2), 보통(3), 가끔(4), 항상(5)로서 답한 것을 더해서 점수를 계산하면 된다. 채점방법은 총 100점 만점이다.

신체		사회		능력		가정	
문항	점수	문항	점수	문항	점수	문항	점수
1		2		3		4	
5		6		7		8	
9		10		11		12	
13		14		15		16	
17		18		19		20	
합계		합계		합계		합계	
전체합계 :							

(3) 열등감을 이기는 5가지 실천법

열등감은 스스로 인정하지 않는 한 절대로 생기지 않는다.

– 앨리너 루즈벨트 –

① 열등감을 유발하는 콤플렉스를 바로 보라.

열등감을 부정하거나 무작정 이기려 하지 말고, 내 안의 열등감의 원인을 찾아서 먼저 점검해 본다. 열등감은 스스로 이겨낼 수 있는 것이고, 본인 스스로가 생각보다 강하게 생각할 수 있다.

② 성공한 내 모습을 그리며, 분명한 목표를 세우고 전진하라.

과거 혹은 현재의 좋지 않은 기억이 열등감을 만들었다면 충실한 현재의 삶과 성공적인 미래 삶을 꿈꾸며 열등감을 극복하라. 내가 해야할 것이 무엇이며, 분명한 목표를 정하고, 노력하며 스스로의 삶과 일상에 자신감과 자부심이 생기면, 열등감을 극복 할 수 있다.

③ 나의 긍정적인 부분을 찾아 칭찬하라.

매일 거울 앞에서 나와 내 주변의 장점을 하나씩 찾아 칭찬해보자. 작고 사소해도 좋고 타인이 알아주지 않는 부분이라도 좋다. 칭찬이 쌓이다 보면 스스로를 바라보는 시선이 긍정적으로 변해 있을 것이다.

④ 있는 그대로의 나를 추구하라.

열등감의 반발작용으로 완벽해지려고 노력하는 경우가 많다. '완벽한 나' 의 목표는 허상(虛像)이며, 완벽한 나를 만들려는 노력 대신에 있는 그대로의 나, 솔직한 나를 받아들이기 위해 노력한다.

⑤ 봉사하고 주위에 많이 베풀어라.

자신의 힘으로 타인을 돕고 스스로를 자랑스럽게 느껴보도록 하라. 베푸는 삶은 자신의 삶을 보다 가치 있게 만드는 행위이며, 자신이 타인에게 도움이 되는 존재라는 것을 인식시켜 자존감을 높여 줄 수 있다.

2. 이미지 메이킹(Image Making)

이미지 메이킹은 무엇일까? 현대는 이미지의 시대라고 해도 좋을 만큼 우리는 이미지의 홍수 속에서 살아가고 있다. 이미지메이킹은 '이미지를 만든다' 라는 용어 자체의 의미에서 알 수 있듯이 즉 이미지를 여러 방면으로 만들어 내는 작업이라고 말할 수 있다. 개개인이 가지고 있는 내적 요소와 외적 요소의 통합으로 이루어지는 신체 상(像)을 목적에 맞게 만들어 나가는 것이라 할 수 있으며, 이때의 '만든다' 라는 용어는 '개선시킨다' 라는 의미가 전제 되어야 한다. 자신이 기본적으로 가지고 있는 신체 이미지를 외적으로 더해지는 부가장식물이나, 미적 추구 행위를 통하여 '개선시키는 것' 을 그 근본적인 목적으로 하기 때문이다.

레이건과 부시 등 미 대통령의 이미지를 성공적으로 만들어 이미지 셰이커(image shaker)란 별명을 가진 로저 아일즈는 "당신 자신이 바로 메시지다. (You are the message)"라고 했다. 어떤 사람을 떠올렸을 때 느낌이나 생각, 특유의 감정, 얼굴의 생김새와 표정, 목소리, 말씨, 옷차림, 대화의 제스처, 걸음걸이의 태도 등이 떠오르게 되는데, 이것을 그 사람의 이미지라고 한다. 이전과 달리 이익을 목적으로 한 단기적인 만남이 잦아지는 현대사회에서 이미지 메이킹은 또 하나의 자기관리의 척도가 되고 있다.

1) 이미지 메이킹의 이해

'스타일이 곧 경쟁력이다' 라는 말을 많이 듣는다. 이미지의 영향력이 우리 개인의 행동과 사회 문화를 형성할 만큼 중요하며, 특히 개인이 가진 이미지는 현대를 살아감에 있어 매우 중요한 것으로서 자신의 이미지를 좋게 전달하여 다른 사람에게 인정받고 성공하는 시대가 되었다. 사람은 외모만 보고 판단할 수 없다고 하지만 현대를 살아가는 우리들은 현실적으로 이미지가 실제 모습보다 강하게 작용하는 경우가 많음을 스스로가 인정하고 있다.

(1) 이미지 메이킹의 정의

이미지 메이킹이란? 개인이 추구하는 목표를 이루기 위해 자기 내적, 외적, 사회적 이미지를 통합적으로 관리하는 행위이자 자기향상을 위한 모든 노력을 말한다. 즉, 얼굴 생김새, 표정, 말투, 옷차림, 걸음걸이와 태도, 성격 등과 같이 외부로 표출되는 요소들과 내면적 요소들의 통합으로 그 사람의 전체 이미지가 결정된다. 오늘날 각양각색의 사회에서 타인과 다른 이미지를 만들어 차별화된 이미지의 전달은 필수적이다. 따라서 시대가 요구하는 이미지와 자신이 전달하고픈 이미지를 선택하여 적절히 연출할 줄 알아야 한다.

(2) 이미지 메이킹의 필요성

성공적 이미지메이킹을 위해서 내적 이미지는 비교적 긴 시간과 노력이 필요하지만, 외모 연출은 내면적인 요소에 비하여 비교적 빠른 기간에 그 효과를 얻을 수 있는 특징을 가진다. 그러므로 외적이미지를 향상 시키고 내적 이미지는 많은 노력과 계획을 통해 조화를 이루어 사회적인 이미지는 능력을 향상시킴으로서 성공적인 사회생활에 도움을 줄 뿐만 아니라 자아존중감과 자신감을 높이는 효과를 얻을 수 있다.

(3) 이미지 메이킹의 효과

① 자신감을 향상시킨다.
② 목표이익을 획득하게 된다.
③ 접촉범위의 확대를 가져온다.
④ image loyalty를 갖는다.
⑤ 변화에 신속히 대처할 수 있다.
⑥ 시너지 효과(synergy effect)를 유발한다.

3. 퍼스널이미지(Personal Image) 메이킹

어떤 한 사람을 떠올릴 때 그 사람의 이름과 함께 머릿속에 선명하게 떠오르는 것들이 있다. 똑똑한 이미지든, 성실한 이미지든, 섹시한 이미지든 개인마다 이미지를 가지고 있다. 이미지를 메이킹한다는 것은 고유 이미지에 보조 이미지를 덧씌우는 작업으로 얼굴 또는 신체의 결점을 보완, 수정하고 장점을 부각시켜 개성있고 멋진 모습을 표출해 내는 것이다. 즉 '자신의 본질과 개성을 훌륭하게 나타내어 상대에게 호감과 만족을 주는 자신의 외적태도' 라 할 수 있다.

1) 퍼스널이미지(Personal image)의 유형

자기이미지 연출의 진정한 모습은 현재 자신의 모습을 솔직하게 바라보고 점검하는 첫 단에서부터 자기성찰과 반성이 이루어지는 것을 말하며, 다음으로 자신의 내면과 외면의 일치와 조화를 이루는 노력을 말한다. 마지막으로 사회생활 속에서 그 때 그 장소 그 상황 그 사람과 잘 어울리는 자신을 이끌어내어 자신과 타인에게 자신감과 만족감을 갖는데 그 의미가 있다. 개인이 갖고 있거나 추구하는 이미지를 살펴보면 다음과 같은 성향을 보인다.

(1) 실제적 자기이미지(Practical self-image)

실제적 자기이미지는 스스로가 현재 생활에 실제로 가지고 있는 자신의 이미지를 말한다. 이것은 자신의 정서적, 이미지뿐만 아니라 의복, 집, 가족, 조상, 친구, 명예 기타 소유물까지 포함되며 자신에 대하여 가지고 있는 느낌의 집합체로 볼 수 있다. 이러한 실제적 자아 이미지는 자신의 객관적 실체와 다를 수도 있으며, 정신적 자아(spiritual self), 신체적 자아(bodily self), 감지된 자아(felt self)로 나눌 수 있다.

(2) 이상적 자기이미지(Ideal self-image)

이상적 이미지란 스스로 자신의 모습으로 추구하는 이미지에 따라 그 자신에게 가장 높은 가치를 부여하게 되는 개념이다. 실제적인 이미지와 이상적인 이미지가 근접 할수록 개인은 행복해하고 만족해 한다.

(3) 면경적 자기이미지 (Looking glass self image)

면경 자기(looking-glass self)는 타인에게 보여 주는 모습으로서의 자기 또는 타인에게 나타내고자 하는 자기를 말한다. 자신을 객관적 입장에서 이해하고자 하는 것이며, 타자기(他自己)라고도 한다.

(4) 상품 표현적 자기이미지 (Goods expressive self-image)

상품 표현적 내가 특정한 상표의 상품을 입는다면 자신이나 타인에게 어떠한 이미지로 표현될 것인가에 대한 반응이다. 이것은 좋은 자동차와 고급 아파트, 명품 의상을 입은 모델과 자신을 연상하며 상품을 구매 사용하며 타인에게 보여지는 상상한 자신의 이미지를 말한다.

(5) 상황적 자기이미지 (Situation self-image)

특정한 상황에서 타인이 자신에 대해 생각해주길 바라는 자신의 이미지로, 상황에 따라 다른 자기 이미지를 갖고자 한다. 때와 장소, 목적에 따라서 자신이 이미지의 변신을 원하고 이에 맞추어 의복을 선택하거나 외형적 이미지를 연출하는 것을 말한다.

2) 퍼스널 이미지(Personal image)의 분류

퍼스널 이미지(personal image)는 자신에게 맞는 표현 방식을 찾아 그것들을 통일시키고 변화를 주어 주위에 적극적인 마음가짐과 일에 대한 열정적인 모습을 보여줄 수 있어야 한다. 자신의 능력을 발휘하여 성공하는 이들이 자신의 이미지를 두 가지 측면에서 보는데 첫째는 표정, 헤어스타일, 패션, 매너, 보디랭귀지 등의 '시각적 이미지'이고, 둘째는 커뮤니케이션을 통한 목소리의 '청각적 이미지'이다. 이 두 가지의 감각적 이미지를 조절하고 개발하여 최상의 이미지를 만드는 것이 중요하다. 또한 이미지는 자신의 내적인 요소들이 겉으로 표현될 때 이루어지며, 외부로 표현된 것은 다른 사람들의 판단에 의해 결정된다. 자신의 총체적인 퍼스널 이미지는 타인의 사고와 행동에 영향을 주게 되어 올바르고 바람직한 방향으로 이끌어 가는 모든 행위를 말한다. 이미지를 나타내는 외적인 요소를 크게 분류하면 표정(expression), 태도(attitude), 말씨(voice), 용모(appearance) 이미지가 있다.

(1) 표정 이미지

사람의 표정은 개인의 눈과 입의 표정에 따라서 각기 다르다. 얼굴에 미소를 띠면 밝고 부드러운 인상이 되어 첫인상이 좋아지며 상대에게 호감을 줄 수 있다. 얼굴의 눈이나 입의 표정을 밝게 훈련시켜서 원만한 대인관계를 형성해 주자.

(2) 태도 이미지

누군가를 만났을 때 말을 건네지 않고도 상대방의 마음을 편안하게 해 줄 수 있는 것은 자연스러운 태도이다. 가장 기본적으로 하는 정중한 인사는 상대에 대한 존경을 뜻하며, 웃는 얼굴표정과 바른 말씨와 같은 태도는 상대에게 반가움을 주게 된다. 태도는 이처럼 인격을 나타내는 중요한 매체가 되므로 상대방에게 예의를 갖추면 호감을 줄 수 있다. 또한 평소의 자세와 말할 때의 제스처를 잘 조절하면 태도 이미지를 긍정적인 방향으로 바꿀 수 있다.

(3) 말씨 이미지

인간관계에서 말씨는 모든 행동의 기본 단계라고 볼 수 있다. 타인에게 경어를 사용하는 것은 상대방을 존경한다는 마음을 전하기 때문에 상대에게 좋은 인상을 줄 수 있다. 처음 만나는 사람에게 바른 대화법으로 친절하게 대하고 반갑게 인사말을 전하는 것 또한 상대방에 대한 배려 뿐 아니라 그 사람의 인성과 인격을 느끼게 하는 중요한 역할을 한다.

(4) 용모 이미지

어떤 외모가 호감이 가는지는 개인의 특성과 성향에 따라 달라지지만, 단정한 옷차림은 누구에게나 친근함과 편안함을 느끼게 한다. 따라서 너무 요란한 이미지 연출로 타인에게 거부감을 주지 않는 것이 좋다. 자신의 개성에 맞는 스타일로 체형에 맞는 옷차림과 얼굴형에 어울리는 헤어스타일, 피부색에 맞는 자연스러운 메이크업과 액세서리를 적절히 맞추어 호감 가는 연출을 하자.

3) 성공적인 이미지 메이킹의 요소

개인의 이미지를 구성하는 데에는 얼굴에서 전체적으로 풍겨 오는 시각적 이미지와 음성을 통한 청각적 이미지, 그리고 동작, 태도 등이 영향을 미친다. 구체적으로 어떤 요소들이 개인의 이미지 형성에 관여해 당신을 성공할 수 있게 만드는지 알아보도록 한다.

(1) 표정을 관리하라 (Face keeping)

무표정한 얼굴로 대화하면 상대의 마음이 닫히기 마련이다. 처음 만나는 사람이나 아는 사람을 만날 때에는 입가에 미소를 띠는 습관을 기르도록 하자. 표정 관리를 잘하기 위해 양쪽 입꼬리를 위로 향하는 방법으로 항상 의식적으로 미소 짓는 연습을 반복한다. 얼굴을 부드러운 인상으로 변화시키는 데에는 '하, 히, 후, 헤, 호'와 '위스키', '와이키키' 발음을 내면서 입꼬리 근육을 단련시키는 입모양 발성법이 매우 효과적이다.

(2) 매너 좋은 사람이 되라 (Manner man-powering)

의식적으로든 무의식적으로든 매너 없이 행동하는 사람에게 실망했던 경험이 한 번쯤은 있을 것이다. 어떠한 상황에서든 자신만을 생각하고 행동하는 사람에 비해 상대방을 배려하는 사람은 더없이 매력적으로 보인다. 세련된 매너를 연출하는 것은 상대에게 더욱 호감을 주면서 원만한 대인관계를 맺을 수 있게 하며, 결국 자신이 하는 일에 있어서 좋은 결과를 얻을 수 있게 된다.

(3) 커뮤니케이션 능력을 길러라 (Communication learning)

의사 전달 능력은 퍼스널 이미지의 리더십에서 매우 중요하다. 커뮤니케이션이 효과적으로 이루어지는 데에는 그 사람의 인격이나 목소리보다도 표정, 제스처, 태도 등의 시각적 이미지가 크게 작용한다. 그러므로 발전적인 자기 계발을 위해 서로의 정보를 교환할 때는 열린 자세로 눈을 마주보며 대화를 한다. 미소 띤 얼굴로 상대의 말에 귀 기울이면서 존중하는 태도를 취하면 성취감을 높일 수 있다.

(4) 목소리를 단련시켜라 (Voice training)

개인차는 있지만, 타인과 대화할 때 남성의 품격 있는 목소리는 외모보다 월등하게 힘을 발휘하는 경우가 있다. 특히 비즈니스를 할 때 상대가 여성인 경우, 목소리는 더욱 중요하다. 정확한 입모양을 만들어 발음을 정확하게 내는 연습을 하는 것이 좋으며, 상대와 대화할 때에는 기분 좋은 상태를 유지하려고 의식하면서 멋진 목소리로 말을 하자. 그날의 기분에 따라서 때로는 기분 나쁜 목소리가 나올 수도 있기 때문에 언제 누굴 만나더라도 상황에 맞는 고운 목소리를 낼 수 있는 습관을 기르면 매력적인 사람이 될 수 있다.

(5) 보디랭귀지를 표현하라 (Body language showing)

한국인은 보디랭귀지를 거의 사용하지 않는데, 이는 얼굴이 무표정인 것만큼이나 표현력이 없다. 대화할 때의 제스처는 커뮤니케이션을 위한 필수조건이며 바른 자세와 세련된 포즈, 말의 표현과 함께 적절하게 사용해야 한다. 평소 대화를 할 때는 밝은 표정으로 가슴 높이의 범위 내에서 작은 손동작을 구사하면서 제스처를 표현하고, 너무 율동이 크지 않은 동작으로 하는 것이 좋다.

(6) 패션 감각을 키워라 (Fashion coordinations)

공식 석상에서 비즈니스를 할 때는 남녀 모두 정장을 입는 것이 예의이다. 슈트는 체형에 잘 맞아야 하며, 진회색, 청회색, 회갈색의 어두운 컬러가 신뢰감을 준다. 보수적인 회사일수록 흰색 셔츠를 착용하고, 진보적이라면 블루 셔츠가 적절하다. 회색이나 브라운색 계열의 셔츠는 깔끔한 비즈니스의 이미지와 상반되는 색상이므로 피한다. 패션 감각을 키우기 위해서는 주변에서 옷을 잘 입는 사람들을 살펴보면서 T.P.O(Time, Place, Occasion)에 맞도록 패션 연출법을 익히고, 패션 잡지를 보거나 영화 속의 배우 이미지를 연출해 보는 것도 좋다.

(7) 스타십을 의식하라 (Star-ship minding)

비즈니스를 하거나 자신의 이미지를 변화시켜 공식적으로 표현하고자 할 때는 카메라를 두려워하지 말아야 한다. 현재는 스타들만이 카메라를 즐기는 시대가 아니기 때문에 신문이나 방송매체 등 인터뷰가 있을 경우, 자신에게 어울리는 의상을 코디하고, 헤어스타일과 메이크업은 깔끔하고 단정하게 하는 것이 기본이다. TV를 통해 인터뷰할 때는 스튜디오에서 기사 내용에 맞는 제스처까지 연출해 보며 자연스러운 표정과 포즈를 잡아 좋은 이미지를 만든다.

■ 이미지 메이킹의 5단계

이미지메이킹을 크게 5단계로 나눌 수 있는데, 이는 최상의 이미지를 효과적으로 만들어주기 위한 단계들이라 볼 수 있다.

1단계: Know yourself(자신을 알라)

이미지를 바꾸기 위해선 자신이 왜 바뀌고자 하는지 인식하는 것이 가장 중요하다. 변화를 불러오기 위해선 우선 현재의 자신과 과거의 자신을 잘 파악하며 또한 장점이나 단점을 제대로 알아야 한다. 그러기 위해선 자기 자신에게만큼은 냉정해질 필요가 있다. 그리고 자신이 하는 일에 대해 자신감과 자부심이 있어야지만 다른 사람들로 하여금 당당함과 긍정적 이미지로 평가받을 수 있다.

2단계: Develop yourself(자신을 계발하라)

자신을 파악했다면 부족한 부분이 무엇인지도 나타날 것이고, 이 부분을 계발해야 한다. 또한 자신만이 가지고 있는 개성이나 장점을 더욱더 개발해야 한다. 그러므로 상대가 나에게 긍정적인 관심을 불러오도록 하여야 한다. 내 개성이나 장점은 나만의 무기가 되므로 외적인 모습 또한 항상 개발하고 준비하여야 한다.

3단계: Package yourself(자신을 포장하라)

자신을 충분히 계발하였다면 그것을 나만의 무기가 되도록, 많은 사람들 중에서 내가 돋보일 수 있도록 나 스스로를 포장하여야 한다. 단, 중요한 점은 가식적이지 않게, 너무 형식적으로 하지 않는 다는 것이다. 상대방 또한 그것을 느낄 수 있기 때문이다. 그러므로 포장 또한 진심이 느껴지게 해야 한다.

4단계: Market Yourself(자신을 팔아라)

충분히 아름답고 빛나는 자신이 되었다면 이제는 자신 또한 하나의 상품으로 보고 판매할 줄도 알아야 한다. 사람 또한 경쟁사회에서는 하나의 상품으로 볼 수 있기 때문이다. 자신의 치를 높일 수 있을 때 높일 줄도 알고 낮추어야 할 때 낮출 줄 아는 것이 또 하나의 경쟁력이라 할 수 있으며, 자신을 판매할 최상의 대상을 찾아 나를 팔아야 한다. 이처럼 상대방과 상호작용을 하며 분명한 메시지를 전달해야 한다.

5단계: Be yourself(자신에게 진실하라)

항상 매 순간에 진실해야 한다. 늘 자신에게 진실해야 하고, 상대방에게 또한 진실해야 한다. 이는 관계에 있어서 서로에게 두터운 신뢰감을 형성하게 해주며 지속적으로 관계를 유지해줄 수 있는 방법이라 할 수 있다.

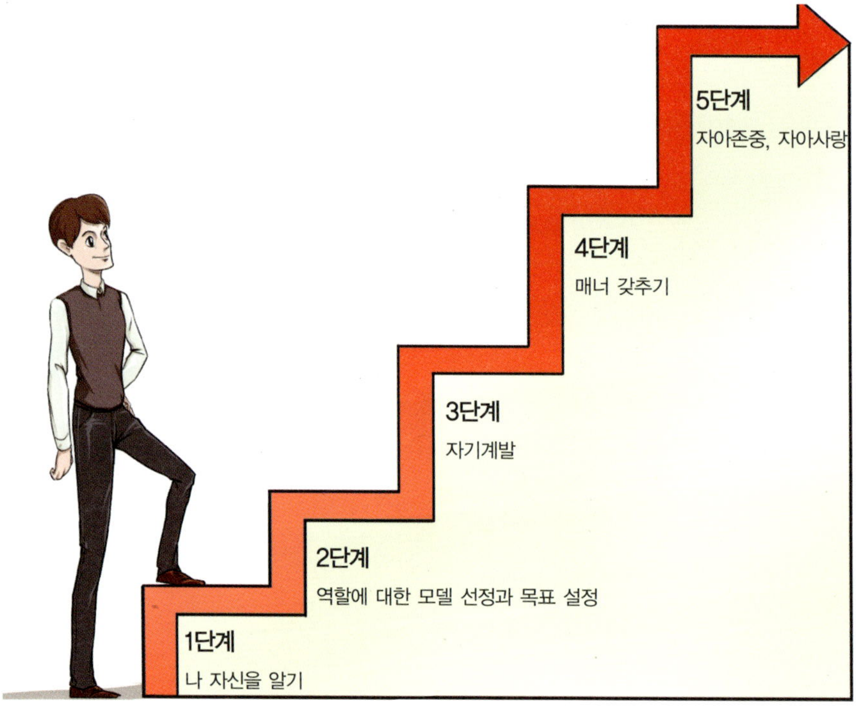

개인 이미지 연출을 위한 단계별 분석과 이미지 향상 방안

■ 퍼스널 이미지 지수 평가

※ 해당 항목에 체크하고 갯수를 아래에 적으세요.

내적 이미지	외적 이미지
□ 자기를 사랑한다.	□ 대체로 자신의 외모에 만족한다.
□ 긍정적이고 적극적인 성격이다.	□ 평소 잘 웃는 편이다.
□ 인생의 뚜렷한 희망과 목표가 있다.	□ 사진 찍는 것을 좋아한다.
□ 나쁜 습관보다 좋은 습관을 더 많이 가지고 있다.	□ 사람을 처음 만났을 때 웃으면서 악수할 수 있다.
□ 상대가 자기를 어떻게 생각할까를 의식하는 편이다.	□ 거울이 있으면 습관적으로 몸 전체의 표정을 훑어본다.
□ 감정적이라기보다 이성적이다.	□ 자기보다 매력적인 사람을 만나면 그 사람의 외적 이미지를 관찰한다.
□ 화가 날 때 심호흡을 하며 흥분을 가라앉힌다.	□ 직장상사로부터 꾸중을 들을 때 멋쩍은 미소를 띤다.
□ 자기 계발을 다루는 서적을 즐겨 읽는다.	□ 사람들 앞에 나서는 것이 결코 두렵지 않다.
□ 연극, 음악회 등의 다양한 문화 행사에 참여한다.	□ 화장(면도)을 자연스럽게 잘하는 편이다.
□ 이해력과 판단력이 빠른 편이다.	□ 머리 염색은 튀는 컬러보다는 자연스러운 갈색 머리를 선호한다.
□ 무력감과 우울증에서 빠르게 벗어날 수 있다.	□ 얼굴에 트러블이 생기면 즉각 피부과에서 치료를 받는다.
□ 미래의 성공 이미지를 자주 그린다.	□ 체중이 불어나면 즉시 다이어트에 들어간다.
□ 매일 짧게라도 기도나 명상을 한다.	□ 자신의 피부색에 어울리는 컬러를 알고 있다.
□ 사람들을 만나는 것이 즐겁다.	□ 자기 체형의 결점을 커버하는 패션 감각을 가지고 있다.
□ 대인 관계가 원만하다.	□ 튀는 패션이나 컬러는 별로 좋아하지 않는다.
□ 남에게 말한 약속은 반드시 지키려고 노력한다.	□ 깔끔하고 단정한 패션 스타일을 좋아한다.
□ 생각하고 고민하기보다는 먼저 행동으로 옮긴다.	□ 상황에 맞게 옷을 입을 줄 안다.
□ 인사성이 좋고 친절하다.	□ 여러 종류의 스카프(넥타이)를 가지고 있다.
□ 스트레스가 쌓이면 취미생활로 풀어 버린다.	□ 때에 따라 향수를 뿌린다.
□ 시간 약속을 중시하며 잘 지키는 편이다.	□ 겨울보다 노출할 수 있는 여름이 더 좋다.
□ 친구와 의미 없이 보내면 시간이 아깝다는 생각이 든다.	□ 정중한 인사를 할 수 있다.
□ 하루의 수면 시간은 다섯 시간 내외다.	□ 악수를 세련되게 할 수 있다.
□ 아침형 인간이다.	□ 자세가 반듯하다.
□ 자신의 사전에 심심하고 무료한 시간이란 있을 수 없다.	□ 걸음걸이가 당당하다.
□ 자신에게 닮고 싶은 이미지 모델이 있다.	□ 몸짓과 제스처가 우아하고 품격이 흐른다.
합 계 ( )	합 계 ( )

■ 퍼스널 이미지 지수 체크리스트

자신에게 해당하는 항목의 개수에 해당하는 좌표에 점을 찍어 자신의 영역을 찾는다.

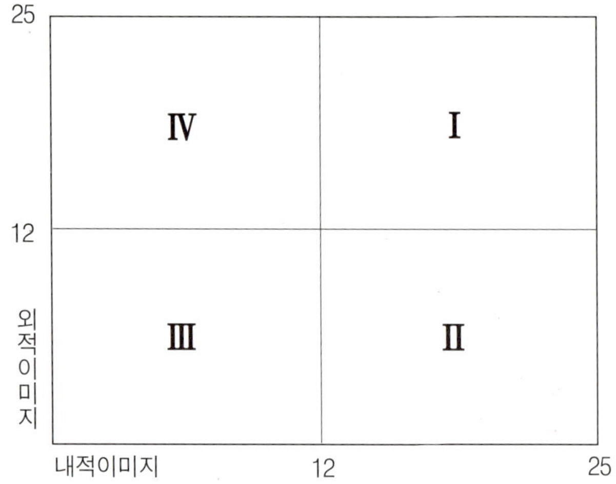

I 영역	자신은 내적이미지와 외적이미지를 잘 갖추고 있다. 또한 삶에 대한 의욕도 대단히 강하다. 자신만의 개성과 매력을 지속적으로 개발한다면 무리없이 목표달성을 할 수 있을 것이다.
II 영역	자신은 외모보다 내적이미지의 가치를 중시여기는 사람이다. 때로는 외적이미지를 추구하는 사람들에게서 우월감을 느낄 때가 있다. 그러나 외모 지상주의의 현대문화에 직면하여 자신의 생각을 바꾸지 않으면 안된다. 자신에게 변화에 적응할 수 있는 잠재력이 있으므로 지금부터라도 외적이미지의 중요성을 인식하고 변화한다면 빠른 속도로 경쟁력을 높일 수 있다. 자신의 적성에 감각적인 외적이미지가 추구된다면 당신은 너무나 매력적인 사람이 될 수 있을 것이다.
III영역	자신은 내적이미지와 외적이미지에 관심이 부족한 사람이다. 무슨 일을 해도 잘 되지 않는다는 패배의식을 가지고 있으며 자신감이 부족하고 매사에 소극적인 사람이다. 먼저 외적 이미지를 구축하면 내적이미지가 강화되어 매사에 긍정적이고 적극적으로 변화된 자신을 발견하게 될 것이다.
IV영역	자신은 외적이미지에 치중하는 편이다. 지적능력을 키우기 위해 독서량을 늘린다. 자기 개발 프로그램에 적극적인 참여가 필요하고 전략적인 차원에서 외적이미지를 추구할 필요성이 있다. 상황에 맞는 외적이미지 연출은 내면을 돋보이게 하는 힘이 된다. 타고난 감각을 바탕으로 하여 자신에게 내재된 능력을 최대한 끌어 올릴 수 있는 충분한 가능성이 있다.

3. Personal Identity (PI: 개인브랜드 관리)

퍼스널 아이덴티티(PI)는 개인브랜드 관리로 퍼스널브랜드 아이덴티티와 퍼스널 이미지를 통합시키는 일이다. 개인의 브랜드는 나만의 차별화된 이미지를 보다 경쟁력 있게 구축해 나가는 과정이라고 한다면, 퍼스널 아이덴티티는 마음가짐(mind identity)과 행동(behavior identity), 외모(visual identity)를 통합하여 통일된 자기 이미지를 만들어 자기만의 정체성을 만들어 나가는 것이라 할 수 있다. 즉 PI는 자신에 의해 부호화되고 커뮤니케이션되는 이미지로써 나 자신이 '어떻게 지각되어지고 싶어 하느냐' 와 같은 목표 내지는 이상적인 자기모습이라 할 수 있다.
다시말해서 다른 사람에게 보여 주고자 하는 자기의 외적모습, 나의 이상적 모습, 내가 만들고자 하는 적극적인 의도 등으로 다른 사람에게 비춰지는 모습이자 비전, 목표 등 나에 대해 궁극적으로 기대하는 이미지 또는 연상 등의 외적으로 표현된 개인 이미지의 정체성을 뜻한다.

1) 퍼스널 브랜드 (Personal brand)

마케팅 분야에서 주로 사용하던 brand의 개념은 점차 확대되어 국가, 학교, 단체 등 개인에게도 적용되고 있다. 현대 사회에는 개인간의 경쟁이 점차 심화되고 있으며 이러한 경쟁은 브랜드를 필요로 하고 있다. 따라서 나는 누구이고, 어떤 사람이고 또 무엇을 잘 하는지 간단명료하게 정의하고 표현해야만 나의 가치를 분명하게 사람들에게 보여줄 수 있게 되었으며 바로 이것이 개인 브랜드이고 경쟁력이다.
개인 브랜드와 개인 이미지에서 개인을 브랜드 한다는 것으로, 개인 이미지를 좋게 한다는 것과는 큰 차이가 있다. 개인 이미지를 좋게 한다는 것은 전반적으로 좋은 이미지를 만든다는 것을 의미하고, 개인을 브랜드 한다는 것은 하나의 개념을 중심으로 개인의 정체성을 선택하여 여기에 집중하는 것이다. 개인 브랜딩을 하면 경쟁자보다 훨씬 유리한 위치를 차지할 수 있고, 자신의 정체성도 찾을 수 있다.

(1) 퍼스널 브랜드의 목적과 효과

다른 경쟁자들과 차별화된 개인의 외적, 기능적 그리고 감성적인 이미지의 총합으로 고객의 인식 속에 자리잡고 있는 개인의 특정한 신념과 가치에 대한 이미지이다. 진정한 퍼스널 브랜드의 목적은 단순히 자신의 이름을 널리 알리는 것이 아니다. 그것은 하나의 수단일 뿐이다. 퍼스널 브랜드의 본질은 자신의 꿈을 이루며 사는 것이다. 그것을 통해 자신의 삶에 보람과 행복을 느끼고 나아가 다른 사람과 더불어 행복한 삶을 사는 것이다.

① 퍼스널브랜드는 믿음을 준다.
② 퍼스널브랜드는 자신을 알게 해준다.
③ 퍼스널브랜드는 좋은 대인관계를 갖게 해준다.
④ 퍼스널브랜드는 경쟁력을 높여준다,
⑤ 퍼스널브랜드는 몸값을 끌어올린다.

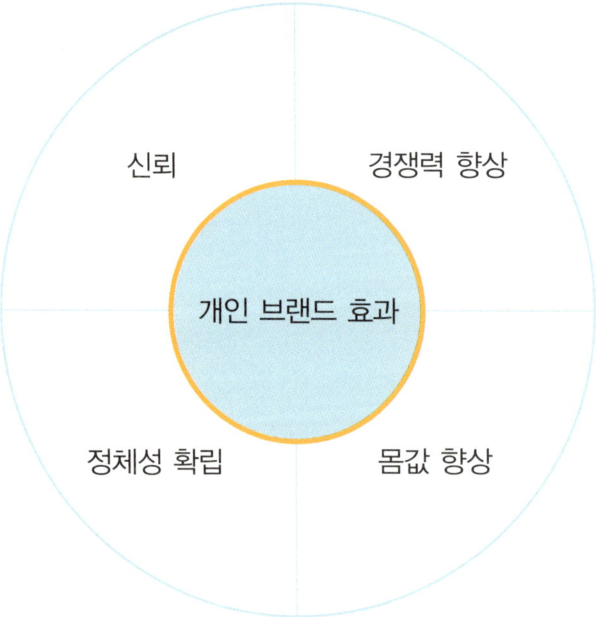

개인 브랜드 효과

(2) 퍼스널 브랜드의 성공 전략

개인의 브랜드를 만든다는 것은 자기자신과 자기를 보는 타인에게 일관된 정체성을 제공하는 것이다.

① 나의 꿈을 설정하고 이를 위해 노력하라.

개인의 브랜드를 이루기 위하여 우선 중요한 것은 꿈을 갖는 것이다. 꿈을 꾸면 현실이 반응하기 때문에 개인 브랜딩이란 꿈을 실현하는 것과 같은 말이다.

② 나를 차별화하라.

다른 것이 시선을 끌 듯이 다른 사람에게 잘 기억되고 매력있는 사람으로 보이기 위해서는 장점이든 약점이든 다른 점을 부각시키고, 개성을 장점으로 바꿔라.

③ 나의 단점을 장점으로 승화시켜라.

어떤 사람은 자신만의 장점이 없다고 생각한다. 그러나 잘 찾아 보면 자신 만의 장점이 있다. 또한 경우에 따라서는 단점을 인정하면 놀라운 장점이 될수도 있다.

④ 나의 단점은 과감히 포기하고 강점을 강화하라.

개인의 부족한 부분을 매우는 것은 중요한 일이다. 하지만 그렇게 되면 평균적인 사람이되기 쉽다. 반면에 자신의 강점에 더 주력하게 되면 특정 분야에서 더 두각을 나타나게 된다.

⑤ 강점을 극대화하여 핵심 경쟁력으로 승화하라.

나의 장점이 곧 나의 핵심 경쟁력이므로 강점을 하나로 집약시키면 개인의 핵심 경쟁력이 된다. 핵심 경쟁력이란 나만이 갖고있는 상대적 우위점을 말한다.

⑥ 전문가를 지향하라.

미래는 전문가의 시대이다. 전문가가 되기위해 준비하여야 하며, 전문가가 되기 위해서는 자신의 분야을 정하고 그것을 사랑하고 노력하라.

2) 퍼스널 포지셔닝(Personal positioning)

퍼스널 포지셔닝은 나의 이미지가 다른 사람에게 있어서 특정한 위치를 차지하는 것을 말한다. 포지셔닝은 '다른 사람의 마음을 훔친다'는 브랜드 포지셔닝 작업을 토대로 자신의 긍정적인 이미지를 줄 수 있는 것으로 그것은 자신의 브랜드를 구축하는 초석이 될 것이다. 포지셔닝의 성격은 목적에 따라 새로운 이미지를 창조할 것인가, 기존 이미지를 강화할 것인가, 아니면 재포지셔닝을 통해서 기존의 이미지를 버리고 새롭게 변화할 것인가 등 크게 3가지로 분류할 수 있다. 포지셔닝은 자신의 미션과 비전을 끌어 나가는 기관차 역할을 한다.

(1) 자기분석

자신이 내면에 아무리 좋은 이미지와 자질을 지니고 있다 해도 그것이 드러나야만 타인에게 인식될 수 있다. 우선 그 출발점은 '나 자신을 정확히 아는 일'이다. 먼저 자신에 대한 철저한 분석을 통해 자신의 강점과 단점을 발견해야 한다. 그래야만이 자신이 바라는 이미지와 비교하여 '어느부분을 어떻게 향상시킬까' 하는 방법도 나오게 되며, 내 자신이 나의 이미지를 바람직한 방향으로 만들어 나갈 수 있다. 간혹 본인은 웃고 있다고 생각하는데 상대방은 그렇게 느끼지 못하는 경우가 있다. 자신이 웃는다고 생각하는 것이 중요한 것이 아니라 보는 사람이 나의 얼굴을 보고 웃는다고 느껴야 하는 것이다. 자신의 이미지메이킹을 성공적으로 실현하기 위해서는 무엇보다도 정확한 자기 인식과 자기 이미지의 객관화가 필요하다. 이미지메이킹은 기존의 자신의 모습에서 장점과 잠재력을 끌어내는 것에 중점을 두는 것이다.

① 나에 대해 알아보자.

'나'라는 존재를 알아내는 방법으로 상징적 상호주의자인 허버트 미드라는 사회학자가 제시한 방법으로 자기 자신이 생각하는 '주관적인 나(I)'와 타인이 생각하는 '객관적인 나(ME)'에 대해 점검하고, 'I'와 'ME'의 GAP을 줄여 자신을 좀더 객관화하도록 해야 한다. 퍼스널 아이덴티티 구축시 '주관적인 나(I)'와 '객관적인 나(ME)'의 GAP을 최소화하여 포지셔닝을 해야 한다.

② 퍼스널 아이덴티티 구축을 위한 '나'에 대한 분석

구분	내가 보는 나(I)	다른 사람이 보는 나(ME)

(2) 퍼스널 브랜드 자산 (Brand asset)

브랜드 자산은 보이지 않는 것에서 창출되는 자신의 브랜드와 관련한 재산으로 부가적인 가치를 의미하는 것이다. 브랜드 자산 분석 단계는 개인 브랜드를 구성하기 위해 개인 브랜드의 방향 설정과 컨셉을 설정할 수 있는 시작단계에 해당된다. 개인 자산과 전문적 자산을 알아보기 위해서는 세부적으로 기본자산, 능력자산, 지식자산, 감성자산의 4가지 유형의 자산으로 나눌 수 있다. 개인이 가지고 있는 강점이나 좋은 특성을 각 유형에 따라 살펴보고 이를 분석하여 미래의 희망과 목표를 설정하여 앞으로의 개인 브랜드 방향을 설정하고 확장해나가야 한다.

기본적 자산	개인이 가지고 있는 외모, 패션, 자세 등 겉으로 보여지는 이미지이다.
능력적 자산	내가 할 수 있다고 생각하는 것이 다 능력자산이다. 정리, 표정, 사진, 운동 등
지식적 자산	평상시 알고 있는 지식과 관련하여 얼마나 경쟁력이 있는지 분석하는 것이다.
감성적 자산	따뜻하다, 충동성이 강하다, 부드럽다, 외형적인 등 감정적인 자산이다.

① 퍼스널 브랜드 자산 점검

	현재 갖고 있는 능력	희망하는 능력
기본적 자산	1. 2. 3.	
능력적 자산	1. 2. 3.	
지식적 자산	1. 2. 3.	
감성적 자산	1. 2. 3.	

(3) SWOT분석

SWOT는 강점(strength), 약점(weakness), 기회(opportunity), 위협(threat)의 머리글자를 모아 만든 단어로 경영 전략을 수립하기 위한 분석 도구이다. 이를 개인에게 적용시켜 SWOT 분석을 통해 자신의 강점과 약점은 무엇인지 생각해보고 자신을 둘러싼 가정, 학교, 사회 및 지구촌 환경이 자신에게 제공하고 있는 기회와 위협요소는 무엇인지 분석해보자.

① SWOT 분석 방법

자신의 SWOT 분석을 실시하기 전에 먼저 SWOT 분석의 예시들을 살펴보도록 하자. 보다 효과적으로 SWOT 분석을 하고 적절한 전략을 세우기 위해서는 먼저 SWOT 분석 전에 자신을 둘러싼 사전 정보들을 파악해야 한다. 현재 자신은 어떠한 상황에 처해있는지, 그 상황에서 해결해야할 과제나 문제는 무엇인지. 각 문제나 과제의 중요도나 해결순서는 어떠한지 등을 먼저 파악해보자.

강점 (strength)	약점 (weakness)
· 당신이 잘하는 것은 무엇인가? · 당신이 활용할 수 있는 독특한 자산은? · 타인들이 보는 당신의 강점은?	· 자신의 무엇을 향상(단련)시켜야 하는가? · 다른사람보다 약한 부분은 무엇인가? · 타인들이 보는 자신의 약점은?
기회 (opportunity)	**위협 (threat)**
· 당신에게 어떤 기회가 열려있는가? · 어떤 트렌드를 당신이 활용 할수 있는가? · 당신의 강점을 기회와 연결시킬 수 있는가?	· 어떤 위협요인이 나쁜 영향을 주는가? · 어떤 위협요인이 약점에 노출되어 있는가?

SO 전략	강점을 사용해 최대한 기회를 활용하기 위한 전략이다.
ST 전략	강점을 활용해 위협을 회피하기 위한 전략 창출이다.
WO 전략	약점을 극복함과 동시에 이를 기회로 활용하는 전략이다.
WT 전략	위협을 회피하고 자신의 약점을 최소화하는 전략이다.

② 자기 SWOT 분석 실습

SWOT 분석을 통해 자신의 강점과 약점은 무엇인지 생각해보고 자신을 둘러싼 가정, 학교, 사회 및 지구촌 환경이 자신에게 제공하고 있는 기회와 위협요소는 무엇인지 분석해보자. 분석 결과를 바탕으로 자신의 인생 목표를 보다 구체화시키고 이를 달성하기 위해 전략을 수립해보자.

강점 (strength)	약점 (weakness)
기회 (opportunity)	**위협 (threat)**

SO 전략	
ST 전략	
WO 전략	
WT 전략	

SWOT 분석의 끝은 없다. 현실에 안주하기 보다는 발전을 위해 또 꿈을 이루기 위해 계속 생각하고 자신의 현 상황을 분석하여 인생의 vision을 계획한다.

(3) 퍼스널 아이덴티티 설정

퍼스널 아이덴티티란 자신이 타인에게 어떤 모습으로 비추어지기를 희망하는 목표 이미지라고 할 수 있다. 이처럼 타인에게 좋은 모습으로 자신이 비추어지고 싶은 것은 개인(personal identity)이나 제품(brand identity), 기업(company identity), 그룹(group identity), 국가(national identity)에도 적용된다. 이미지를 탓하기 전에 '아이덴티티'를 설정해야 된다는 것이다. '되고 싶은 나'를 명확히 정해놓고 보여지는 자신의 모습과 현실속의 자신의 모습에서 자신의 철학과 그에 따른 행동양식을 일관성 있게 도출해내야 하는 것이다.

나의 목표와 역할 확인

↓

나의 강점과 약점 도출

↓

현재 나의 모습과 향후의 열망하는 모습과의 괴리확인

↓

극복방안 도출 및 시행계획 수립

■ 명함 만들기

나를 표현할 수 있는 방법은 뭘까? 최근의 시대 흐름 속에서 자기 PR은 무엇보다 중요하다. 명함이란 직장인이라면 누구나 가지고 있을 것이다. 하지만 그 명함만으로는 자신의 브랜드를 제대로 알릴 수 없다. 독특하고 차별화된, 자신만이 구축하려고 노력하는 자신의 아이덴티티를 나타낼 수 있는 명함을 만들어 보아라. 자신이 어떤 사람인지 남에게 소개하지 않는다면 누가 그 사람의 능력을 알아주겠는가. 그런 측면에서 볼 때 대학생들이 명함을 소지하여 자신을 PR하고 있는 사회 현상은 적극적이고 주체적이라는 점에서 바람직한 모습이라 하겠다.

(4) 미션 및 비전 설정

개인의 미션은 자신이 가지고있는 내적, 외적 이미지를 다른 사람에게 만족시키기 위해 어떤 방법으로 노력할 것인가를 밝히는 것이다. 반면에 비전은 미션의 실행을 통해서 달성하고자 하는 미래 자신의 모습을 의미한다. 따라서 비전은 미션보다 분명한 미래의 모습을 제시한다. 미션이 글로 쓰여진 것이라면 비전은 시각화한 것으로 이해하면 된다. 자기가 지향하는 바람직한 미래의 모습이다.

① 미션 선언문

자신이 살아가는 동안 목표나 꿈, 비전 등이 중요한 이유를 규정할 수 있는 것이 바로 미션 선언문이다. 자신이 살아가야할 방향추를 제공한다는 점에서 반드시 고민하고 생각해야할 부분이라 할 수 있다.

미션 선언문

나의 미션(사명)은

이다.

나는 나의

과(와)

내가 가진

(으)로

공헌할 것이다.

이름

년 월 일

② 비전의 구성요소를 요약해보면

· 비전은 방향성을 가져야 한다.

· 비전은 목표를 가져야 한다.

· 비전은 기간에 대한 의미를 지녀야 한다.

· 비전은 달성 가능해야 한다.

1 Step 당신의 일생에서 꼭 이루고 싶은 것

2 Step 당신이 평소 닮고 싶은 인물(위인, 유명인, 주변인 등)을 적고 그 이유는?

인물	존경하는 이유, 특징

3 Step 당신이 인생에서 중요하다고 생각되는 대상, 단어, 문구, 문장, 좌우명이나 인생의 모토로 삼고 있는 글귀

③ 나만의 이미지 계획 세우기

10년 후의 여러분은 어떤 모습을 하고 있을지 생각해본 적 있는가? 자신이 하고 싶은 일, 잘 할 수 있는 일이 무엇인지 먼저 알아야하겠다. 그런 다음, 뚜렷한 목표를 설정하고 탐색하여 자신의 이미지를 자세하게 그려나가는 과정이 필요하다.

정말로 하고 싶은 것(일)		
or	=	?
잘 할 수 있는 것(일)		

④ 10년 후 내 모습을 위해 던져야 할 질문들

1. 지금의 나이에 10년을 더해보자. 그 때는 몇 살인가? (　　　　　)

2. 부모님의 연세에 10년을 더해보자. 두 분의 연세는 몇인가? 그 때 두 분은 어떤 일을 하고 계실까?

아버지 (연세, 하시는 일)

어머니 (연세, 하시는 일)

3. 10년 후의 오늘, 나는 무엇을 하고 있을까? 학생이라면 어떤 학교에서 어떤 전공을 공부하고 있을지, 직장인이라면 어떤 직장에서 어떤 일을 하고 있을지, 생각할 수 있는 한 구체적으로 적어보자.

4. 10년 후의 내 모습을 만들어가기 위해서는 무엇이 필요할까?

(5) 효과적인 자기경영

자신을 하나의 기업으로 보고 자신의 모든 부분을 총체적으로 관리하는 것을 의미한다. 자신의 이미지, 시간, 인맥, 능력, 건강 등 모든 부분을 컨트롤하는 것이다.

① 긍정적인 사고방식과 자신감 있는 나를 표현하라 .

상처가 나면 딱지가 생기고 새살이 돋듯이, 아무리 어려운 일이라도 극복하고 나면 내성이 생기고, 그것이 바로 내공으로 쌓이게 된다.

② 미소를 전략적으로 구사하라.

예전에는 첫인상을 결정하는 요인 중에 외모가 가장 큰 비중을 차지했지만 최근에는 그 기준이 바뀌었다. 현재의 첫인상 결정 요인은 바로 미소에 중점을 두고 있다는 점이다.

③ 앞서가는 사람은 입 속에도 화장을 한다.

아무리 능력있는 사람이라도 나쁜 입냄새를 풍긴다면 결코 좋은 인상을 줄 수 없다. 겉으로 드러나 보이는 맨얼굴에만 비싼 화장품을 화장할 것이 아니라 구강 위생관리에 노력하자.

④ 동료들과 좋은 관계를 유지하라.

우리는 가장가까이 있는 친구, 동료에게 소홀이 하는 경우가 있다. 토스토이는 가장 중요한 시간은 지금 이순간이고, 가장 중요한 사람은 지금 나와 함께 있는사람이다. 그리고 가장 중요한 일은 지금 나와 함께 있는 사림에게 좋은 일을 하는 것이다.당신이 먼저 건네준 커피 한 잔이 동료에게 미소를 선사하듯이, 동료의 미소는 곧 당신을 행복하게 할 것이다.

⑤ 국제 감각은 필수 조건이다 .

세계화 시대, 급격한 변화의 시대에는 유창한 영어 실력과 국제 감각이 필수다. 영어는 이제 단순히 의사소통의 수단에 그치지 않는다. 영어를 잘 구사할 수 있도록 투자를 하는 한편, 그것을 통해 세계의 다양한 문화를 이해하려는 마음가짐을 잊지 말아야 한다.

(6) 개인 스타일 조사

DISC란? DISC는 인간의 행동유형(성격)을 구성하는 핵심 4개요소인 Dominance, Influence, Steadiness, Conscientiousness의 약자다. DISC 행동유형은 일반적으로 사람은 태어나서 성장과정을 거쳐 현재에 이르기까지 자기 나름대로의 독특한 동기요인에 의해 선택적으로 일정한 방식으로 행동을 취하게 된다. 이를 행동 패턴(behavior pattern) 또는 행동 스타일(behavior style) 이라고 한다. 미국 콜롬비아대학 심리학교수인William Mouston Marston박사는 독자적인 행동유형모델을 만들어 개인의 힘을 어떻게 인식하느냐에 따라 4가지 형태인 주도형, 사교형, 안정형, 신중형으로 행동을 하게 된다고 한다.

■ DISC 행동 유형 검사의 목표

· 자신의 커뮤니케이션 스타일을 파악할 수 있다.

· 자신의 몰랐던 장점을 알 수 있다.

· 자신의 바꿔야 할 약점에 대해 알 수 있다.

· 다른 사람들이 특정한 행동을 하는 것에 대한 해답을 알 수 있다.

· 장래의 직업이나 이미지 메이킹에 좋은 영향을 줄 수 있다.

■ 개인의 스타일 조사 질문지

자기한테 맞는 성향을 한 가지만 선택하여 우측의 답안지에 작성한다.

#	A	B	C	D
1	절제하는	강력한	꼼꼼한	흥미진진한
2	개척적인	정확한	흥미진진한	만족스러운
3	기꺼이 하는	활기 있는	대담한	정교한
4	논쟁을 좋아하는	회의적인	주저하는	예측할 수 없는
5	공손한	사교적인	참을성이 있는	무서움을 모르는
6	설득력 있는	독립심이 강한	논리적인	온화한
7	신중한	차분한	과단성 있는	파티를 좋아하는
8	인기 있는	고집 있는	완벽주의자	인심 좋은
9	변화가 많은	수줍음을 타는	느긋한	완고한
10	체계적인	낙관적인	의지가 강한	친절한
11	엄격한	겸손한	상냥한	말주변이 좋은
12	호의적인	빈틈없는	놀기 좋아하는	의지가 강한
13	참신한	모험적인	절제된	신중한
14	참는	성실한	공격적인	매력 있는
15	열정적인	분석적인	동정심이 많은	단호한
16	지도력 있는	충동적인	느린	비판적인
17	일관성 있는	영향력 있는	생기 있는	느긋한
18	유력한	친절한	독립적인	정돈된
19	이상주의적인	평판이 좋은	쾌활한	솔직한
20	참을성 없는	진지한	미루는	감성적인
21	경쟁심이 있는	자발적인	충성스러운	사려 깊은
22	희생적인	이해심 많은	설득력 있는	용기 있는
23	의존적인	변덕스러운	절제력 있는	밀어붙이는
24	포용력 있는	전통적인	사람을 부추기는	이끌어 가는

■ 개인의 스타일 조사 답안지

점수 :

#	D	I	S	C
1	B (　　　)	D (　　　)	A (　　　)	C (　　　)
2	A (　　　)	C (　　　)	D (　　　)	B (　　　)
3	C (　　　)	B (　　　)	A (　　　)	D (　　　)
4	A (　　　)	D (　　　)	C (　　　)	B (　　　)
5	D (　　　)	B (　　　)	C (　　　)	A (　　　)
6	B (　　　)	A (　　　)	D (　　　)	C (　　　)
7	C (　　　)	D (　　　)	B (　　　)	A (　　　)
8	B (　　　)	A (　　　)	D (　　　)	C (　　　)
9	D (　　　)	A (　　　)	C (　　　)	B (　　　)
10	C (　　　)	B (　　　)	D (　　　)	A (　　　)
11	A (　　　)	D (　　　)	C (　　　)	B (　　　)
12	D (　　　)	C (　　　)	A (　　　)	B (　　　)
13	B (　　　)	A (　　　)	D (　　　)	C (　　　)
14	C (　　　)	D (　　　)	B (　　　)	A (　　　)
15	D (　　　)	A (　　　)	C (　　　)	B (　　　)
16	A (　　　)	B (　　　)	C (　　　)	D (　　　)
17	B (　　　)	C (　　　)	D (　　　)	A (　　　)
18	C (　　　)	A (　　　)	B (　　　)	D (　　　)
19	D (　　　)	B (　　　)	C (　　　)	A (　　　)
20	A (　　　)	D (　　　)	C (　　　)	B (　　　)
21	A (　　　)	B (　　　)	C (　　　)	D (　　　)
22	D (　　　)	C (　　　)	B (　　　)	A (　　　)
23	D (　　　)	B (　　　)	A (　　　)	C (　　　)
24	D (　　　)	C (　　　)	A (　　　)	B (　　　)
	합계 (　　　) 개	합계 (　　　) 개	합계 (　　　) 개	합계 (　　　) 개

내가 제일 높은 점수를 차지한 두 가지 스타일은? 1. 　　　　 2.

■ 각 기질의 유형

	High D	High I	High S	High C
주요 장점	목표 중심	동기부여, 참여의식	인간관계, 리더	철저함, 자료분석
주요 단점	감정에 둔감, 인내심 부족	충동적, 사실에 소홀	타협가능, 주도하기 싫어함	지나치게 조심, 시간에 무감각
동기 부여	결과(도전, 행동)	인정(승인, 가시성)	관계 (감사)	올바른 것(질적)
시간 운영	지금 (효율적, 목적)	미래(다음차례)	현재(때때로)	과거(정확성, 늦음)
의사소통	일방적임	열정적, 감명줌	상호적인 대화,	남의 말을 잘 들음
의사결정	충동적, 목표의식	직관적, 빠른의사결정	관계 가운데 결정	주저함, 철저함
힘든상황 반응	거칠게 됨	공격	수용, 묵인	도피
팀에 공헌	주도적인 역할을 감당	사람들을 접촉	특정 사항을 충실	자세한 사항에 집중
효과적 방법	남의 말을 청취	정지	시작	주변에 선포

① 만일 자신이 강한 D형 이라면?

남의 말을 듣는 것과 참는 법을 배우십시오.
일보다 인간 관계에 보다 초점을 기울이십시오.
사람들에 대하여 보다 융통성을 갖도록 하십시오.
다른 사람들을 보다 더 도와주도록 힘쓰십시오.
보다 온화하고, 보다 열린 마음을 갖도록 하십시오.

② 만일 당신이 강한 I형 이라면?

당신의 행동이나 감정을 조절하십시오.
보다 결과 중심이 되도록 노력하십시오.
자세한 사항과 사실에 관심을 기울이십시오.
움직여 나가는 속도를 줄이도록 하십시오.
남의 말을 듣도록 노력하고, 많이 말을 하지 마십시오.

③ 만일 당신이 강한 S형 이라면?

다른 사람들이 생각하는 것에 대하여 덜 민감하도록 노력하십시오.
보다 직설적이고 관심을 기울이도록 하십시오.
맞부딪히는 일을 두려워 마십시오.
보다 결단적이 되십시오.
일을 진행하는 속도를 높이십시오.
주도적이 되십시오.
"아니오" 라고 말하는 법을 배우십시오.

④ 만일 당신이 강한 C형 이라면?

일 바르게 하는 것만이 아니라, 바른 일을 하도록 하십시오.
보다 신속히 반응하도록 노력하십시오.
당신의 직관을 믿으십시오.
사실에 너무 집착하지 마십시오.
앞을 내다보십시오.
대인 관계를 발전시키십시오.

■ 각 유형별 분석의 목적 결론

① '다른 것이 나쁜 것은 아니다' 라는 것을 이해시켜주어야 한다.
② 무지개가 아름다운 것은 서로다른 일곱가지 색깔들이 조화를 이루기 때문이다.
③ 모두 같은 색이면 아름답지 않다.
④ 서로 다른 성격을 이해하고 받아들여야 한다.
⑤ 스스로 부족한 부분을 채워가야 한다.
⑥ 사람에 대한 이해의 폭을 넓혀주어야 한다.

■ 여행계획표 만들기

① 기질별로 조를 구성한다. (D형끼리, S형끼리, I형끼리, C형끼리)
② 조원은 6~8명이 적당하다. 단 모든 사람이 계획을 세우는 일에 참여한다.
③ 시간은 15분 20분으로 한다.
④ 발표는 조에서 추천하는 사람이 한 명은 그림을 들고 있고 한 명은 그림을 설명하게 한다.
⑤ 발표시간은 가능하면 충분히 준다.
⑥ 전지, 매직팬(색깔별로, 4~5종)

5. 이미지 케어

개인의 이미지는 기업의 이미지가 되고, 기업의 이미지는 곧 국가의 이미지로 형성되어 국가의 경쟁력을 높이는데 크게 작용을 한다. 그리고 기업의 최소단위를 구성하고 있는 요소 중에서 바람직한 개인의 정체성(PI : personal identity)이 구축되면 결국 기업과 국가의 이미지가 된다. 이미지를 연출하는 것은 문화가 사회적 영향을 받아서 개인의 행동에 영향을 줌으로써 무엇을 어떻게 보여줄 것인지 결정하고, 왜 필요한지를 알게 한다. 현대인의 성공을 위한 개인의 이미지 메이킹은 사회가 요구하는 이미지를 고려하여 연출해야 한다. 개인의 장점을 부각시키고, 단점을 보완하여 호감을 갖게 하는 것이 기본이다. 직업별로 정치인, 기업인, 전문인, 직장인에 따라 이미지를 분류할 수 있다.

(1) 정치인 이미지

사회적으로 최근 활동하고 있는 정치인들이나 지도자들은 자신의 이미지를 잘 활용하고 있다. 지도자로서의 이미지 리더십 역할을 하기 위해서는 시대에 맞는 변화를 시도하고, 국민이 원하는 대표자의 이미지가 무엇인지를 알아내어 리더십 이미지를 만들어야 한다.

정치인들이 이미지를 관리하는 요소는

첫째, 활력이 넘치는 모습으로 자신감이 필요하다.
둘째, 안정감 있는 자연스러운 모습과 부드러운 미소를 띤다.
셋째, 신뢰감 있는 인격자로서 국민에게 설득력이 있어야 한다.

(2) 기업인 이미지

기업의 이미지는 직접적으로 대중매체를 통해서 전달되는 의도적인 이미지와 회사의 경영철학이나 직원의 서비스 역할들을 그대로 느끼는 간접적인 이미지가 있다. 현대 기업들은 이윤을 창출할 뿐만 아니라 대중에게 어필하는 신뢰감은 물론 상품에 대한 기업의 이미지가 상징화된다. 기업의 변화는 정체성을 고려하여 자체적으로 CI 리뉴얼(corporate identity renewal)을 위해 모니터링과 컨설팅을 토대로 새로운 비전을 기획한다.

기업의 이미지를 개선할 사항으로는

첫째, 기업의 경영방침이나 윤리의식 등의 패러다임을 변화시킨다.
둘째, 브랜드의 새로운 상품개발을 위한 마켓전략에 힘을 기울인다.
셋째, 고객의 서비스를 최대화시키기 위한 직원들의 의식변화를 갖도록 한다.

(3) 전문인 이미지

전문인은 각기 자기 전문분야에서 최선의 노력이 필요하다. 그에 따른 직업적 특성이 다르지만 개인의 이미지를 관리하면서 외부로부터 인정받을 수 있게 최고의 전문성을 갖추고, 지적이면서 품위 있는 매너를 지녀야 한다.

전문인으로서 이미지 관리는

첫째, 지적 이미지의 전달체인 학력과 경력을 쌓는다.
둘째, 자신의 능력은 타인과 차별성 있는 전문기술을 터득한다.
셋째, 자신감 있는 자세로 지적인 세련미를 연출한다.

(4) 직장인 이미지

직장인은 각자의 업무공간에서 상사나 주변 동료로부터 실력을 인정받아야 한다. 개인의 잠재된 무한한 장점들을 보여주며, 자신에게 도움이 되지 않는 체면은 의식하지 말고 성공의 지름길을 향해 자신의 이미지를 부각시켜 효과적인 이미지를 연출한다.

직장인으로서 개인적인 이미지 관리는

첫째, 성실한 태도와 적극적인 자세로 임한다.
둘째, 능력향상을 위해 끊임없는 자기계발을 한다.
셋째, 여유로운 이미지를 유지하며, 소속에서 꼭 필요로 하는 사람이 되도록 한다.

6. 이미지 리더십 사례

21세기는 이미지 리더십을 갖춘 사람이 성공하는 시대라고 한다. 성공하는 리더는 짧은 시간에 최대한 자신을 잘 어필하는 능력을 갖춘 사람이다. 이제 이미지 리더십은 가장 강한 힘을 발휘할 매커니즘으로 이 시대의 중요한 성공 요인으로 자리매김하고 있다. 비전을 추구하는 리더라면 작금의 TV광고를 통해서라도 시대의 흐름을 읽고 이미지에 대한 재인식이 요구된다. 최소한의 시간에 자신이 전달하고자 하는 모든 것을 최대한 효과적으로 표현하기 위한 리더십을 발휘해야 할 때다.

이미지 리더십의 대표적인 예로는 정치인을 꼽을 수 있는데, 미국의 정치 광고 전문가인 '죠 맥기니스(Joe Mcginnis)'는 의도적으로 창출된 후보의 이미지가 선거 당락에 직접적인 영향을 준다고 하였다. 정치인들은 개인이나 기업인 등 타 분야의 사람들보다 이미지 메이킹에 인위적인 요소를 결합하는 면이 크지만, 기본적으로는 후보자 개인의 실제적인 능력을 반영해 다양한 매체를 통해서 이미지 메이킹을 하게 된다. 정치인은 유권자들이 원하는 가장 이상적인 국민의 대표자로 보여야 하기 때문에 각각 콘셉트를 정해 거기에 맞추어 이미지를 조정한다. 꾸준히 노력하는 모습으로 호감을 얻을 수도 있고, 가시적인 이미지로 호소할 수도 있다. 국민들은 후보자가 당선 후에도 자신들이 생각하는 지도자로서의 이미지를 지속(permanent image)하기를 바라므로, 정치인들은 차기를 준비하기 위한 이미지 메이킹을 끊임없이 연구해야 한다.

이미지 리더십을 발휘해 성공한 사람들은 누가 있을까? 그들은 자신의 퍼스널 이미지(표정, 헤어스타일, 패션, 매너, 보디랭귀지의 '시각적 이미지'와 보이스의 '청각적 이미지')를 최상으로 조절, 개발해 전략적으로 이미지를 최상으로 활용한 정치인을 알아보도록 하자.

(1) 존 F. 케네디 (John Fitzgerald Kennedy, 1917~1963)

미국 케네디 대통령은 시각적 이미지인 외모를 전략적으로 성공시킨 정치인이다. 1960년 대통령 선거 당시 케네디와 닉슨은 세계 최초의 TV 토론회에 출연하였다. 케네디는 비주얼 시대로의 변화를 인식하고 전문가의 이미지 리더십을 위한 전략을 세웠다. 두 후보는 상반된 이미지를 연출하였는데, 짙은 감청색 슈트를 입은 케네디의 이미지는 젊고 활기차게 보인 반면, 회색 슈트를 입은 닉슨은 나이 들고 지친 듯한 모습으로 보였다. 여론조사는 TV 토론회가 있기 전까지는 닉슨에게 유리했으나 토론회가 끝난 후에는 정반대의 현상이 나타났다. 라디오 토론을 청취한 유권자들은 계속해서 닉슨을 지지했다. 닉슨은 표정과 제스처, 패션 등의 시각적 이미지보다 청각적 이미지인 목소리에 더 유리했다. 대통령으로서 스스로 커뮤니케이션 능력을 지나치게 높이 평가하여 미디어 전문가의 적극적인 이미지 컨설팅을 무시하고 토론을 진행시켜 이미지 리더십에 실패한 것이다. 그러나 케네디는 자신의 매력적인 이미지를 최대한 발휘하였고, TV라는 미디어의 속성을 분석해서 국민이 원하는 대통령다운 이미지를 연출해 그 시대를 대변하는 정치인이 되었다.

(2) 마거릿 대처(Margaret Hilda Thatcher, 1925~)

영국 대처총리는 보수당 하원으로 유럽의 최초 여성 총리였다. 마거릿 대처의 이미지 리더십은 외유내강형이었다. 개혁을 통해 고통을 분담하며 파이를 키워서 광산 통폐합, 국영기업 민영화 및 폐쇄, 노동조합의 단체교섭권 제한 등 초강경 조치를 취했다. 특히 탄광노조를 굴복시켜 대처는 '철의 여인' 으로 불리게 되었다. 인플레이션과 노사분규로 인해 침체된 영국의 경제를 회복하기 위한 방안을 내세웠던 대처리즘은 개인에게 자유를 주는 만큼 철저히 책임감과 엄격한 도덕과 질서를 강조했다. 대처 총리는 강하고 공격적인 정책을 펼쳐나간 반면 부드러운 여성의 이미지를 강조하기 위해 우아한 스타일을 즐겨 입었다.

여성의 우아함을 상징하는 진주 목걸이, 귀고리, 팔찌, 반지 등의 액세서리를 적극적으로 활용했다. 액세서리는 사소한 이미지 연출이라고 생각할 수 있지만, 외모의 패션 전략으로 정책 반대파의 힘을 완화시킨다면 그 힘을 무시할 수 없을 것이다.

(3) 매들린 올브라이트(Madeleine Korbel Albright, 1937~)

미국사상 첫 여성 국무장관이었던 올브라이트 장관은 여성의 지위 향상과 교육기회 확대를 위해 노력하였다. 여성에 대한 편견이 유독 심한 정치권에서도 흔들리지 않고 자신의 일을 훌륭히 수행해 냈다. 그녀는 재임 시절 주요 외교행사 때마다 외교적 의미가 담긴 브로치를 착용해 화제를 모았다. 그녀는 평화를 제의하고 싶을 때에는 비둘기 브로치를, 일침을 놓고자 할 때에는 벌 브로치를 다는 등 그날 외교의 목적을 은유적으로 표현했다. 이는 자신의 뜻을 전달하고 외교를 이끄는 데 효과적이었다. 상대적으로 슈트는 단색으로 깔끔하게 입어 브로치를 유독 돋보이게 했는데, 이러한 그녀의 브로치 외교 덕분에 뚱뚱한 체형이나 작은 키, 나이든 외모는 그다지 중요하게 생각되지도 않았고 부정적으로 보이지도 않았다.

(4) 힐러리 클린턴(Hillary Diane Rodham Clinton, 1947~)

미국 힐러리 의원은 우먼파워를 과시하는 이미지 리더십을 지녔다. 그러나 과거 변호사 시절엔 아주 촌스러운 스타일로, 둔탁한 검은색 안경테와 부풀린 듯한 파마머리가 이미지를 흐리게 하였다. 퍼스트레이디가 되자 21세기 여성을 대변이라도 하듯 지적인 커리어우먼의 세련된 헤어스타일을 연출했다. 백악관에서 물러난 후에는 민주당 연방 상원의원으로 데뷔하며 쇼트커트 헤어스타일로 변신했다. 패션에 있어서는 자신감 있고 당당한 미국인다운 모습을 선명한 색상의 슈트 스타일로 드러냈다. 힐러리는 합리적이고 철저한 분석력과 논리로 미국 정계에서도 뛰어난 정치가로 인정받았고, 늘 변화와 혁신을 추구하는 이미지 리더십의 소유자였다.

(5) 스티브 잡스(Steven Paul Jobs, 1955~2011)

애플의 대표 스티브 잡스는 검은 크루넥(혹은 하프 터틀넥)과 닳은 청바지, 운동화만을 고집했는데, 이는 중요한 공식 석상에 서도 마찬가지였다. 그만의 독특한 취향과 고집으로 일관된 패션은 애플의 브랜드 이미지와 부합해 시너지 효과를 냈다. 캐주얼한 차림과 검은색, 청바지, 운동화라는 아이템은 애플이라는 브랜드의 도전 정신과 젊음, 혁신, 창의성, 자연스러움과 모던한 인상을 소비자들에게 그대로 전달할 수 있었다. 제품 역시 절제되고 편안한 디자인을 추구하였으며, 경쟁사인 마이크로소프트의 빌 게이츠가 비즈니스 캐주얼을 고집했던 것과는 상반되었다.

(6) 버락 오바마(Barack Hussein Obama, 1961~)

오바마의 대선 승리는 '스타일의 승리'라는 말이 있을 정도로 그의 맵시 있는 스타일이 민심을 얻는 데에 한몫했다. 오바마 대통령은 187cm가 넘는 키에 모델 같은 체형을 지니고 있었다. 거기에 너무 엘리트 같지도 않고 너무 서민 같지도 않은 적절한 패션을 이용해 건강한 이미지와 젊음, 진취적인 이미지를 심어줄 수 있었다. 그는 때에 따라 맞춤 슈트를 입기도 하고 간소한 러닝화나 저렴한 액세서리를 착용하기도 했다. 특히 남색 슈트에 흰 셔츠, 붉은 넥타이 차림은 성조기의 색상을 나타내는데, 그가 중요한 자리에서 결연한 의지를 표현하고자 할 때 쓰였다. 이 덕분에 오바마는 권위적이고 보수적인 정치인의 느낌을 전혀 주지 않고 새로운 시대의 대통령으로서 미국 국민들에게 어필할 수 있었다.

Chapter 2

얼굴 이미지

1. 첫인상

첫인상은 커뮤니케이션의 시작이다. 첫인상은 상대에 눈에 비쳐지는 자신의 형상으로, 상대방에게 오랫동안 영향을 미친다. 첫인상의 경우 보통 학자들마다 다른 견해의 차이는 있지만, 보통 3초 내지 5초 안에 상대에 대한 첫인상이 결정난다고 한다. 처음에 본 5초의 이미지가 그 사람의 평생 이미지를 좌우한다는 '첫인상 5초의 법칙' 이라는 말이 있는 만큼 첫인상은 강력하게 남는다.

첫인상은 쉽게 바뀌지 않는다. 연구 결과에 따르면 첫인상이 결정되는 시간은 처음 대면 후 3초 정도에 불과한데, 그 첫인상을 바꾸려면 적어도 60번은 더 만나야 한다고 한다. 이렇게 결정난 첫인상은 그 사람을 판단하는데, 오랜 시간 동안 영향을 미치며, 한번 잘못 비쳐지면 상대방의 기억속에 오랫동안 기억되어 회복이 어려워진다.

첫인상은 대인관계의 시작이다. 첫인상은 인간관계를 형성하는데 있어 70%이상을 차지한다는 이론도 있으며 이런 첫인상은 눈 깜빡 할 사이에 머릿속에 새겨져 이렇게 남겨진 첫인상은 쉽게 바뀌지 않는다고 한다. 회사 면접 같은 곳에서는 첫인상이 취업의 당락을 결정짓는 요인이 되기도 한다.

첫인상은 다른 사람들에게 자신의 이미지를 각인시키는 첫번째 관문이다. 하지만 첫인상은 태어날 때부터 결정되는 것이 아니라 살아가며 결정된다는 것이다. 스스로의 노력으로 얼마든지 극복할 수 있는 것이 첫인상이다. 적극적으로 노력해서 호감 가는 첫인상을 갖도록 노력하는 것이 필요하다.

1) 첫인상의 결정 요소

첫인상 형성에 영향을 미치는 것은 크게 외모(시각), 목소리, 언어선택으로 3가지 요소가 있다. 외모에는 표정, 체형, 옷차림, 태도, 제스처 등이 포함되며, 목소리와 언어선택은 말의 높낮이, 억양, 속도, 목소리, 언어등 으로 대화에서 느낄수 있는 요소이다.

심리학자 앨버트 메라비언(Albert Mehrabian)은 상대방과 대화시 상대방으로부터 받는 이미지는 '시각(body language)과 표정 35%, 태도 20%, 청각(tone of voce)과 목소리 톤 38% 언어(words) 7% 로 구성된다' 고 하였다. 외모는 첫인상을 결정짓는 가장 큰 요소일 뿐만 아니라 성공하는 이미지 리더십의 중추 역할을 한다. 이러한 외모를 표현하는 것에는 좋은 표정(face), 매너(manner), 커뮤니케이션(communication), 스피치(speech), 퍼스널 컬러(personal color), 패션(fashion), 헤어 및 메이크업(hair & make-up) 등이 있다.

2) 첫인상의 효과

첫인상은 우리의 이미지에 있어서 가장 중요한 부분이다. 그러나, 좋은 첫인상을 남기기는 그리 쉽지 않다. 첫인상은 심리적, 무의식적으로 상대에게 어떠한 느낌으로 각인이 되고 전달이 되기에 어떠한 심리적인 효과로 첫인상이 형성이 되는지 알아보자.

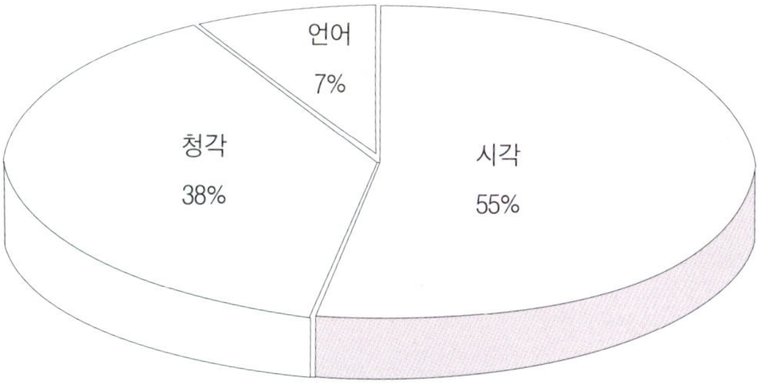

메라비언의 차트 첫인상을 결정짓는 요소

(1) 초두효과 (Primacy effect)

첫인상은 흔히 초두효과라고 말 할 수 있는데, 처음에 들어 온 인상이 나중에 그것을 판단하는데 영향을 주는 효과를 말하며, 초두효과는 맥락효과로 이어지게 된다. 그러므로 첫인상이 쉽게 바뀌지 않는 이유이며, 그 이유는 초기 정보가 후기 정보보다 훨씬 더 중요하게 작용하기 때문이다.

사회심리학자 Asch는 초두효과를 보여주는 간단한 실험을 실시했다. 두 집단의 사람들에게 어떤 인물에 대한 성격을 여섯 가지 특성으로 설명해 주었는데, 집단 1에게는 긍정적인 내용을 먼저 들려주고 집단 2에게는 부정적인 내용을 먼저 들려주었다. 두 집단에게 들려준 내용의 순서는 다음과 같다.

집단 1

똑똑하다 ⇒ 근면하다 ⇒ 즉흥적이다 ⇒ 비판적이다 ⇒ 고집이 세다 ⇒ 시기심이 많다

집단 2

시기심이 많다 ⇒ 고집이 세다 ⇒ 비판적이다 ⇒ 즉흥적이다 ⇒ 근면하다 ⇒ 똑똑하다

그 후, 실험 참가자들에게 조금 전에 들었던 사람에 대한 인상을 평가하게 했다. 성격특성 중 어떤 내용을 먼저 들었는지에 따라 사람들은 완전히 다른 인상을 형성했다. 긍정적인 내용을 먼저 들었던 첫 번째 집단의 사람들은 부정적 내용을 먼저 들었던 두 번째 집단의 사람들에 비해 소개 받은 인물을 훨씬 더 긍정적으로 평가했던 것이다.

(2) 맥락효과 (Context effect)

초두효과는 처음 들어온 정보가 나중에 들어오는 정보에 대해 영향을 미치는 효과이다. 첫인상이 좋은 여자가 애교를 떨면 귀엽게 느껴지지만 첫인상이 나쁜 여자가 애교를 떨면 푼수처럼 느껴진다. 처음 제시된 정보가 나중에 들어오는 정보의 처리지침이 되고 전반적인 맥락을 제공하는 것을 첫인상의 '맥락효과'라고 한다. 이렇게 첫인상은 한번 형성되면 잘 바뀌지 않는다.

(3) 부정성의 효과 (Negativity effect)

부정적인 특징이 긍정적인 특징보다 그 사람의 인상형성에 더욱 강하게 작용하는 현상을 부정성효과(negativity effect)라고 한다. 어떤 정보에 대해 긍정적인 내용과 동시에 부정적인 내용의 정보를 접하게 되었을 때 부정적인 정보가 더욱 강력하게 작용하는 효과이다. 이는 결과적으로 부정적 인상은 긍정적 인상보다 변화되기가 어렵다는 것을 의미한다.

(4) 대비효과 (Contrast effect)

너무 매력적인 상대화 함께 있으면 그 사람과 비교되어 자신은 오히려 평가가 절하되는 현상을 대비효과(contrast effect)라고 한다.

(5) 후광효과 (Halo effect)

후광효과(haloeffect)란 어떤 사람이 한 가지 좋은 특성을 지니고 있을 때 다른 좋은 특성들도 모두 함께 가지고 있을 것이라고 생각하는 것을 말한다. 예를 들어 면접에서 인상이 좋은 사람은 대인관계도 잘할 것 같은 기대감을 심어주고, 지적인 분위기와 인텔리한 이미지를 가진 사람은 왠지 일 처리를 잘할 것으로 보인다.

(6) 현저성 효과 (Vividness effect)

두드러진 특징이 그 사람의 인상형성에 큰 몫을 차지하는 현상을 현저성 효과(vividness effect)라고 한다. 예를 들어 체격이 뚱뚱해서 게으를것 같다. 입매가 크면 성격도 시원시원한 사람같다고 느끼는 것이다.

(7) 방사효과 (Radiation effect)

지위가 높거나 유명한 사람과 함께 있으면, 자신 역시 사회적인 위치, 자신감, 자존감이 향상되는 현상이다.

(8) 악마효과 (Devil effect)

열등한 외모적인 특징 등 부정적인 모습으로 인해 그 사람의 다른 측면까지도 부정적으로 생각하는 현상이다.

2. 얼굴표정 관리

첫인상을 좌우하는 핵심적인 요소는 미소이다. 첫인상에 가장 중요한 부분을 차지하는 것은 얼굴 표정이며, 사람의 감정을 나타냄으로 놀라움, 두려움, 혐오, 화, 행복, 슬픔 등을 표현 할 수 있다. 일찍이 상술이 발달한 중국인들은 미소 짓지 못한 자 가게 문을 열지말라 하였고, 프랑스 대통령에 두 번이나 취임했던 자크 시라크는 책상 아래에서 발을 심하게 떠는 습관과 굳은 표정을 부단한 노력으로 바꿈으로서 진지함과 깊이 있는 표정의 리더가 될 수 있었다고 한다. 표정이 있다는 것은 우리가 살아있다는 증거이다. 좋은 표정은 하루아침에 얻어지는 것이 아니라 평소 밝은 마음을 갖고 꾸준한 자기관리를 통해서 우러 나온다. 뿐만아니라 표정의 변화는 발음교정 효과도 있으므로 반드시 연습이 필요하다. 국제화 시대인 현 시점에서 표정관리는 개인의 이미지가 되며 더 나아가 국가, 기업의 성공요인이 되는 중요한 요소이기 때문에 표정관리에 관심을 가지고 노력해야 한다.

1) 입의 표정

자신의 얼굴을 상대방에게 노출시킬 때(처해진 상황에 따라 다르겠지만) 상대방에게 좋은 감정을 전달하기 위해서는 얼굴에 미소가 있어야 한다. 아무리 잘생긴 사람이라도 얼굴의 표정이 어두우면 상대방에게 호감을 줄 수 없다. 상대방에게 좋은 호감을 줄 수 있는 방법은 미소이다. 잘 웃지 않는 무표정한 얼굴을 관찰해 보면 입주위의 근육이 굳어 있다. 매일 입술 근육을 단련시키면 입 주위의 주름도 방지하고 매력적인 입매와 입꼬리의 모양을 단정하게 하는 효과가 있다. 눈 주위보다 입 주위에 표정근이 집중되어 있어서 입 주위 표정근의 모습으로 상대의 기분을 파악할 수 있다. 웃는 얼굴을 만드는 연습에서는 입 주위의 근육을 부드럽게 하기 위해 발성연습을 한다. 호감을 주는 스마일 라인은 입꼬리가 올라가야 만들어진다. 모나리자의 묘한 미소는 아름다워 보이지만, 입꼬리의 모양에 따라서 걱정스러운 표정이 되기도 하고 즐겁고 행복한 표정이 되기도 한다.

긍정적인 입의 표정

1. 입 꼬리가 살짝 올라간 듯, 힘주지 않고 자연스럽게 다문다.
2. 입술에 혈색이 있다.
3. 입술이 살짝 벌려 윗니가 아래 입술에 닿는다.
4. 입술을 쭉 내밀거나 아래 입술에 힘이 들어가지 않는다.
5. 웃을 때 잇몸이 많이 보이지 않는다.
6. 명랑한 미소를 지을 때 윗니가 살짝 보인다.
7. 대화 시 입술을 한쪽으로 씰룩거리지 않는다.
8. 입술을 혀로 자주 빨지 않는다.
9. 어금니를 꽉 물거나, 반대로 늘 입을 벌리지 않아야 한다.
10. 입술색이 어두워 보이지 않도록 한다.

(1) 입모양 발성법

기분이 좋으면 사람들이 웃는 것은 당연하다. 억지로 웃으면 기분과 생각이 변하는데 심리학자 윌리엄 제임스는 '사람은 행복하기 때문에 웃는 것이 아니라, 웃기 때문에 행복하다' 고 주장한다. 웃는 얼굴을 위해 입 주위의 근육을 부드럽게 하는 방법으로는 **'하, 히, 후, 헤, 호'** 발성 연습이 있다.

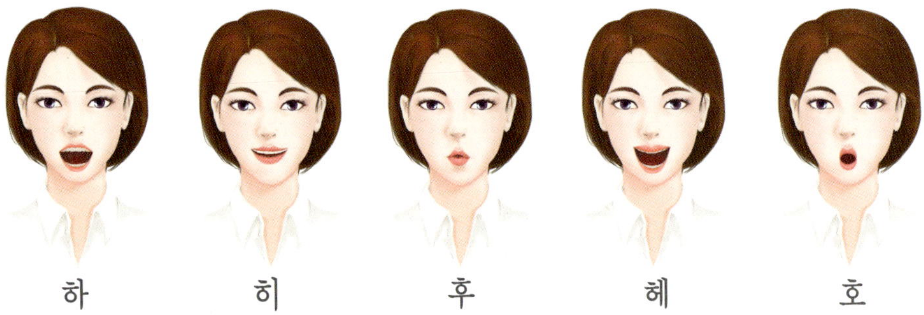

입모양 발성법

하	정면을 보고 턱이 움직일 정도로 될 수 있는 한 입을 가장 크게 벌려 '하' 하고 소리 를 내며 다섯을 센다.
히	입꼬리를 'ㅡ' 자를 만드는 느낌으로 '히' 하고 소리를 내며 입꼬리를 양 옆으로 힘껏 잡아당기고 입술의 근육을 긴장시키면서 다섯을 센다.
후	입술을 앞으로 쭉 내밀고 큰소리로 분명하게 '후' 하고 소리를 내며 다섯을 센다.
헤	입을 'V' 자로 만드는 느낌으로 '헤' 하고 소리를 내며 다섯을 센다.
호	입술을 최대한 동그랗게 만들어 '호' 하고 소리를 내며 다섯을 센다.

이러한 훈련은 하루에 4~5회 정도 해주는 것이 좋다. 입꼬리가 처진 사람은 화장전이나 목욕 중 또는 생각날 때마다 하는 것이 좋다. 시간이 지나면서 얼굴표정이 부드러워 보이는 것을 느끼게 될 것이다.

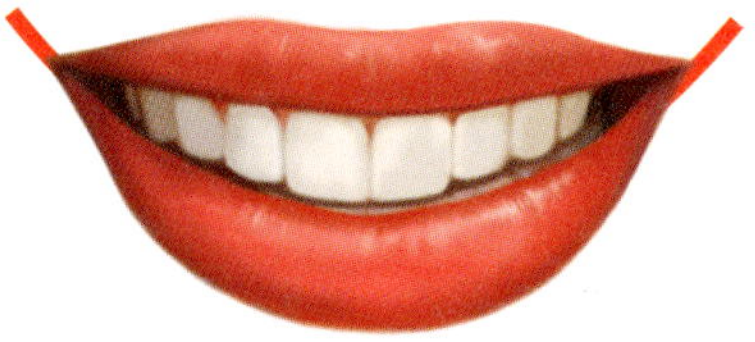

호감 스마일 라인

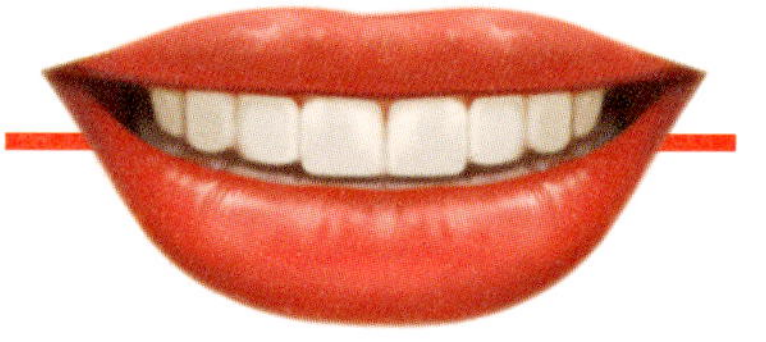

비호감 스마일 라인

(2) 스마일 라인

호감 스마일라인은 입꼬리를 살짝 올리며 짓는 부드럽고 자연스러운 미소로 좋은 인상을 준다. 이러한 스마일 라인을 위해서는 평소에 입 꼬리가 처지지 않도록 연습하는 것이 중요하다. 웃을 때 입술이 비뚤어지지 않도록 주의하고 반듯하게 대칭이 되도록 해야 한다. 그렇지 않으면 비웃음으로 보일 수 있다.

① 검지손가락을 이용한 스마일 라인

스마일 라인을 만들기 위해서 검지손가락을 이용하여 입꼬리를 올려주는 연습이다. 검지손가락으로 입꼬리를 올려준 다음 다섯을 센 후 원위치로 돌아온다. 입을 다문 채 하면 조용한 모나리자 미소가 되고 이를 살짝 보이면서 웃으면 활짝 웃는 미소가 된다.

② '위스키~, 와이키키~' 스마일 라인

위 스 키: 먼저 '**우**' 발음을 한 다음 '위스키' 하고 소리를 내면서 입 꼬리를 올려준다. 눈 꼬리는 아래로 내려준다.

와이키키: 먼저 '**오**' 발음을 낸 다음 '와이키키' 하고 소리를 내면서 입 꼬리를 올려준다. 눈꼬리는 아래로 내려준다.

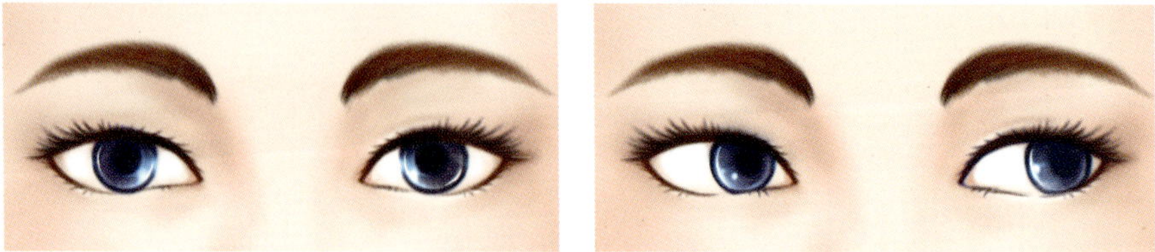

매력적인 눈매 만들기

2) 눈의 표정

매력적인 표정으로는 입의 표정만큼 눈의 표정도 중요하다. 입은 웃고 있는데 눈이 무표정하면 이상한 사람으로 보이게 될 수 있다. 눈의 표정이 밝고 생기있으면 자신감이 있어보이고 아름다워 보인다. 눈 주위의 근육을 단련시키면 생기 있는 눈의 표정을 가질 수 있다. 그러나 눈이 빛난다 하더라도 호감 가는 시선이 아니면 좋은 인상을 주지 못한다. 눈동자가 빛나고 시선처리를 이리저리 돌린다면 정서적으로 안정되어 있지 못하고 자신감이 부족한 사람으로 보인다. 시선처리는 정면을 향하는 것이 좋으며 몸이 놓여있는 방향과 같은 방향으로 움직이는 것이 아름다워 보인다.

긍정적인 눈의 표정

1. 눈동자가 맑고 깨끗하다.
2. 눈에 힘이 들어가지 않고 시선이 편안하다.
3. 곁눈질과 아래위로 훑어보는 시선은 좋지않다.
4. 힐끌힐끔 보는 것은 상대방에게 불쾌감을 준다.
5. 턱을 올리고 보거나, 눈을 부릅뜨지 않는다.
6. 눈동자를 많이 움직이지 않으며 자신 있고 밝게 주시한다.
7. 아래로 내려뜨면 소극적이고 자신감 없어 보인다.
8. 자주 깜빡거리거나 두리번거리면 무언가 숨기는 듯하다.
9. 움푹 들어간 눈은 피곤하고 지쳐보인다.
10. 눈과 입의 표정이 일치된다.

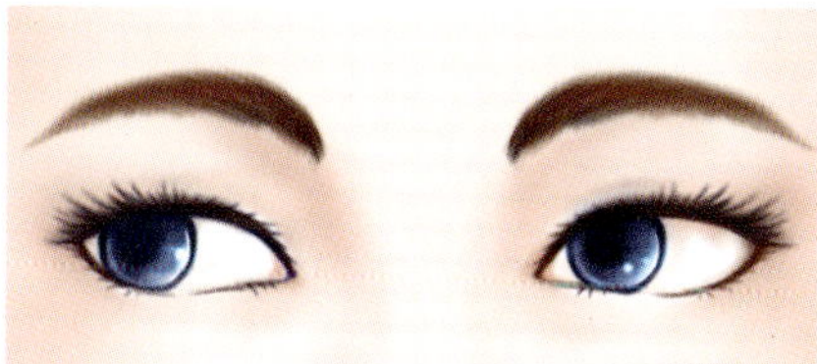

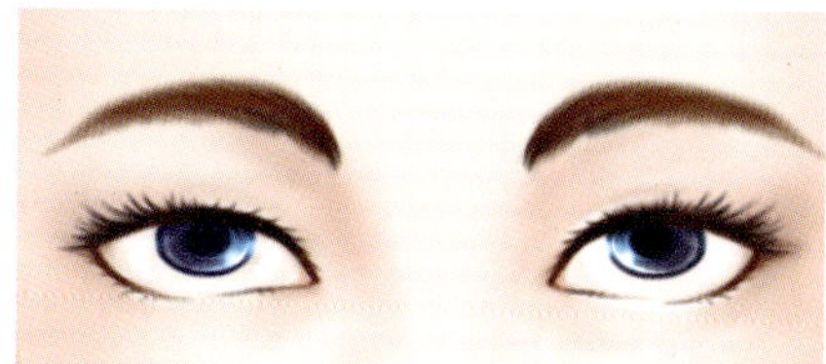

매력적인 눈매 만들기

맑고 선한 눈매와 부드럽고 안정적인 눈매를 만들기 위한 방법

1. 목을 좌우로 천천히, 크게 10번씩 돌린다.
2. 정면을 바라보며 눈을 크게 뜨고 입은 크게 벌리고 5초 동안 있는다. 다섯 번 반복한다.
3. 정면을 보고 눈동자를 힘껏 오른쪽으로 돌린 채 5초 동안, 다음엔 왼쪽으로 돌려서 5초 동안, 그리고 한 번 눈을 감는다.
4. 눈을 크게 뜨고 힘껏 오른쪽 위를 보고 5초 동안, 왼쪽 아래를 보고 5초 동안, 왼쪽 위를 보고 5초, 오른쪽 아래를 보고 5초 동안, 그리고 한 번 천천히 눈을 감는다.
5. 다음엔 눈동자를 돌려준다. 우회전 다섯 번, 좌회전 다섯 번씩 해 준다. 위 방법을 다섯 번씩 하루에 몇 번하면 눈의 피로회복에도 좋다.

표정근 운동은 아침 잠자리에서 일어나자마자 하는 것이 효과적이나 여유있는 시간에 규칙적으로 하는 것이 좋다. 긴장을 푼 상태에서 편안한 마음으로 천천히 해야 한다.

정확한 운동법을 익히기 전까지는 거울 앞에서 하는 것이 좋고 숙달되면 어느 장소에서나 해도 무방하다. 1개월까지는 매일 해주는 것이 효과적이고 그 이후에는 일주일에 세 번만 해도 된다. 피부가 건조하여 땅기는 상태에선 역효과가 나기 때문에 건조하면 보습크림을 바르고 운동을 한다. 몸이 피곤할 때는 하지 않는다.

3. 얼굴 스트레칭

사람들 대부분 몸 운동은 하면서 얼굴 운동은 하지 않는다. 얼굴은 몸과 마음의 건강을 반영하는 거울이라 할 수 있다. 얼굴에도 근육, 관절, 골격이 있으므로 움직일수록 부드럽고 유연해지며 아름다워진다. 얼굴 운동을 하면 혈액순환이 잘되어 피부에 산소공급을 해 주기 때문에 화장품을 바르지 않은 깨끗한 상태에서 하는 것이 좋고, 저녁에는 목욕 후 하는 것이 혈액 순환이 잘되어 효과적이다.

1) 턱 운동

1. 턱 벌리기

더 이상 벌어지지 않는 상태까지 벌리고, 10초 동안 있다가 원위치를 한다.

2. 턱 돌리기

아래턱으로 무한대 기호 ∞모양을 그리는 것처럼 크게 회전 한다. 오른쪽으로 두 번, 왼쪽으로 두 번 한다.

3. 어금니 꽉 물기

숨을 멈추지 않고 열린 입을 옆으로 벌리면서 어금니를 맞물어 준다. 10초 동안 유지하면서 코로 천천히 숨을 들이마시고 천천히 내뿜어 준다. 이 동작을 세 번 되풀이한다.

4. 몸을 뒤로 젖히고 턱 벌리기

머리를 뒤로 젖히고 숨을 쉬면서 입을 크게 벌린다. 등을 쭉 펴고 머리를 뒤로 젖힌 후 숨을 쉬면서 입을 천천히 벌려 더 이상 벌려지지 않을 때 멈춰 10초 동안 있는다. 그리고 천천히 입을 닫고 머리를 원래모양으로 세운다. 세 번 되풀이한다.

2) 얼굴 운동

1. 이를 가볍게 물고, 얼굴의 근육을 전부 바깥쪽으로 잡아당기는 것처럼 한다. 눈동자는 최대한 크게 뜨고, 눈썹은 치켜 올리며, 볼의 근육도 올린다 <10초 동안>.
2. 1의 얼굴과 반대의 표정을 짓는다. 새콤한 사과를 먹었을 때처럼 얼굴의 근육을 크게 집중시켜 오므린다. 눈썹은 코의 중심에 집중시킨다 <10초 동안>.
3. 눈을 조용히 감고 얼굴 근육 전체에서 힘을 뺀다 <10초 동안>.

   순서대로 1. 2. 3 을 세 번 되풀이 한다. 이 때 힘을 줄 때와 뺄 때 힘껏 빼주는 것이 효과적이다.

1　　　2　　　3

3) 귀 운동

1. 귀 볼을 손가락으로 붙잡고 아래로 천천히 잡아당긴다 <10초 동안>.
2. 귀의 위쪽을 손가락으로 붙잡고 위로 천천히 잡아 올린다 <10초 동안>.
3. 귀 전체는 손으로 쥐고 천천히 바깥쪽으로 잡아당긴다 <10초 동안>.

1　　　2　　　3

4) 혀 운동

1. 입 벌리고 혀 돌리기

입을 크게 벌리고 혀를 내밀고 혀끝에 힘을 주어 혀를 빙빙 내두른다. 오른쪽으로 세 번 , 왼쪽으로 세 번 한다.

2. 혀를 아래위로 내두르기

입을 가볍게 닫고 혀끝을 힘껏 내밀어 코끝과 턱을 핥을 정도로 하여 아래 위로 움직인다. 위로 5초, 아래로 5초 동안 세 번씩 한다.

3. 입 안에서 볼 밀어주기

입안에서 혀끝에 힘을 주어 주위의 근육을 밖으로 밀어내듯 혀를 회전시킨다. 오른쪽으로 두 번, 왼쪽으로 두 번 돌리기를 한다.

4. 혀 깨물기

혀끝에서 안쪽까지 다섯 군데로 나누어 아래 위의 이로 아프지 않을 정도로 살짝 깨물어 준다. 한 군데 2초 정도씩 두번 되풀이 해 준다.

Chapter **3**

태도 이미지

1. 자세이미지

태도 이미지는 결코 타고나는 것이 아니며 자세에서 볼 수 있는 매력적인 이미지나 비언어적 메시지를 통해 나타난다. 개인의 연구와 노력을 통해서 얻어질 수 있는 자세를 보면 그 사람에 대해 무엇인가를 느끼게 된다. 대부분 기분이 가라앉은 사람은 어깨를 움츠리고 머리를 내려 남들에게 그 기분을 전달하게 된다. 자세뿐 아니라 시선도 감추고 주변 상황이나 주변 사람들에게 관심이 없다는 것을 표시한다.

똑바로 걷고 시선을 세우고 있는 사람과 비교하면 움츠린 자세를 하고 있는 사람의 느낌이 어떤지 금방 알 수 있다. 대부분의 경우 취하고 있는 자세는 우리의 기분이 어떤지를 잘 반영한다. 기분이 약간 안 좋을 때 주위를 둘러보며 똑바로 걸어보는 것만으로도 긍정적인 기분으로 전환되는 것을 느낄 수 있다. 자세는 관심과 존경을 표현하기도 한다. 이야기를 하고 있는 상대쪽으로 자세를 돌려주는 것은 그 사람의 말에 관심이 있다는 표시이며, 우정과 공경의 표시 외에도 상대방은 나에게 같은 자세를 보이기도 한다.

또한, 자세는 열린 자세와 닫힌 자세가 있다. 마음이 편안하지 않은 사람과 같이 있을 때에는 닫힌 자세를 보이는데 팔짱을 끼고 다리를 포개거나 가방과 같은 물건을 안고 있는 등과 같은 자세를 보인다. 이런 자세는 기분이 상하기 쉬운 마음 상태를 보호하기 위해 일종의 장애물 역할을 한다. 상대방에 대한 신뢰감과 친밀감이 자세와 많은 관련을 가진다. 어느 정도의 신뢰감이나 친밀감이 생겨 맘이 편하기 전까지는 잘 모르는 사람을 접촉할 때 닫힌 자세를 취하게 된다. 사람간의 친밀감이나 신뢰감은 말 뿐 아니라 자세를 통해서도 형성되는 것이다.

2. 바른 자세 및 종류

자세는 자신의 태도를 다른 사람에게 보임으로써 외모 다음으로 개인의 인격이 평가되는 부분이라고 할 수 있다. 바른 자세의 기본은 예를 지키고 올바른 정신자세를 갖추는 것으로 자신감이 넘치는 당당한 사람으로서 성공한 사람처럼 보여진다. 생활 속에서 자세를 교정하여 의식적인 태도를 취하도록 한다.

1) 선 자세

1. 호흡을 가다듬고 가슴을 펴고 똑바로 선다.
2. 시선은 정면을 향하고, 턱을 당겨 수평이 되도록 한다.
3. 상체와 하체가 기울지 않게 일직선으로 허리를 세운다.
4. 아랫배와 엉덩이에 힘을 주어 위로 끌어당긴다.
5. 머리와 어깨는 앞뒤로 젖히지 말고, 수평을 이루도록 한다.
6. 팔은 몸체에 붙이고, 손은 자연스럽게 바지선에 붙인다.
7. 두 발의 뒤꿈치는 나란히 붙이고, 앞부리는 15° 정도 벌려 선다.
8. 신체의 무게중심이 위로 올라간 듯 바로하고 편안하게 선다.

【그림 5】 선 자세

앉은 자세

2) 앉은 자세

1. 의자가 밀리지 않도록 고정시켜 앉는다.
2. 의자에 허리를 반듯하게 세우고 깊숙이 앉는다.
3. 시선은 정면을 향하여 상대방을 바라본다.
4. 어깨와 가슴을 펴고 곧고 바르게 앉는다.
5. 여성의 손은 다소곳이 모아 무릎 위에 얹고,
   남성은 가볍게 주먹쥐어 양 무릎 위에 올린다.
6. 여성의 다리는 가지런히 모아 세우거나 약간 기울인다.
   남성은 다리를 어깨넓이로 벌려 앉는다.
7. 다리를 떨거나 꼬지 말고 편안한 마음의 자세를 갖고 앉는다.

3) 걷는 자세

올바른 걸음걸이는 바른 자세를 상기하면서 걷는 동작이 멋스러워야한다. 기본자세는 얼굴의 턱과 어깨는 수평을 이루고, 가슴은 활짝 펴서 위로 당겨준다. 배와 힙은 힘을 주어 최대한 위로 끌어올려주며, 허리를 똑바로 세워서 걸으면 아름다운 신체라인이 살아난다.

1. 머리와 목은 곧게 펴서 흔들지 말고, 똑바로 세운다.
2. 시선은 눈높이보다 15° 정도 올려 고정시킨다.

기본 걷는 동작

3. 어깨는 아래쪽으로 당기는 듯하여 상체를 끌어올려준다.
4. 가슴은 세워서 넓게 펴주며, 몸의 중심은 내딛는 발에 모은다.
5. 손은 자연스럽게 쥐고, 팔은 앞으로 40°, 뒤로 15° 정도를 움직이며, 바지 옆선을 스치면서 자연스럽게 흔들어준다,
6. 무릎은 굽히지 말고, 쭉 뻗히면서 무릎과 발목이 스치듯이 걷는다.
7. 발은 여성의 경우 앞부리가 먼저 닿도록 하고, 남성은 뒤꿈치를 먼저 내딛으며, 일직선으로 곧게 걷는다.

4) 보행시 태도

올바른 걸음걸이는 모두 기본자세에서 나타나게 된다. 바른 자세가 되지않고 걸음을 걷게 되면 자세가 바르지 않을 뿐더러 마음자세도 흐트러지게 마련이다. 바른 자세로 매력적인 개인의 태도를 올바르게 하기위해서는 생활속에서 시간을 투자하고 훈련하여 실천에 옮겨 흐트러진 자세와 걷는 동작을 고치는 습관을 기른다.

1. 걷는 자세의 기본 에티켓을 지키면서 조용히 걷는다.
2. 계단을 올라갈 때는 연장자나 외부인을 먼저 오르게 하고, 계단을 내려올 때는 아랫사람이 먼저 내려오도록 한다.
3. 남녀가 계단을 올라갈 때는 남성이 먼저 오르고, 내려올 때는 반대로 여성이 먼저 내려오도록 한다.
4. 손님을 안내할 때는 안내자가 먼저 올라가고, 복장에 따라서 윗사람이나 외부인을 먼저 오르도록 한다.

5. 계단을 오르내릴 때에 절대 급하다고 뛰지 않는다.
6. 발자국소리가 나지 않게 보폭을 좁혀 걷는다.
7. 뒷짐이나 팔짱을 끼고 큰소리로 말하면서 걷지 않는다.
8. 급하게 서두르거나 허둥대며 흐트러지게 걷지 않는다.
9. 다른 사람을 스쳐지나갈 때는 상대방의 양해를 구한다.
10. 사람과 마주치면 조심스럽게 지나가고 남의 몸을 밀치지 않는다.

5) 인사자세

인사는 만남의 첫 단계이자 첫인상을 결정짓는 요소이므로 상대방의 존경심과 친근감을 표현해 주는 수단이다. 적극적인 태도로 정중한 마음자세를 가지고 상황에 맞는 인사말과 바른 자세를 실행해야 한다.

(1) 인사하는 방법

인사 할 때의 자세는 선 자세를 기본으로 하여 여성은 오른손이 위로가게 하여 배꼽에서 5cm 아래에 올려놓으며 남성은 자연스럽게 주먹을 쥐고 바지 옆선에 붙인다.

1. 밝은 표정을 지으며 상대방의 눈을 바라본다.
2. 가슴과 등을 펴고 허리부터 숙인다.

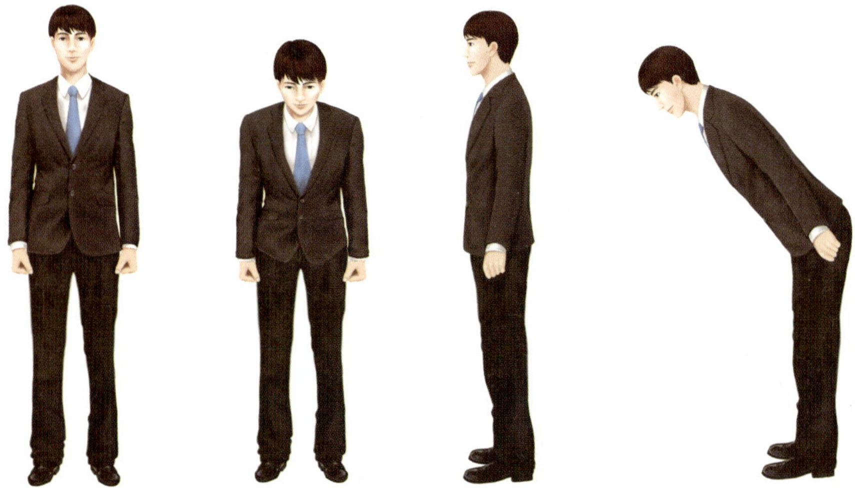

인사 자세

3. 숙인 상태에서 1초정도 머무른다.

4. 상체를 천천히 세운다.

5. 미소와 함께 인사말을 전한다.

(2) 인사의 종류

인사의 종류는 목례, 보통례, 정중례의 기본인사가 있으며, 상황에 따른 인사에는 걸으면서 하는 인사, 계단에 오르내릴 때 하는 인사, 의자에 앉아서 하는 인사가 있다. 인사에 대한 방법을 살펴보자.

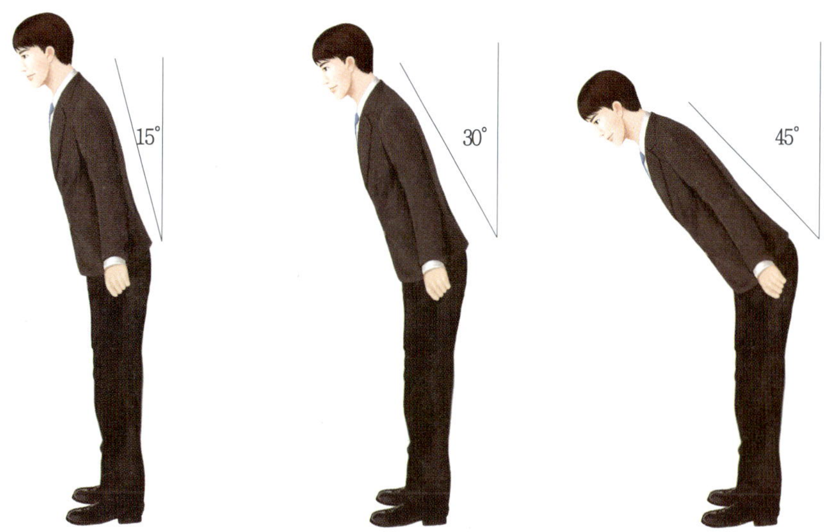

목 례　　보통례　　정중례

① 목례

목례는 상대방과 가볍게 15° 정도로 하는 인사이다. 상체를 약간 구부리고, 겸손한 마음자세로 하도록 한다. 목례는 친근하거나 가까운 사람에게 하고, 장소가 좁은 공간에서 하는 경우가 많다.

② 보통례

보통례는 가장 일반적인 인사법이며, 30° 정도 상체를 구부리고 자신보다 윗사람이나 중요한 상대에게 한다. 서두르지 말고, 천천히 공손한 마음으로 경의를 표시한다.

③ 정중례

정중례는 상체를 45° 구부리는 인사로서 감사하는 마음을 표시하거나 상대방에게 정중하게 사과를 할 때에 하는 최고의 인사이다.

(3) 상황에 따른 인사

일상에서 행해지는 인사이므로 정지된 상태가 아닌 움직이는 상태에서 자연스럽게 이루어져야한다. 상대방이 움직이는 상황에 따라서 적합한 인사를 하도록 한다.

① 걸을 때 인사

원거리에 위치할 때는 가벼운 목례를 한 다음 가급적 가까운 거리에 다가서서 상대방과 눈을 마주치면서 정중하게 인사를 한다.

② 계단에서 인사

계단을 오르내리면서 상대방과 마주치면 가까운 계단의 위치에 이르렀을 때 인사를 한다. 계단에 올라갈 때에는 시선을 위로하고, 내려갈 때는 시선을 약간 아래로 향한다. 동료를 만났을 때는 같은 위치의 계단에 머물고 연장자와 만났을 때는 두 계단정도 아래 위치에서 서로 인사를 나눈다.

③ 앉은 자세 인사

의자에 앉은 상태에서 인사를 해야 하는 경우는 상체의 허리를 곧게 펴고, 상대의 눈을 보며 가볍게 목례를 한다.

3. 프레젠테이션

프레젠테이션이란? "인간에게 가장 중요한 능력은 자기표현이며, 현대의 경영이나 관리는 커뮤니케이션에 의해 좌우된다"라는 피터드러커(P.F Drucker)의 말처럼 성공하는 사회인으로 비즈니스맨으로 성장하기 위한 가장 유용한 경쟁도구를 꼽으라면 커뮤니케이션 스킬 가운데 단연 프레젠테이션이다. 최초의 프레젠테이션은 2차 대전 중 군사작전 브리핑에서 시작하여 전후 많은 장교들이 기업체에 취업하면서 전파되었다고 한다. presentation의 영어사전적 의미는 '표현, 발표, 소개, 공개, 증정, 기증' 등의 뜻을 가진다. 그러나 좀 더 구체적으로 비즈니스 세계에서 실시되는 프레젠테이션의 의미는 다음과 같다. 자신의 의견이나 아이디어, 경험과 지식 등 제반정보를 상대방에게 전달하거나 설득하는 모든 행위, 또한 한정된 시간 내에 어떠한 목적이나 의도를 상대방에게 각종 의사전달 방법을 이용해서 발표하거나 소개, 표현을 하는 의사전달 행위를 말한다.

결국 프레젠테이션은 목적지향적인 커뮤니케이션이다. 프레젠테이션의 궁극적인 목표는 상대를 설득해서 원하는 바를 얻어내는 것으로 설득은 원웨이(one-way) 커뮤니케이션이 아니라 상대방의 동의를 이끌어내고 행동하게 하는 투웨이(two-way)커뮤니케이션이다.

1) 프레젠테이션의 종류

프레젠테이션은 전달해야 하는 정보의 종류와 상황에 따라 몇가지로 구분된다.

(1) 비즈니스 프레젠테이션

가장 많이 활용되고 있는 유형으로서 프레젠테이션을 통해 소정의 비즈니스 목적을 달성하고자 한다. 사업설명회, 투자펀딩, 신제품 발표회, 프로젝트 제안, 경쟁 프레젠테이션 등이 있다.

(2) 학술 프레젠테이션

주로 대학에서 학술적 내용 및 연구결과를 발표하는 학술 세미나, 기업이나 연구소에서의 제품교육, 연구발표 및 강의까지도 포함하는 유형이다.

(3) 이미지 홍보 프레젠테이션

청중에게 목표 대상의 바람직한 이미지를 전달하고 각인시키는 것이다. 기업의 이미지 홍보를 비롯하여 정부홍보, 지방 자치단체의 지역 홍보 등이 해당된다.

(4) 보고 프레젠테이션

진행되고 있는 또는 종료된 상황에 대한 정확한 보고와 전달을 목적으로 한다. 업무 브리핑, 프로젝트 결과보고, 컨설팅 결과 보고 등이 해당된다.

2) 성공적인 프레젠테이션

인간에게 가장 중요한 능력은 자기표현이며, '현대의 경영이나 관리는 커뮤니케이션에 의해 좌우된다' 라고 말한 피터드러커(P.F. Drucker)의 말처럼 성공하는 현대인으로 성장하기 위한 가장 유용한 경쟁도구를 꼽으라면 커뮤니케이션 스킬 가운데 단연 프레젠테이션이다. 성공적인 프레젠테이션을 위해서는 청중에게 주는 선물(present)이란 뜻을 담고 있는 키워드 'present의 성공공식' 을 이용한다.

□ 프레젠테이션의 성공 공식

Passion	열정을 가지고
Repeat key points	키포인트를 반복하라
Evidence	증거, 사례를 가지고
Skeleton	골격을 유지하라
Expertis	전문성을 가져라
Needs	고객의 니즈에 맞게
Tell them again	포인트를 다시 한번 말하라

3) 프레젠테이션의 3P와 프로세스

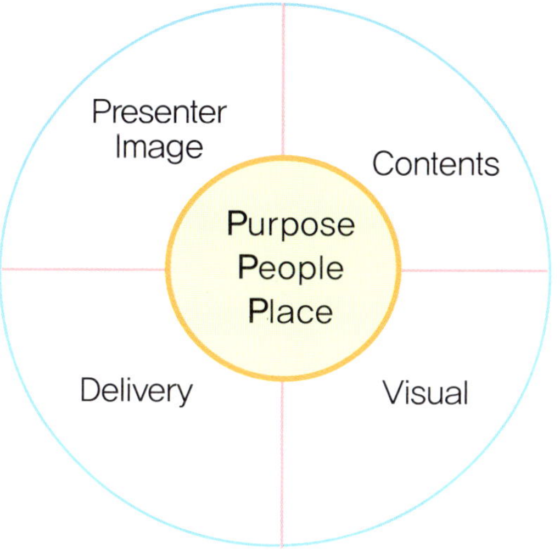

(1) 프레젠테이션의 3P

프레젠테이션의 준비는 먼저 3P분석에 따른 목적(Purpose), 대상(People), 환경(Place)을 확인하는 작업이 선행되어야 한다.

① 목적(Purpose)

프레젠테이션에서는 기본적인 목적과 방향 설정이 대단히 중요하다.

1. 왜 프레젠테이션을 해야 하는가?
2. 이번 프레젠테이션을 통해서 얻고자 하는 것은 무엇인가?
3. 이 정보를 전달하는 목적은 무엇인가?
4. 발표를 마쳤을 때 청중이 정확하게 알기 원하는 것은 무엇인가?

② 대상(People)

성공적인 발표가 되기 위해서는 청중을 분석해야 한다.

1. 참석자는 몇 명이며, 나이 성별 직위 교육수준은 어떠한가?
2. 청중의 지식, 경험수준, 사회적 배경은 어떠한가?
3. 의사결정자, key man은 누구인가?
4. 청중의 자세, 태도 및 청중 특유의 가치관은 어떠한가?
5. 청중이 관심을 갖고 있는 이슈, 청중이 기대하는 것은 무엇인가?
6. 청중을 좀 더 잘 이해시키기 위한 방법은 무엇인가?

7. 청중을 설득시키고 결정을 유도하는 의사표현 방법은?
8. 프레젠터에 대한 청중의 인지도는 어떠한가?
9. 어떤 복장이 청중의 분위기와 잘 어울릴 것인가?

③ 환경(Place)

프레젠테이션 환경은 발표에 민감한 영향을 주는 중요한 요소이다. 레이아웃(좌석배치)도 매우 중요한 요소 가운데 하나인데, 최근에는 가급적이면 U자형 레이아웃이 추세이다.

1. 소음이 적고 조용한 방을 선택해야 산만해지지 않는다.
2. 컴퓨터, 비쥬얼 장비 및 마이크 상태를 확인한다.
3. 장소가 너무 넓거나 좁으면 곤란하므로 인원수에 맞게 조절한다.
4. 조명이 어두우면 기분이 가라앉으므로 적절한 밝기의 조명이어야 한다.
5. 춥거나 덥지 않은 쾌적한 환경이어야 한다.
6. 청중이 쉽게 모일 수 있도록 접근성이 편리한 곳이어야 한다.

(2) 프레젠테이션의 프로세스

성공적인 프레젠테이션을 원한다면 통찰(insight)을 바탕으로 한 기획, 시각자료 작성, 발표기술, 이미지 연출이라는 일련의 프레젠테이션의 프로세스를 충실히 실행해야 한다.

① 통찰(Insight)

통찰(insight)은 목적(purpose), 대상(people), 환경(place)이란 프레젠테이션의 3P 분석을 통해 청중의 니즈와 환경을 분석하고 커뮤니케이션 전략을 명확히 수립하는데 대한 인식을 분명하게 하는 것이다.

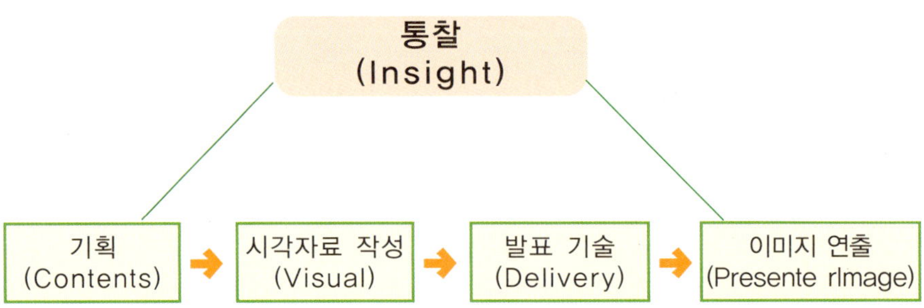

② 기획(Contents)

기획은 프레젠테이션 프로세스의 첫 번째 단계로 청중의 마음을 사로잡기 위해서 스토리텔링 형식으로 풀어낼 수 있어야 한다. 스토리텔링은 충분한 자료수집과 분석, 그리고 통찰로부터 발현된 핵심 메시지를 효과적으로 표현할 수 있도록 논리적 구성을 바탕으로 감성적 요소가 반영되어야 경쟁력을 가질 수 있다.

□ 프레젠테이션 기획

③ 시각자료 작성(Visual)

기획단계에서 구성된 콘텐츠는 MS 파워포인트, 한글과 컴퓨터 한쇼, 애플 키노트, 어도비 플래시, 프레지 등의 프레젠테이션 도구를 활용하여 각 슬라이드의 내용이 효과적으로 전달될 수 있도록 정보 디자인 요소를 고려하여 KISS & KILL 법칙, One Slide, One Message 원칙, 한글, 영문 문자사용의 원칙으로 3가지 원칙에 의해 표현한다.

KISS & KILL 법칙

텍스트 형태는 단순하고 짧게 표현할 때 정보전달력이 좋아진다는 것을 의미한다. 텍스트는 키워드 중심으로 구성하고, 부족한 설명은 발표자가 보충한다. KILL은 Keep It Large & Legible 약자로 텍스트를 크고 읽기 쉽도록 표현할 때 정보전달력이 좋아진다는 것을 의미한다. 슬라이드가 표시되는 화면과 청중 간의 거리를 좁히기 위해 텍스트를 잘 보이도록 디자인해야 하며, 텍스트의 색도 고려해야 한다.

One Slide, One Message 원칙

하나의 슬라이드에는 반드시 하나의 중요한 메시지가 들어있어야 한다.

한글, 영문 문자사용의 원칙

슬라이드에 사용되는 문자는 글자 크기, 위치, 간격, 색상 등을 지정할 때 읽기 편한 것을 선택해야 한다. 슬라이드 제목의 글자 크기는 최소 30포인트 이상, 본문 글자 크기는 최소 14포인트 이상으로 20~25 포인트 정도가 적당하다.
한글 글꼴은 고딕계열이 가독성이 좋고 디자인 완성도가 높은 선호글꼴로 HY견고딕, 굴림체, 돋움체를 추천한다. 영문 글꼴은 획의 삐침이 없는 산세리프, Arial, Tahoma 글꼴이 추천된다.

④ 발표기술(Delivery)

발표기술은 호흡, 발음, 발성으로 구성되는 언어적 요소와 몸짓언어, 공간언어 등의 비언어적 요소, 화법과 정보화 기기에 대한 이해와 활용으로 구성된다.

□ 성공하는 목소리 vs 실패하는 목소리

성공하는 목소리	구 분	실패하는 목소리
배에서 나오는 목소리	울 림	목에서 나오는 목소리
자연스러운 음의 고저	고 저	시종일관 같은 고저
너무 빠르지도 느리지도 않다.	속 도	말이 너무 빠르다.
울림이 좋고 모든 청중에게 잘 들린다.	성 량	소리가 작아 잘 들리지 않는다.
리듬의 변화가 다양하다.	억 양	단조로운 억양
정확하다.	발 음	발음이 불분명하다.

⑤ 이미지연출(Presenter image)

프레젠테이션의 메시지는 발표자의 이미지와 하나가 될 때 설득력이 강해진다. 외적인 이미지 외에도 발표자 내면의 이미지와 경력, 업적, 열정이 청중들에게 함께 전달되어야 한다.

□ 표현의 4가지 종류

감각	구 분	내 용
청각	음성표현	발음, 음색, 억양 등 목소리를 통한 표현
	언어표현	어휘, 단어, 이야기의 내용
시각	비언어적 표현	표정, 자세, 시선, 동작, 제스처 등 보디 랭귀지
	비주얼 표현	파워포인트 화면, 칠판 등의 시각적 표현

□ 프레젠테이션의 잘못된 자세

- 호주머니에 손을 넣고 설명하는 자세
- 손 만지작 거리기
- 레이저 포인터나 보드마커, 필기도구를 만지작거리는 자세
- 뒷짐을 진자세, 삐딱하게 선자세, 팔장을 낀자세
- 교탁이나 칠판에 몸을 의지하는 자세
- 군대 교관처럼 양손을 허리에 얹는 자세
- 머리를 자꾸만지는 행동, 몸 흔들기
- 연단에서 안절부절 하거나 너무왔다 갔다하는 자세
- 입술에 침을 바르거나 눈을 자주 깜박거리는 습관

□ 프레젠테이션 자기 진단

♧ 리허설 후 각 항목을 읽고 해당하는 곳에 체크한 후 점수 집계를 낸다.

		매우 그렇다 (5점)	비교적 그렇다 (4점)	보통 이다 (3점)	비교적 아니다 (2점)	전혀 아니다 (1점)
1	프레젠테이션의 목적을 염두에 두고 있다.					
2	프레젠테이션 전에 3P분석을 했다.					
3	프레젠테이션의 배경 · 필요성을 말한다.					
4	전체 구성이 주제와 연관되어 짜임새 있다.					
5	도입부문에서 전체 내용을 요약해서 말한다.					
6	핵심을 강조하는 경우 변화를 주고 있다.					
7	말이 너무 빠르거나 느리지 않다.					
8	질문·사례·유머를 사용하여 흥미를 유발한다.					
9	논리적 사고와 정서적 감정을 조화롭게 말한다.					
10	중요한 메시지를 또렷하게 말한다.					
11	서있는 자세가 안정적이다.					
12	청중을 향한 시선처리가 자연스럽다.					
13	제스처 · 보디랭귀지가 깔끔하다.					
14	빔 프로젝터 등 기자재 사용에 익숙하다.					
15	슬라이드에는 각 장마다 핵심이 잘 담겨 있다.					
16	준비한 슬라이드에는 애니메이션 효과가 있다.					
17	정시에 마칠 수 있도록 시간관리를 잘했다.					
18	시작과 끝맺음의 일관성을 갖는다.					
19	청중의 예상질문에 대해 준비하였다.					
20	깔끔하게 마무리하고 있다.					

[해석]

90~100점 최고의 프레젠터로 손색이 없다.

80~89 점 비교적 준비된 프레젠터이다. 자신감을 가지고 임하면 더욱 좋은 성과가 나온다.

70~79 점 조금만 더 노력해야 한다. 반드시 두 번 이상 리허설을 해야 한다.

69점 이하 좀더 많은 노력이 요구되는 프레젠터이다.

Chapter 4

커뮤니케이션 이미지

사람 사이에서 가장 중요하며
가장 기초적 덕목은 '존중과 배려'라고 생각한다.

1. 커뮤니케이션의 이해

커뮤니케이션(communication)이란? 사람이 사회를 살아가며 갖추어야할 교양과 지식을 포함한 덕목이자 꼭 필요한 인간의 활동이다. 커뮤니케이션은 정보를 주고받는 모든 행위로 생각과 감정을 포함하고 있는 모든 것이다. 사람은 한 사람 한 사람 개인으로 살고 있다 하더라도 끊임없이 타인과의 관계와 사회 속에서 다른 구성원들과 상호작용하면서 살아간다. 사람은 언어, 문자, 도형 등 또는 비언어적인 인체의 여러부분을 통하여 끝임 없는 정보나 메시지를 전달하고 수신해서 서로 공통된 의미(意味)를 수립하고, 나아가서는 서로의 의견이나 지식, 경험, 사상, 감정, 태도, 행동 등에 영향을 미치고 있다. 생일날 꽃다발을 주는 것은 어떤 메시지를 전달하는 것이고, 꽃을 받았을 때 표정과 주고받는 대화 또한 커뮤니케이션의 형태이다. 인간은 커뮤니케이션을 통해 사회생활에서 만난 모르는 사람, 혹은 낯선 환경과의 관계를 넓혀 간다. 이때 주변 상황을 언제나 올바르게 파악하여 대처하기란 결코 쉬운 일이 아니다. 결코 단순하지 않으므로 본질을 알기 위해서는 커뮤니케이션이 '과정'이라는 것을 이해해야 한다.

1) 커뮤니케이션의 개념

"커뮤니케이션은 우리가 관련을 맺고 있는 사람 혹은 세상을 통해 메시지를 보내고, 받고, 해석하는 과정이다." 우리말로는 '의사전달' 또는 '의사소통', '정보의 흐름' 등으로 옮겨지고 있으나, 한 방향으로의 흐름이 아니라 상호 교류하는 과정(two-way process)이라는 뜻이 내포되어 있으므로 '의사소통(意思疏通)'이라 부르는 것이 적절한 표현이라 하겠다. 우리는 일상생활에서 언어, 비언어적 몸짓, 신호 및 상징을 통해 커뮤니케이션을 하고 있다. 인간은 다른 동물에 비해 월등한 커뮤니케이션 능력을 지니고 태어났고, 누구나 커뮤니케이션을 더 많이, 더 잘하고자 하는 욕구를 지닌다.

(1) 커뮤니케이션의 어원

커뮤니케이션(communication)은 '공통성 혹은 공유하다'를 뜻하는 라틴어 'communis'에서 유래되어 사람들 상호간의 공통적인 상징체계(symbols)를 이용하여 공유하고 공감한다는 의미가 내포되어 있다.

(2) 커뮤니케이션의 정의

유기체 사이에서 공통된 경험을 매개수단으로 하여 어떤 정보와 내용들을 상호교환하며 공통된 이미지를 갖고 서로의 지각과 사고 그리고 감정 등에 변화를 가져오는 과정이라 할 수 있다.

(3) 커뮤니케이션의 유형

커뮤니케이션의 서로 다른 수준에 대한 개념과 사회계층에 따른 연결부분을 살펴보면 크게 5개 층의 피라미드 형태로 나타난다.

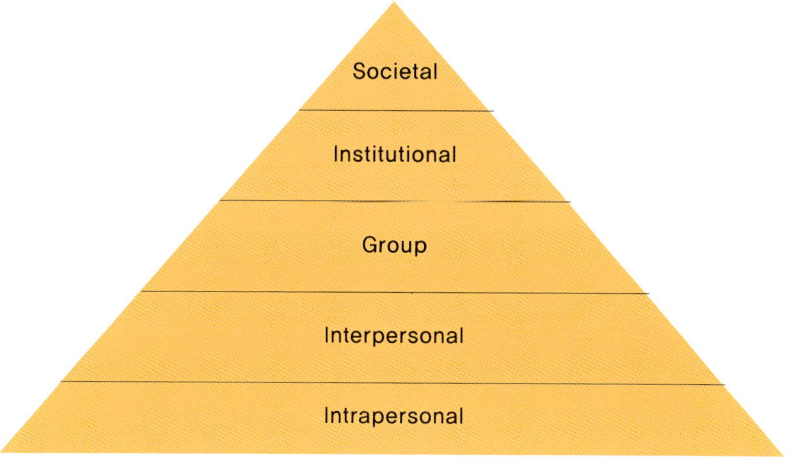

[Pyramid of Communication]

사회적 커뮤니케이션	넓은 범위의 대중을 대상으로 하는 것이다.
단체 커뮤니케이션	정당, 종교단체, 대기업 등 집단에서 행해지는 것이다.
그룹 커뮤니케이션	가족, 팬 클럽 등 동질성을 느끼고 있는 청중을 말한다.
개인 커뮤니케이션	둘 혹은 그 이상의 사람들 사이에서 이루어지는 것이다.
개인 내면 커뮤니케이션	스스로가 하는 커뮤니케이션, 생각하고, 내면화하는 모든 과정

커뮤니케이션은 언어(단어, 구절), 음성(목소리), 그리고 시각(제스처, 표정, 자세 등)의 세 가지 방식으로 이루어지며, 어떤 방식으로 커뮤니케이션 하느냐에 따라 이 세 가지 방식의 영향 정도는 매번 달라진다.

2) 커뮤니케이션의 분류

우리는 일상생활에서 언어, 비언어적 몸짓, 신호 및 상징을 통해 커뮤니케이션을 하고 있다. 상호간 소통을 위해 사용되는 매체로는 구어와 문어는 물론 몸짓, 자세, 표정, 억양, 노래, 춤 등과 같은 비언어적 요소들까지 포함된다.

현대의 경우, 직접적인 소통 외에도 네이버, 다음, 네이트와 같은 포털 사이트나, 페이스북, 트위터 등의 소셜 네트워크 서비스 로도 불특정 다수와 의사소통을 하기도 한다. 커뮤니케이션의 분류는 크게 언어적, 반어적, 비언어적 커뮤니케이션으로 나눌 수 있다.

언어적	음성, 문자
반어적	어조, 음색, 속도, 고저, 장단, 억양
비언어적	얼굴표정, 몸동작, 눈맞춤, 의상 등

(1) 효과적인 언어적 커뮤니케이션

언어적 의사소통은 말 그대로 언어로 이루어지는 의사소통으로써 어떤 사람이 말하는 것의 내용이라고 할 수 있는데 이 의사소통을 효과적으로 하는 방법에는 다음과 같은 것들이 있다.

① 경청하기

경청이란 의사소통을 하는데 있어 가장 기본적인 부분으로 상대방이 전달하고자 하는 메시지 내용에 주의를 기울이고 이해하려고 노력하는 행동으로, 적극적인 과정으로써 모든 유형의 대화에 있어 기본적인 방법이다.

질문	상대방이 이야기의 중심을 잡고 자신이 하고자 하는 이야기를 한다.
반영	이해하고 있는 정도를 나타내 보이는 것으로 상대방에게 깊은 관심이다.
공감	이해의 수준을 넘어 그 사람의 주관적인 정서 상태에 대한 이해 수준이다.

② 말하기

말을 할 때에는 상대방을 배려하여 친절하고, 부드럽고, 정중하게 해야 한다. 그러면 듣는 사람도 더 대화에 몰입하려 노력하고 훌륭한 의사소통이 이어질 것이다.

③ 적절한 용어와 예문의 사용

상대방의 수준을 우선적으로 고려하고, 적절한 용어와 상황과 분위기에 어울리는 용어인지도 고려해야 한다. 청자가 이해할 수 없는 단어로 대화를 이끌어 간다면 의사소통이 아닌 독백이 될 것이다. 또한 청자가 대화의 골자를 잘 파악하기 위해 대화기술을 분명하고, 간결하며, 구체적으로 진술하는 연습을 해야 한다.

④ 정확한 발음

대화를 할 때에는 정확한 발음 또한 중요하다. 나의 생각을 상대방에게 전달하는데 있어서 명확하고 명료한 발음과 단어로써 표현하지 못한다면 청자의 입장에서 그 내용을 온전하게 받아들이기 힘들 것이다.

⑤ 감정표현

말하고자 하는 내용에 나의 생각이나 감정을 담아 표현한다면 청자의 공감이나 반응을 더욱더 이끌어 낼 수 있다. 슬픈 이야기는 슬프게, 기쁜 이야기는 기쁘게, 화나는 이야기는 약간 격앙된 어조로 말한다면 화자 또한 공감되어 대화가 효과적으로 이어질 것이다.

(2) 효과적인 비언어적 커뮤니케이션

비언어적 의사소통이란 문자를 포함하여 언어적인 의사소통을 제외한 목소리, 얼굴표정, 몸짓, 손짓, 자세, 신체적 접촉 등이 있다. 언어적 의사소통 방법보다 훨씬 많은 방법을 가지고 있으며, 비언어적 의사소통은 효과적인 의사소통을 위해서 매우 중요하다.

얼굴표정	수많은 표정과 정보를 전달한다.
시선	상대에 대한 관심, 애정, 사랑, 분노 등을 표현한다.
보디랭귀지	명확성, 강조, 주의, 신뢰, 관심, 애정, 격려 등을 표현한다.

2. 커뮤니케이션 스킬

현대사회는 문명의 발달로 핸드폰이나 인터넷과 같은 커뮤니케이션 기술과 도구는 급속히 발달하였으나, 사람들 간의 진실한 커뮤니케이션은 과거에 비해 더 떨어졌다는 비판이 적지 않다.

커뮤니케이션 스킬이란 단순히 말을 유창하게 잘하는 것을 의미하지 않는다. 커뮤니케이션은 대인 관계를 잘 맺는 능력을 길러 준다는 것과 같은 의미다. 그래서 커뮤니케이션 스킬을 기르는 것은 바람직한 사회인으로서 인성을 함양하는 것과 마찬가지라고 말할 수 있다. 자기 분야의 전문가들이나 성공한 기업인들은 대부분 커뮤니케이션 스킬에 탁월한 재능을 가지고 있는 사람들이다.

인간은 깨어있는 시간의 70%를 커뮤니케이션에 사용한다고 한다. 이 가운데 읽기 1%, 쓰기 7%, 말하기 35%, 듣기48%, 기타 9% 등의 비율로 의사소통을 하고 있는데, 그 수단으로는 입을 통한 말하기 7%, 어조, 억양, 음성을 통해 38%, 비언어적 몸짓(미소, 시선, 표정, 손짓)을 통해 55%를 사용한다.

메시지의 효과

말의 내용	7%
목소리	38%
표정과 신체적인 움직임	55%

커뮤니케이션은 일종의 기술이다. 커뮤니케이션 능력이 인생의 성패를 결정한다고 할 만큼 커뮤니케이션 능력을 키우는 것은 중요하다. 숙련된 사람들이 보여주는 말솜씨는 자연스러워 보이고 쉬워 보이기도 한다. 그러나 커뮤니케이션 스킬은 체계적인 교육과 끊임없는 연습과 훈련을 통해서 습득된다.

3. 대화(Conversation)의 커뮤니케이션 스킬

대화(conversation) 란? 언어적 의사소통으로 상대와 마주 대하여 이야기를 주고받는 행위라 볼 수 있다. 두 명 이상의 사람들간에 언어나 그 외의 방법으로 자신의 의사, 생각, 감정을 주고받는 커뮤니케이션 과정이다. 따라서 대화는 단순한 지식과 정보의 제공이 아니라 서로 이해하고 사고하며 경험을 공유하는 상호 작용이다. 화자와 청자를 전제로하는 대화는 양방 통행적 성격을 띠고 대화에서는 화제가 계속 이어짐과 동시에 상대방 이야기를 잘 경청하고 상대방에게 나의 의도를 정확히 효과적으로 전달하여 좋은 인간관계를 유지하기 위함이다.

말하는 사람의 갖출점	듣는 사람의 갖출점
1. 예의와 인격을 갖춰야 한다.	1. 말하는 사람의 입장을 생각한다.
2. 자신의 얘기에 신념이 있어야 한다.	2. 침착하게 끝까지 듣는다.
3. 적당한 유머를 사용한다.	3. 중간에 끼어들지 않는다.
4. 일상적인 대화에 쓰는 말을 사용한다.	4. 대화 내용에 집중한다.
5. 감정을 솔직하게 표현한다.	5. 부정적인 감정을 버린다.
6. 상대방의 눈을 응시한다.	6. 중요한 것은 메모하는 습관이 필요하다.
7. 정확하게 발음한다.	7. 상대방의 말씨나 말투을 인정하라.
8. 토씨가 아닌 단어를 강조한다.	8. 질문도 긍정적으로 한다.
9. 말하기 전에 생각한다.	9. 상대방의 말을 끝까지 들어줘라.
10. 한 번 한 말을 두 번 다시 하지 말라.	10. 맞장구를 쳐주어라.

언어는 나의 인격이다. 우리 입에서 나오는 말 한마디 한마디는 상대방이 듣게 된다. 사회에서 유능하고 모든 일에 뛰어나다 하더라도 말과 언어태도를 보고 동료가 고개를 돌린다면 결코 진정한 성공을 이루었다고 할 수 없다. 같은 말을 하더라도 희망을 내포한 언어, 용기를 심어주는 언어를 많이 사용할 때 그것은 곧 에너지로 승화된다. '언어는 인격이고 내 얼굴' 임을 잊지 말아야 할 것이다.

(1) 사람의 마음을 움직이는 말은 어떻게 해야 할까?

① 만나는 사람에게 미소 지으며 먼저 인사를 하는 습성을 가져야 한다.

'안녕하십니까? 감사합니다. 고맙습니다.' 라는 말을 건네는 습관을 가져야 한다. 맑은 미소와 한 마디의 인사말이 상대방의 마음을 움직이는 출발이 된다.

② 상대방의 말을 진지하게 들어주고, 상대가 원하는 말을 파악해야 한다.

말 잘하는 사람은 경청의 중요성에 대해서 누구보다 잘 알고 있다. 누군가의 말을 진심으로 들으면 그의 속마음을 정확하게 이해하고, 그 사람이 어떤 의미로 말을 하는지를 알 수있다. 그러나 남의 말을 듣지 않고 자기의 말만 하는 사람은 공감능력이 떨어진다. 그래서 혼자 엉뚱한 소리만 하게 되는 것이다.

③ 상대방을 보며 말하라.

눈이 맞아야 마음도 맞게 되고, 눈은 입보다 더 많은 말을 한다. 대화하는 상대방과 눈을 맞춘다는 것은 호감의 표현이며 대화에 적극적으로 참여하고 있다는 의미이기도 하다. 눈은 마음의 창이라고 했듯이 상대를 바라보는 것, 눈을 맞추는 것은 공감대를 형성하기 위한 기본 조건이라고 할 수 있다.

④ 상대방의 장점을 찾아 항상 칭찬해야 한다.

칭찬은 고래도 춤추게 한다고 했다. 칭찬은 구체적이고 간결해야하며, 아부와 구별되어야한다. 사소한 것을 칭찬하는 게 좋고, 항상 웃는 얼굴로 칭찬을 하면 칭찬 받는 사람도 기분 좋고, 자기 자신도 칭찬 받을 수 있다. 지금 이 순간 주저 말고 지금 바로 옆 사람에게 칭찬 한마디 건네 보자.

⑤ 유머를 적당히 구사한다.

유머는 익살스러운 농담으로 해석할 수 있는데, 유머를 함으로써 서먹서먹한 관계에서 친근한 관계로 바뀔 수 있다.

⑥ 논쟁은 피해야 한다.

싸움의 근원이 되는 논쟁을 피해야 한다. 논란이 되기 전에 참고 얼마간의 시간을 가진 후 예의바르고 애정 어린 말투로 이야기하면 모든 갈등이 해결되고 다른 사람의 마음을 움직일 수 있다.

⑦ 자신의 감정을 절제하고 상대의 감정을 존중한다.

자신의 감정을 절제하고 상대의 감정과 생각을 존중하는 대화법을 사용해야 한다. 가장 가까운 사람일수록 더 존중하는 말을 사용해야한다.

⑧ 8번 듣고 2번 말을 하라.

말을 잘한다는 것은 말을 잘 들어주는 것이다. 대부분의 사람은 자기말을 적게하고 다른 사람의 말을 들어주기란 쉽지않다. 대부분의 성공한 사람은 상대방의 말을 잘 들어주고 그 사람에게 적절한 질문을 통하여 그의 능력을 끌어 낸다. 사람은 항상 누군가가 자신의 말을 들어주기 원하기 때문에 잘 들어주는 사람에게 좋은 평가를 내릴 수 밖에 없다고 생각한다.

⑨ 나만의 말하기 스타일을 가져라.

제스처를 많이 쓰는 사람, 조용히 서서 말하는 사람, 큰 목소리로 감정을 섞어서 말하는 사람, 낮은 목소리로 속삭이듯 말하는 사람 등 여러 스타일이 있다.

효과적인 대화를 위해서 특히 유의할 사항들이다.

1. 화가 난 상대방의 말에 감정적으로 대응하지 않는다.
2. 상대방도 내 생각과 같을 것이라고 속단하지 않는다.
3. 사전 준비 없이 상황이 돌아가는 대로 대충 말하지 않는다.
4. 스스로를 지나치게 낮추는 말은 쓰지 않는다.
5. 가급적 상대방에게 말할 기회를 주고 자기 말은 앞세우지 않는다.
6. 무의미한 단어를 쓸데없이 반복하지 않는다.
7. 사실을 잘 모르면서 불확실한 말을 하지 않는다.

1) 경청 커뮤니케이션 스킬

대부분의 사람은 타인의 말에 진정으로 귀를 기울이기보다는 상대방의 말에 어떻게 대꾸할 것인가에 더 정신을 집중한다. 상대방이 말하고자 하는 메시지에 반응하는 매우 적극적인 과정으로 모든 유형의 대화에 있어 기본적인 방법이다. 상대방의 이야기에 질문이나 반박과 같은 행위를 배제한 채 상대방이 하는 말을 들어주기만 하는 수동적인 경청도 있지만, 반영이나 공감을 하며 듣는 적극적인 경청도 있다. 우리는 말하기, 읽기, 쓰기 등이 훈련되어야 하듯이, 듣는 것도 훈련되어야 한다.

적극적 경청	귀로 듣되 자기 입장에서 듣는 것
공감적 경청	귀로 듣되 자기 입장을 버리고 상대방의 입장에서 듣는 것

F	friendly 우호적인 마음으로
A	attention 집중해서
M	me too 맞장구를 치며
I	interest 관심과 흥미를 나타내며
L	look 상대를 바라보며
Y	you are centered 대화의 중심이 상대임을 느끼도록 배려하며

(1) 적극적 경청

경청은 눈, 코, 가슴 등을 자연스럽게 번갈아 가며 시선처리를 하면서 관심을 기울이고 있다는 것을 전달해주는 것이다. 하지만 적극적인 경청은 상대방의 이야기가 어떤 의미 인지 요약하여 되물어봐 준다는 점이 다르다.

(2) 공감적 경청(Emphatic listening)

스티븐 코비는 공감적 경청(emphatic listening)에 대하여 "상대방을 이해하려는 의도를 갖고 듣는 것이다" 라고 하였다. 상대방의 삶에 패러다임을 이해하는 것으로 상대방의 느낌까지도 이해하는 것이다. 이러한 '공감적 경청'은 지성적으로 뿐만 아니라 감성적으로도 상대방을 깊이있고 충분하게 이해하려고 듣는 방식이다. '공감적 경청'을 위해서는 귀로만 듣는 것이 아니라 눈으로 그리고 마음으로도 들어야 한다는 사실이다. 자신의 상황과 감정이 상대로부터 잘 이해되고 수용된다는 느낌을 받게 되어 상대방에 대한 신뢰가 높아져 그 의사소통 과정에서 자기노출의 정도를 높일 수 있게 한다.

(3) 경청의 기본자세

① 눈은 상대를 정면으로 보고 시선을 자주 마주친다.

② 몸은 정면을 향해 조금 앞으로 내밀 듯이 앉는다.

③ 시선을 자주 마주치면서 듣는다.

④ 입은 맞장구를 치면서 질문을 섞어 가면서 듣는다.

⑤ 끄덕끄덕하거나 메모하는 적극적 경청 태도를 취한다.

⑥ 복창해 준다.

⑦ 상대의 마음을 편하게 한다.

2) 대화(Conversation)

서로 주고받는 행위인 대화에서 자기 이야기만 너무 해서도 안되고 상대방의 대화를 듣는 방법도 알아야 하며, 기본적인 대화법부터 성공한사람들의 성공적인 대화법을 습득하여 자신 만의 대화법을 만들어 나가야 한다. 싯다운 스피치(sit-down speech)의 기본원칙 에는 말하기, 듣기, 맞장구치기, 나누기로 네 가지 요소가 있으며, 이것을 잘이해하고 활용 함으로서 성공적인 대화를 할 수 있다.

(1) 말하기

사람을 움직이는 가장 간단한 법칙이며 사람을 움직이는 것은 입이 아니라 귀다.

다른 사람의 마음을 움직이려면 그의 마음을 열어야 한다. 상대의 마음을 열기 위해서는 내가 먼저 귀를 기울여야 한다.

원칙 1 한 번 말한다.
원칙 2 두 번 듣는다.
원칙 3 세 번 이상 호응한다.

다른 사람의 말을 열심히 듣는 것

디즈레일리(Disraeli)는 "사람들에게 호감을 갖게 하는 방법은 간단하다. 다른 사람의 말을 열심히 듣는 것이다"라고 말하고 있다. 칭기즈칸은 세계를 정복하고 훌륭한 리더자가 될 수 있었던 것은 항상 남의 말에 귀를 기울였다. 그는 배운 게 없어 이름도 쓸 줄 몰랐지만 나를 이렇게 만든 것은 '내 귀가 나를 현명하게 가르쳤다' 고 했다. 탁월한 리더들은 말을 아끼는 대신 주로 귀를 기울이고 질문을 많이 한다. 혼자서 말하면 많은 정보를 얻을 수 없고, 상대방이 귀 기울이려 하지 않는다. 언제 침묵해야하고, 언제 맞장구를 쳐주고, 언제 눈맞춤을 해야하는 지는 우리가 인생에서 배워야 할 가장 중요한 일 중 하나다.

원칙 1 잘 들어준다.
원칙 2 맞장구를 쳐준다.
원칙 3 눈맞춤을 잘한다.

(2) 듣기

말을 잘하는 사람은 부러움의 대상이 된다. 그러나 부러워한다고 해서 그 사람을 반드시 좋아하는 것은 아니다. 사람들은 말을 잘하는 사람보다 잘 들어주는 사람을 더 좋아한다. 같은 부탁이라도 자기 말을 잘 들어주는 사람의 요구를 더 잘 들어 준다. 왜 그럴까? 정서적인 카타르시스(catharsis)가 되기 때문이다. 누군가 진지하게 자신의 이야기를 들어 주면 슬픔이나 분노감이 해소되고 마음이 후련해진다. 또한 존중받고 이해받는다는 느낌이 들기 때문에 그런 사람을 좋아한다. 사람을 움직이는 힘은 입이 아니라 귀에서 나온다. 그래서 카운셀러들은 수련과정에서 말하는 것보다 제대로 듣는 법을 배운다.

첫째 몸으로 듣기 – 고개를 끄덕이며 상대의 말에 반응한다.
둘째 눈으로 듣기 – 상대와 눈을 마주친다.
셋째 입으로 듣기 – 상대의 말에 동의하고 반응하며 맞장구를 친다.
넷째 마음으로 듣기 – 상대의 말을 진심으로 이해해 준다.

(3) 맞장구치기

대화의 맞장구를 chime–in라고 한다.
chime은 종을 칠 때 울리는 '웅~' 소리이고 그 안에서 함께 울려 퍼지는 메아리다. 다른 말로는 조화의 선율이고 흐름의 동조다. 맞장구치기는 소통과 공감을 표현하는 중요한 신호이자 대화 맛을 더해주며, 대화의 촉진제가 된다.

첫째 온몸으로 들어라.
둘째 적절한 '공감멘트'를 날려라.
셋째 대화의 맥을 짚어 다음 얘기로 유도하라.

(4) 대화의 기본화법

밝고 명랑한 화법	우선 자신의 마음상태를 긍정적으로 만든 후 웃는 얼굴로 대한다. 목소리의 톤을 조절하고 억양을 살려서 자연스럽게 구사한다.
명료한 화법	발음에 유의해야 한다. 적당한 속도로 말한다. 강조할 부분, 쉴 부분을 구별하여 또박 또박 말한다.
명령형, 지시형 ⇒ 의뢰형, 권유형 화법	명령이나 지시는 반감을 유발한다. 부탁이나 권유하는 말로 표현한다.
정형 ⇒ 우회형, 긍정형 화법	'안됩니다, 없습니다' 등의 단답식 부정형의 말을 사용해서는 안된다. 부정형의 말은 상대의 기분을 불쾌하게 한다.
플러스 화법	욕구를 채워주지 못할 때 안된다고 해야될 때 부정해야 할 때에는 말 부분에 죄송합니다만, 양해해주신다면, 실례합니다만, 등의 쿠션어를 덧붙여 표현한다.
공손하고 정중한 화법	상대를 높이는 말씨로 표현해야 정중하게 들린다. 비어, 속어 등의 품격이 떨어지는 말은 쓰지 않는다.
이해 쉬운 화법	T.P.O를 고려하여 표현한다. 전문 용어, 외국어를 남발하지 않는다. 어려운 표현, 번거로운 표현은 오히려 오해를 불러 일으킬 수 있다.

(5) 효과적인 대화

다른 사람으로부터 호감을 얻을 수 있게 말하는 방법은 언제나 상대방의 입장에서 그를 존중한다는 자세에서 비롯된다. 또 아무리 서로 다른 의견을 가졌다 하더라도 서로의 공통점을 찾아내려고 노력하면 서로 화합할 수 있는 대화를 할 수 있다. 효과적인 대화를 위해서는 상대방의 대화를 잘 들어야 한다. 자신이 말할 내용보다 상대방이 말하는 내용에 더 주의를 기울이고 반드시 끝까지 듣는다. 그리고 자신이 사용하는 단어의 의미를 설명하고 동의를 구하여 때로는 자신이 사용하는 단어의 정의가 상대방과 같은 개념인지 확인할 필요가 있다.

① 교양있게

같은 말이라도 기분 좋게 받아들일 수 있는 언어를 쓸 줄 아는 사람이 있는가 하면, 본래의 뜻은 아니지만 나쁜 여운을 남기는 말을 하는 사람이 있다. 쓰는 말씨에 따라 인품이나 교양이 반영된다는 사실에 항상 유의해야 한다.

② 요령있게

말은 사실대로 이야기하는 것이 원칙이 될 수도 있지만 상황에 따라서 조금은 미화하여 이야기하는 것이 듣기도 좋고 예의에 어긋나지 않는 경우가 있다.

③ 재치있게

상황에 따른 적절하고 재치 있는 말은 생활의 활력소이며 감정을 순화시킬 수 있는 청량제의 역할을 해준다.

④ 상황에 맞게

듣는 사람에게 이롭지 못한 내용이나 흥미를 갖지 않는 이야기는 피한다. 상황에 맞는 화제 선택은 대화에 있어 중요하다.

⑤ 성실하게

성실하게 관심을 표명하고 진심으로 흥미를 가지고 상대방에게 귀를 기울여야 한다.

■ 나는 내 의견을 얼마나 정확하게 전달하는가?

당신이 얼마나 자신의 의견을 전달할 수 있는가를 체크해보는 순서다. '항상 그렇다' 는 1번, '그럴때가 많다' 는 2번, '가끔 그럴때가 있다' 는 3번, '그런적이 거의 없다' 는 4번을 표시하라.

1	내 발음에 문제가 있다고 생각한다.	1( )	2( )	3( )	4( )
2	내 목소리에 불만을 느낀적이 있다.	1( )	2( )	3( )	4( )
3	다른 사람이 내 말을 듣고 다시 한 번 설명해 달라고 반문한 적이 있다.	1( )	2( )	3( )	4( )
4	말을 잘못해서 가족이나 다른 사람과 다툰 적이 있다.	1( )	2( )	3( )	4( )
5	내가 말할 때 다른 사람이 끼어든다.	1( )	2( )	3( )	4( )
6	"아차, 내가 왜 지금 이런 말을 하지?" 와 같은 후회를 한 적이 있다.	1( )	2( )	3( )	4( )
7	대중 앞에 나서는 일은 나와 무관한 일이라고 생각한다.	1( )	2( )	3( )	4( )
8	다른 사람이 내말에 설득당한 적이 없다.	1( )	2( )	3( )	4( )
9	할 말을 참지 못하고 즉각 말한다.	1( )	2( )	3( )	4( )
10	사람을 만나면 할 이야기가 없다.	1( )	2( )	3( )	4( )
합계점수		( )			

1번은 4점, 2번은 6점, 3번은 8점, 4번은 10점이다.
표시한 숫자의점수를 모두 더해보자.
80점 이상이면 자신의 의사를 자신 있고 정확하게 정달하는 편이다.
60점 이상은 약간의 훈련을 통해 의사표현을 정확하게 말할 수 있는 수준이다.
40점 이하라면 반드시 훈련을 통해 정확한 의사표현 능력을 기를 것을 권한다.

■ 나는 남 앞에서 얼마나 자신있게 말하는가?

다른사람 앞에서 얼마나 자신있게 말할 수 있는지 한번 체크해보자.
다음 물음에 '항상 그렇다' 는 1번, '그럴 때가 많다' 는 2번 '그럴 때가 종종 있다' 는 3번, '전혀 그런 적이 없다' 는 4번을 표시한다.

1	친구들과 만나면 말의 주도권은 주로 내가 잡는다.	1( )	2( )	3( )	4( )
2	낯선 사람에게 말을 잘 붙인다.	1( )	2( )	3( )	4( )
3	목소리가 크고 자신감에 차 있다.	1( )	2( )	3( )	4( )
4	내가 말을 하는 중에 다른 사람이 끼어들면 양보한다.	1( )	2( )	3( )	4( )
5	남이 말한 것을 거의 다 기억한다.	1( )	2( )	3( )	4( )
6	사람이 많은 자리에서도 의견이 있으면 일어서서 말한다.	1( )	2( )	3( )	4( )
7	회의나 여러 명이 의논할 때 내 의견을 분명히 말한다.	1( )	2( )	3( )	4( )
8	내 주장을 관찰시켜야 마음이 편하다.	1( )	2( )	3( )	4( )
9	처음 이성친구를 만나도 말을 잘 붙일 자신이 있다.	1( )	2( )	3( )	4( )
10	윗사람에게 내 생각을 말할 자신이 있다.	1( )	2( )	3( )	4( )
합계점수		( )			

1번은 10점, 2번은 8점, 3번은 6점, 4번은 4점이다.
표시한 숫자의 점수를 모두 더해보자.
평균 80점 이상이면 당신은 어느 곳에서나 잘 말할수 있는 사람이다.
50점 이상이면 약간의 노력으로 자신감을 가질 수 있음을 나타낸다.
40점 이하는 다른 사람 앞에서 자신의 의견을 말하는 훈련을 받을 필요가 있다.

대화 시 하지 말아야 할 금기사항들

1. 시계를 자주 보지 말 것
2. 말할 때나 들을 때 엉뚱한 곳을 보지 말 것
3. 상대방의 약점을 들추어 내지 말 것
4. 상대방의 이야기를 가로막지 말 것
5. 혼자서만 떠들지 말 것
6. 자기 자랑을 하지 말 것
7. 횡설수설하지 말 것
8. 푸념을 늘어놓지 말 것
9. 말을 독설적으로 하지 말 것
10. 타인에 대한 모략을 하지 말 것

대화 테크닉은 대인관계에서 중요한 요소이다.

상대의 연령에 따라 화술은 달라져야 하고 대화에 임하는 자세에도 신경을 써야 하며 목소리를 다듬고 가꾸는 일도 필요하다. 상대에게 좋은 인상을 남겨야 신뢰를 얻을 수 있기 때문이다.

젊은 세대와 대화

젊은 세대와 대화할 때는 개인적 성향과 성격에 유의해서 대화해야 한다. 보편적으로 단문 형식으로 짧게 이야기를 시작하고 문어적이며 표준적인 말보다 구어적인 말을 하는 것이 좋다. 여행, 음악, 유행, 스포츠, 인터넷 등과 관련된 화제들이 좋다.

장년층과 대화

장년층과 대화할 때는 우선 풍부한 화제를 준비한다. 바로 주제로 들어가지 말고 세상 이야기에 대한 질문 형식의 화제를 꺼내 상대방이 무엇에 대해 관심을 많이 가지고 있는지, 어떤 생각을 하고 있는지 충분히 파악하고 상대의 이야기를 열심히 경청하는 자세가 중요하다. 그리고 존경하는 마음이 우선되어야 한다. 그들의 경험이나 개인적 기술, 능력 등을 존중하는 것이 좋으며 예절을 잘 지켜야 한다.

4. 보디랭귀지(비언어) 커뮤니케이션

보디 랭귀지는 만국 공통어로 언어의 장벽을 뛰어넘는 호소가 가능하다. 우리는 흔히 커뮤니케이션이 곧 언어라고 단정 짓는 경향이 있지만, 인간의 커뮤니케이션은 결코 언어만으로 이루어지지 않는다. 실제 비언어가 커뮤니케이션에서 차지하는 비중은 매우 높다. 앨버트 머라비언(Albert Mehrabian, 1939~)은 비언어가 의미 전달의 93%를 차지한다고 한다. 비언어의 중요성을 강조한 머라비언(Mehrabian)은 비언어의 유형으로 몸짓과 표정, 제스처 같이 쉽게 떠올릴 수 있는 것 외에도 음성의 어조, 강약, 고저 등이 포함된다고 하였다.

또한, 레이 버드휘스텔(Ray Birdwhistell)은 표현 수단으로서 언어 대 비언어의 비율이 65대 35에 이른다고 주장한다.

1) 보디랭귀지(반언어, 비언어적)의 특징과 효과

반어적	어조, 음색, 속도, 고저, 장단, 억양
비언어적	얼굴표정, 몸동작, 눈맞춤, 의상 등

(1) 보디랭귀지의 특징

언어적 의사소통은 문화적이고 지식적인 성격이 강하나, 보디랭귀지는 무의식적이고도 본능적인 성격이 강하다.

① 언어적 의사소통을 보완해 주고 강화해 주는 기능을 한다.

② 비언어적 의사소통은 동작 언어에 의한 시각적 형태를 취한다.

③ 무의식적이고도 본능적인 성격이 강하다.

④ 몸짓 언어는 문화에 따라 다르게 해석될 수 있다.

(2) 보디랭귀지의 효과

보디랭귀지의 변화와 활용은 단조로움에서 벗어나게 하고, 듣는이를 집중시키며, 주의를 환기시키는 효과가 있다.

① 성량과 억양 등으로 목소리에 변화를 주면 단조로움에서 벗어나게 된다.
② 성량과 억양으로 듣는 이를 집중시키며, 주의를 환기시키는 효과가 있다.
③ 말을 듣지 못해도 대략적으로 의사소통할 수 있다.
④ 내용에 어울리는 보디랭귀지는 말의 의사소통 효과를 높인다.
⑤ 시각적이어서 듣는 이의 주의를 끌며 이야기에 집중하게 한다.
⑥ 언어만으로 의미와 느낌이 부족할 때 보디랭귀지가 효과적이다.
⑦ 보디랭귀지 사용은 대화를 진척시킨다.

(3) 보디랭귀지의 필요성

같은 음성 언어라도 그 속에 담긴 목소리의 특성에 따라 그 의미가 달라질 수 있다.
'미안하다' 라는 말을 낮고 작은 소리로 말하면 사과의 의도가 들어 있으나, 이 말을 크고 빈정거리는 말투로 말한다면 비꼬거나 마지못해 한다는 의도가 들어 있어 듣는 이의 기분을 상하게 한다.

내용에 어울리는 보디랭귀지의 수단은 의사 전달을 보다 분명히 한다.
'저 쪽으로 가세요.' 라는 말을 손가락으로 그 방향을 가리키며 말하면 어디로 가라는 것인지 그 의미가 분명해지지만, 손가락으로 방향을 가리키지 않고 말만 하면 어디로 가라는 것인지 알 수 없다.

지루함을 없애 준다. 소리로만 말을 하면 단조로워 듣는 이가 지루해질 수 있다.
이 때, 보디랭귀지를 사용하면 단조로움을 없애고 듣는 이를 이야기에 집중시킬 수 있다.

의사 전달력이 크다.
보디랭귀지는 언어적 의사소통에 비해 훨씬 구체적이고 직접적이어서 전달력도 크다.

2) 보디랭귀지 유형의 이해

(1) 얼굴표정

얼굴 표정은 감정의 신호다. 일반적으로 사람을 만났을 때 가장 먼저 쳐다보는 것이 얼굴이다. 얼굴표정은 대표적인 비언어적 행위의 표현으로 사람의 감정 상태와 태도를 가장 잘 드러내고 문화와 언어의 차이를 극복하여 의사소통의 수단이 되는 것 또한 얼굴표정이다. 얼굴표정은 인종, 문화차이에 따라 특유의 표정도 많으나, 모든 인종에게 공통적인 얼굴 표정으로 폴 에크먼 박사는 사람은 기본적으로 놀라움(surprise), 두려움(fear), 혐오(disgust), 행복(happiness), 슬픔(sadness), 화(anger)로 보편적 6가지 표정이 있음을 밝혀 냈다. 또한 다윈(Darwin)은 '어느 문화든지 인간의 감정적인 얼굴 표현은 유사하다' 고 믿었다. 그러나 최근의 연구에 따르면 비언어적 커뮤니케이션은 부분적으로는 본능적이지만 한편으로는 교육과 모방에 의한 것이라고 밝혀졌다.

(2) 시선

인체에서 눈은 중요한 역할을 하는 부위 가운데 하나이며 대화에서도 시선은 굉장히 중요하다. 일반적으로 '아이컨택한다' 라고 불리는 시선맞춤은 상대에 대한 관심, 애정, 사랑 등을 표현한다. 19세기 프랑스 작가들은 눈은 투명하여 눈을 통하여 그 사람의 영혼을 본다고 했다. 시선 접촉을 통해 효과적으로 신뢰감을 구축할 수 있다. 상대와 대화를 주고받으면서 서로가 시선을 맞추지 않는다면 상대방의 이야기가 지루하거나 무관심하다는 것을 의미한다. 또한 직접적으로 보지 않고 상대를 곁눈질 한다든지 노려보거나 흘겨보는 것은 예의에 어긋난다.

대화에서 겸손하고 싶으면 인중을, 강조하고 싶으면 눈을 보라.

어른이나, 직장 상사의 말에 동의를 나타낼 때는 종종 고개를 끄덕이고 시선은 인중을 보는 것이 상대방에게 겸손하다는 인상을 준다. 몰래카메라 실험시 지나가는 행인들에게 핸드폰을 빌려달라고 하는 상황에서 눈빛을 마주치면서 당당하게 말했을 때 80% 정도가 빌려줬고, 그렇지 않았을 때는 20%만이 전화기를 빌려줬다. 그 만큼 대화에서는 사람의 눈빛을 마주한다는게 중요하다는 이야기다.

(3) 제스처(Gesture)

제스처(gesture)는 비언어적 의사소통 중의 하나로, 손이나 얼굴, 몸을 이용해서 전달하는 언어적 의사소통이다. 행위, 동작, 몸짓, 표현력 등 표현과 태도 등으로 어떤 의미에서 제스처는 액션과 거의 구별되지 않지만, 엄밀한 의미에서는 액션과 차이가 있다. 국가, 민족, 지역마다 공통점과 전혀다른 차이를 보이는 경우도 있다. 예를 들어 우리에게는 OK 싸인이 브라질이나 남미에서는 음탕하고 외설적인 사인이 될 수 있고, 손바닥을 바깥쪽으로 향한 빅토리를 의미하는 V자 사인은 그리스에서 욕으로 표현된다. 이렇게 각 나라에서는 자칫 좋지 않은 제스처가 될 수 있으므로 국제화 시대에 맞추어 그 나라를 방문하기 전에 숙지하여 잘못된 제스처로 망신 당하는 일이 없도록 해야 한다. 대표적인 보디랭귀지와 제스처의 의미는 다음과 같다.

A

B

C

A	유럽, 북미: OK사인 지중해 연안지역, 러시아, 브라질, 터키: 구멍, 성적모욕, 동성애자 튀니지, 프랑스, 벨기에: 0(숫자), 형편없다 일본: 돈
B	서방국가들: 1, 실례합니다, 하늘이 내려다 보고 있다, 안돼(어린아이에게 주의를 줄 때)
C	영국, 호주, 뉴질랜드, 몰타: 욕설　　미국: 2 독일: 승리　　프랑스: 평화 고대 로마: 카이사르에게 맥주 다섯 잔!

D　　E　　F

D	유럽: 3	카톨릭 국가: 축복
E	유럽: 2	영국, 호주, 뉴질랜드: 1
	미국: 웨이터를 부르는 손짓	일본: 모욕적인 손짓
F	서방국가들: 4	일본: 모욕적인 손짓

M　　O　　P

M	하와이: 편히 쉬어
O	네덜란드: 한 잔 할래?
P	서유럽 국가들: 10, 항복 그리스: 엿 먹어라 일반적으로: 정말이야~

(4) 대화시 자세

사람들이 취하고 있는 자세는 중요한 정보를 지니는데 사람의 자세는 보통 열려 있지 않으면 닫혀 있는 상태를 보인다. 코를 만지거나 눈을 비비는 것은 뭔가 심기가 불편한 상태를 말하며 상대의 정직성이 떨어진다는 의미를 전달한다.

① 관심을 보이는 사람은 늘 이목을 집중하고 몸을 앞으로 기울인다.
② 뭔가 만지작거리는 것은 무료하고 불안함을 나타내는 것이다.
③ 몸을 뒤로 하는 것은 무관심이나 거부감을 표시하는 것이다.
④ 가슴이나 몸 위로 팔짱을 끼는 것은 방어적이고 닫혀있는 성격을 나타낸다.
⑤ 팔짱을 하고 다리를 꼬고 몸을 돌리는 경우는 상대의 의사를 거부하고 있다.
⑥ 머리를 똑바로 쳐들고 있으면 중립적이라는 뜻이다.
⑦ 머리를 한쪽으로 기울이고 있으면 흥미, 관심을 비치는 것이다.
⑧ 머리를 아래로 내리면 부정적, 또는 판단의 생각 중이라는 뜻이다.
⑨ 머리를 만지거나 가볍게 치는 것은 자신감 결여, 불안감의 신호이다.

(5) 공간(시간) 언어

미국 노스웨스튼 대학교의 에드워드 홀(Edward Hall) 교수는 근접학(Proxemics)이란 이론에서 인간이 타인과의 사이에 필요로 하는 공간을 설명하여 커뮤니케이션에 많은 영향을 주었다. 그의 이론에서는 사람들은 공간 영역을 4가지로 구분하여 인식하고 행동하는데, 친밀한 거리(intimate distance), 개인적인 거리(personal distance), 사회적 거리(social distance), 공적 거리(public distance)로 구분된다.

구분	내용
친밀한 거리 (intimate distance)	0 ~ 50cm 엄마와 아기, 연인 사이 등 상대방의 냄새 등 감각과 신체 접촉이 가능한 거리이다.
개인적 거리 (personal distance)	50~120cm 일반적인 친구 사이에서 대화하기 좋은 거리다.
사회적 거리 (social distance)	2~4m 직장에서 공적인 업무로 대화할 때 주로 사용되는 거리다.
공적 거리 (public distance)	4 m 이상. 대인 커뮤니케이션이 불가능한 상황으로, 흔히 공중을 대상으로 한 연설이나 강연 등에 이용되는 거리다.

(6) 음성이미지

음성이미지는 음조, 강약, 속도, 성량, 억양 등으로 언어가 커뮤니케이션의 주 요소라면 음성 이미지는 부수적인 이미지를 말한다. 이는 대화의 공감각적 표현으로 맛, 좋고 싫음, 거리감, 강약 등을 느끼며, 오감을 자극한다고 할 수 있다. 특히, 대화 상대가 이성인 경우에 목소리는 더욱 중요하며, 품격이 있는 목소리는 외모를 능가하는 힘을 발휘한다. 음성이미지는 대화의 반언어적 커뮤니케이션이라고 한다.

음조	목소리의 높낮이로 기쁨이나 두려움, 분노 등 다양한 감정을 수반한다.
강세	주로 강조나 대조를 위해 사용된다.
속도	빨리 말하는 경우 흥분, 불안감, 설득력을 준다. 느리게 머뭇거리면서 말하는 사람은 둔하고 열의가 없다.
성량	목소리의 크기로 강조, 의사표현, 감정, 엄숙, 부드러움 등을 준다.
억양	동일한 문장도 억양을 상승하면 의문문이 된다.

(7) 침묵

침묵은 효과적인 의사소통에서 중요한 구실을 하며, 침묵하지 않으면 다른 사람의 말을 들을 수 없다. 차례를 지켜 말하거나 듣기 위해서는 일단 침묵해야 한다.

분노한 상황에서의 침묵	감정 자체
따분한 분위기에서의 침묵	지루함의 표현
내용이 더 이상 생각나지 않을 때	말이 막힘
상대방의 제의에 침묵할 때	더 이상 할 말이 없음 상황에 따라 침묵의 의미가 다름

(9) 접촉 언어

신체를 접촉하는 행위 또한 중요한 커뮤니케이션 수단이다. 일반적인 인간관계에서 접촉은 친밀감을 표현하기 때문에, 이를 지표로 삼는 연구가 이루어지기도 한다. 이러한 학문 분야를 가리켜 '햅틱스(haptics)'라고 부른다. 그러나 신체 접촉에는 남녀 간, 문화 간 차이가 크게 존재한다.

3) 스피치 구조

(1) 스피치 준비

처음 연설을 하는 것은 여러 사람 앞에서 기가 죽을 수도 있는 일이다. 무엇을 어떻게 말할지를 결정하는 것이 힘들 수도 있고, 청중들 앞에서 말한다는 것을 생각하는 것만으로도 두려울 수도 있다. 어떤 사람들은 대중 앞에서 말하는 것을 좋아하여 타고난 능력을 지닌 사람도 있지만 적당한 도움과 노력으로 좋은 결과를 낼 수 있다. 무작정 종이와 연필을 들고 앉아 연설문을 첫줄부터 잘 써 보려고 하는 것은 시간과 힘을 낭비하고 좌절하기 쉽다. 좋은 스피치를 위해서 주의 깊게 단계적으로 계획하면 좋은 스피치를 구사할 수 있다.

(2) 스피치 전달방식

스피치의 내용과 전달방식은 스피치상황, 스피치의 청중 그리고 스피치의 목적에 따라 달라진다. 스피치를 하는 경우는 어떤 상황인지에 따라 많은 관계가 있다. 연설의 내용뿐 아니라 길이, 음성 톤, 그리고 청중의 기대 또한 다르기 때문이다. 예를 들어, 신규 사업을 위한 프리젠테이션의 경우는 유머가 부적절할지 몰라도 결혼식이나 스포츠 이벤트에서는 필요할 지도 모른다. 스피치를 하는 경우가 어떤 종류이든지 스피치는 항상 청중을 목표로 하는 것이다. 스피치를 하는 동안 관중을 잘 살피고 해야 할 역할을 잘 인식해야 한다. 효과적으로 메시지를 전달하는 방안을 결정하기 위해서는 청중이 어떤 사람들인가를 알아야 한다. 친숙한 청중에게 연설을 하는 경우, 청중과의 친밀감을 바탕으로 스피치를 하면서 청중의 이름이나 청중의 세부적인 사항을 이용하면 주목과 관심을 끌 수 있다. 또한 전혀 새로운 사람들로 구성된 청중이라면 처음 스피치할 때 청중들에게 신뢰감을 주는 것이 우선적이다.

(3) 스피치 원고작성

스피치하기 전이나 연설문 작성을 시작하기 전에 분명하게 몇 가지 목적을 설정한다. 연설이 진행되면서 어느 정도 성공적인지 청중의 반응에 따라 미리 느낄 수 있다. 스피치하기에 좋은 글은 내용 구성이 조화로운 것이다. 연설자의 메시지를 열정적으로 전달하는 성공적인 연설문은 서언과 본문 그리고 결언이 기본으로 구성되어야 한다.

① 서언

처음 30초가 스피치에 가장 중요한 부분이다. 짧은 시간 동안에 청중의 주의를 끌어야 하고, 연설자가 하는 말에 관심을 가지고 듣도록 해야 하는 것이다. 서언의 방법으로는 청중의 호기심을 자극하거나 생각하게 만드는 질문, 논쟁과 흥미로운 이야기 거리로 시작하거나 명언, 유행하는 농담을 던질 수도 있다. 일단 청중의 주의를 끌게 되면 스피치는 끊어짐 없이 부드럽게 본문으로 이어질 수 있다.

② 본문

스피치의 본문은 내용적으로 가장 긴 부분이다. 청중은 스피치의 주제를 인식하고 내용을 들을 준비를 한다. 스피치의 본문을 시작하는 가장 좋은 방법은 핵심적인 포인트를 설정하여 처음 포인트와 다음 포인트가 자연스럽게 연결시켜 전개되어야 한다. 이렇게 하면 스피치가 논리적이고 부드럽게 전개되며 청중들이 이해하기가 쉬워진다. 너무 많은 포인트를 전개하여 청중을 감동시키려는 것은 금물이다. 많은 포인트를 열거해서 전달을 제대로 못하는 것보다 몇 개의 포인트를 정확하게 전달하는 것이 좋다.

③ 결언

서언과 마찬가지로 결언 부분이 잘 정리되어야 하고, 특히 3가지의 측면에서 결언의 역할이 크게 작용된다. 첫째, 스피치의 주요 포인트를 요약하고, 둘째, 청중들에게 스피치 주제에 대하여 나중에 생각할 만한 여운을 주는 말을 남겨야한다. 셋째, 청중에게 스피치에 대해 호감적인 기억을 갖도록 한다.

(4) 스피치하기

스피치를 하기 위해서 준비를 할 때 경험이 없고 불안한 경우에는 연설문을 읽거나 메모노트를 읽는 경우가 많다. 연설문을 그대로 읽으면 잊거나 빼먹는 일이 없이 자신감을 가질 수는 있지만, 청중을 잘 볼 수 없고 연설자에게 몰입시키기 어렵기 때문에 연설문을 보고 읽는 스피치는 바람직하지 못하다. 기억만으로 스피치를 하기에는 자신감이 없다면 전체 연설문을 읽는 것 보다는 노트 메모를 이용한 스피치가 훨씬 더 효과적이다. 노트 메모에는 스피치의 핵심 포인트나 아이디어를 기록하여 참고하면서 청중을 직접 바라보고 말을 하는 것이 좋다. 말할 내용을 머릿속에 기억해두고 스피치 하는 것을 선호하는 경우에는 청중 앞에서 말하는 것이 편한 경우나 집중할 수 있는 자신감이 있는 경우에만 해야 한다. 기억에 의존하여 스피치를 할 경우에도 스피치 원고를 읽을 때와 마찬가지로 단조롭게 낭독하거나 반복적인 분위기로 흘러가는 것을 조심해야 한다.

효과적인 스피치를 위해 유의해야 할 사항들은 다음과 같다.

1. 용모와 복장은 상황이나 청중의 분위기에 맞게 준비한다.
2. 분명하게 발음하고, 잘 들을 수 있도록 목소리를 조정한다.
3. 불안한 경우 대부분 말을 빨리 하려는 습성이 있으므로 여유를 가지고 말을 한다.
4. 스피치 중간에 잠시 쉬는 것은 포인트를 강조하거나 사실이나, 농담, 일화 등으로 청중의 관여도를 높일 수 있다.
5. 청중과 눈을 맞추는 것은 청중과 연설자 간에 신뢰도를 높이는데 큰 도움이 된다.
6. 불안한 몸동작과 손을 움직이는 등 불안한 행동은 하지 않는다.
7. 주머니에 손을 넣지 말고 손동작을 효과적으로 활용한다.
8. 나만의 스피치 스타일을 만든다.

5) 스피치 훈련법

(1) 발성법

가	구	거	고	그	기	게	개	괴	귀
나	누	너	노	느	니	네	내	뇌	뉘
다	두	더	도	드	디	데	대	되	뒤
라	루	러	로	르	리	레	래	뢰	뤼
마	무	머	모	므	미	메	매	뫼	뮈
바	부	버	보	브	비	베	배	뵈	뷔
사	수	서	소	스	시	세	새	쇠	쉬
아	우	어	오	으	이	에	애	외	위
자	주	저	조	즈	지	제	재	죄	쥐
차	추	처	초	츠	치	체	채	최	취
카	쿠	커	코	크	키	케	캐	쾨	퀴
타	투	터	토	트	티	테	태	퇴	튀
파	푸	퍼	포	프	피	페	패	푀	퓌
하	후	허	호	흐	히	헤	해	회	휘

(2) 발음법

한영양장점 옆에 한양양장점, 한양양장점 옆에 한영양장점

들의 콩깍지는 깐 콩깍지인가 안 깐 콩깍지인가

작년에 온 솥 장수는 새 솥 장수이고, 금년에 온 솥 장수는 헌 솥 장수이다.

저기 저 말뚝은 말 맬 수 있는 말뚝이냐 말 못 맬 말뚝이냐

강낭콩 옆 빈 콩깍지는 완두콩 깐 콩깍지고
완두콩 옆 빈 콩깍지는 강낭콩 깐 빈 콩깍지이다.

내가 그린 기린 그림은 긴 기린 그림이고 네가 그린 기린그림은 안 긴 기린 그림이다.

우리집 옆집 앞집 뒤창살은 홑겹창살이고 우리집 뒷집 앞집 옆창살은 겹홑창살이다.

경찰청 철창살은 새 철창살인가 헌 철창살인가

저기 저 뜀틀이 내가 뛸 뜀틀인가 내가 안 뛸 뜀뜰인가

강원도 양양군 양양면 양양리 양양 양장점네 양양양

앞 집 팥죽은 붉은 팥 풋팥죽이고, 뒷집 콩죽은 햇콩단콩 콩죽,
우리집 깨죽은 검은깨 깨죽인데 사람들은 햇콩 단콩 콩죽 깨죽 죽먹기를 싫어하더라.

내가 그린 구름그림은 새털구름 그린 구름이고,
네가 그린 구름그림은 깃털구름 그린 구름그림이다.

저기 가는 저 상장사가 새 상장사냐 헌 상 상장사냐

월 칠인은 평창친구 친정 칠순 잔칫날, 대우로얄 뉴로얄

한국관광공사 곽진관 관광과장

(3) 말의 속도

말의 속도는 상대방과 커뮤니케이션 할 때 명확하게 전달할 수 있는 방법으로 1분에 300자 정도가 좋다. TV 아나운서의 말의 속도가 1분에 300자 정도를 발음하는 스피치이다. 1분동안 아래 글의 ☆표까지 읽는 것이 좋은 속도이다.

사람들은 누구나 가슴 속 깊이 간직한 꿈이 있습니다. 가슴 속 깊이 소망을 간직하며 하루하루 살아가고 있기에, 아무리 고단한 일이라도 능히 이겨 나갈 수 있는 겁니다. 내게도 소망이 있습니다. 거창하진 않지만 언제부턴가 내 가슴을 환히 밝혀주는 소망이 있습니다. 때로 힘들고 괴로울 때면 전 그 소망을 생각합니다. 내 마음이 나태해질 때도 전 그 소망을 생각하곤 합니다. 그러노라면 어느덧 새로운 힘이 불끈 솟아 나곤 하더군요. 소망은 우리에게 영원한 기쁨입니다. 또한 소망은 강한 용기이며 새로운 의지입니다. 그 소망을 위해 우리가 달려 나갈 때, 우리에게는 강한 용기가 생기며 새로운 의지로 힘차게 발걸음을 내딛을 수 있을 겁니다. 우리는 ☆ 때묻은 현실에 살고 있으면서도 때묻지 않은 꿈을 향해서 걸어가고 있습니다. 만약, 우리에게 고운 꿈이 없다면 인생은 정말 삭막할 것입니다. 마치 꽃밭에 꽃이 없는 것처럼 황량하고도 허전할 것입니다. 그러므로 소망이란, 우리들의 삶을 아름답게 가꾸어서 꽃 피고 열매 맺게 하는 우리 마음의 정원입니다.

Part 2

뷰티코디네이션과 이미지 메이킹

Chapter 5. 피부 이미지

Chapter 6. 메이크업 이미지

Chapter 7. 헤어 이미지

2

Chapter 5

피부 이미지

피부는 사람 몸의 가장 큰 기관이라고 할 수 있다. 우리 몸의 피부는 체중의 8퍼센트 정도이다. 피부는 환경과 감염을 막아주는 장벽이 되기도 하고 몸의 온도를 조절하고 체내 독소를 방출하기도 한다.

1. 피부의 이해

몸의 다른 기관과는 다르게 피부는 눈으로 볼 수 있으며, 주근깨, 실핏줄, 늘어난 모공, 점, 흉터, 웃음으로 생긴 주름 등이 전부 눈으로 확인된다. 햇볕, 추위, 바람과 오염 물질에 노출되기 때문에 피부를 잘 관리하지 않으면 모든 자극이 환경적 스트레스로 피부에 나타날 수 있다. 피부가 외부환경의 영향을 받는 것은 부인할 수 없지만, 다이어트나, 생활습관, 호르몬의 변화, 그리고 시간의 경과 등도 피부에 막대한 영향을 끼칠 수 있다. 따라서 자신의 피부 성질과 기질을 잘 파악하여 피부 밸런스를 회복하기 위해 적절한 관리를 하고, 피부 상태가 늘 똑같을 수 없음을 인정하는 것이 중요하다. 피부는 더운 여름보다는 추운 계절에 더 건조하다. 계절에 따라 피부가 더 지성이 될 수 도 있고 여드름이 쉽게 날 수 도 있는 때가 있다는 것이다. 흡연이나, 과음, 수면 부족 등도 모두 피부 건강에 부정적 영향을 끼치며 생기 없고 칙칙한 피부, 건조한 피부를 만드는 요소가 될 수 있다. 게다가 스트레스는 민감한 피부에 막대한 자극을 주기 때문에 여드름, 건선, 지루성 습진 등의 결과를 낳을 수 있다.

2. 피부의 유형

(1) 정상 피부(Normal skin)

정상 피부는 피부가 과도로 건성이거나 지성이지 않고 민감하지도 않은 피부를 말한다. 정상적인 피부를 가진 사람은 신의 축복이다. 정상 피부의 경우, 피지선(기름샘)과 한선(땀샘)의 생리기능이 정상적인 가장 이상적인 피부상태로 피부표면에 유분과 수분이 적당하게 유지 되어 촉촉하고, 부드러운 피부 상태를 말한다.

(2) 건성 피부(Dry skin)

건성 피부는 유 · 수분의 부족으로 피부에 윤기가 없고 잔주름이 잘 생기며 세안 후에 피부가 당기고 탄력이 없다. 피부의 촉촉함이 적어 피부의 관리를 못해주면 거칠어지고, 각질이 일어나기 쉽다. 다른 피부에 비해 상처가 잘나는 편이다. 피부 표피가 매우 얇으며 다른 유형에 비해 노화 현상도 빠르게 찾아오는 유형이다.

(3) 지성 피부(Oily skin)

피부는 피지라는 기름을 생성하며, 이는 피부를 탄력 있게 하고 외부 환경의 공격으로부터 보호한다. 과도한 피지 분비선은 지성 피부와 넓은 모공으로 인한 것이다. 이는 피부 질환에 걸리기 쉬우며, 과다한 유분막이 모공을 막음으로써 표면을 윤기 있게 하여 특정 메이크업이 안착하기 어렵게 만든다. 반면, 지성 피부를 가진 여성들은 주름이 덜 생긴다는 장점이 있다.

(4) 복합성 피부(Dry and oily skin)

복합성 피부는 건성과 지성이 함께 나타나는 것을 말한다. 때로는 피부가 극심히 건조하고, 어떤 때에는 유분이 올라와 얼굴에 기름이 번들거린다. 복합성 피부는 건성과 지성을 모두 포함시킨 피부라고 보면 된다. 즉 세안을 하면 피부가 당기고, T존에는 번들거리고 코에 블랙헤드가 있는 피부이다. 복합성 피부는 화장이 잘 먹지 않을 뿐더러 계절이 바뀌거나 스트레스를 받으면 피부 트러블이 심각해진다.

(5) 민감성 피부(Sensitive skin)

사람들의 약 40%이상이 민감성 피부를 호소한다. 민감성 피부란 환경적 요인과 유전적 요인, 잘못된 피부 관리 습관 등으로 인해 화장품 등과 같은 외부 물질에 피부가 과민반응을 일으키는 유형을 말한다. 민감성 피부는 어릴 때부터 나타날 수 있고, 반복되는 스트레스나 염증으로 인해 만성화 될 수 있다.

3. 피부의 자가 진단법

- 기름종이 또는 화장용 티슈를 2~3cm 크기의 정사각형으로 5장 준비한다.
- 폼 클렌징과 미지근한 물로 세안 후, 3시간 가량 유지한다.
- 잘라둔 티슈나 기름종이를 이마, 양볼, 코, 턱에 붙여 누른 후, 티슈나 종이에 묻어 나온 피지의 양을 관찰한다.

자가진단을 통한 피부타입 구분

구 분	증 상
건 성	종이나 티슈에 피지가 묻어 나오지 않는 경우
중 성	피지가 극히 적은경우
지 성	피지를 육안으로 확인 할 수 있는 경우
복합성	T-Zone 부위는 피지가 있고 나머지 부위에는 피지가 없는 경우

피부 유형별 관리법

종류	특 징	관 리 법
건성	유 · 수분의 부족으로 피부에 윤기가 없고 잔주름이 잘생기며 세안 후에 피부가 당기고 탄력이 없다.	· 클렌징은 크림타입을 선택하고 스크럽 제품은 되도록 피한다. · 알코올 함량이 적고 보습제품의 사용으로 피부의 보습막을 형성해준다. · 마사지와 팩을 통해 혈액순환과 신진대사를 촉진시켜준다.
지성	피부의 표면이 두껍고 거칠며 피부색이 칙칙하다. 피지의 분비량이 많아 모공이 넓고 여드름과 뾰루지가 잘 생긴다.	· 저녁 세안시 클렌징 로션이나 워터타입으로 메이크업을 철저히 지운 후, 폼 클렌징으로 이중세안 한다. · 토너는 알코올 함량이 많아 피지제거 기능과 모공수축 효과가 뛰어난 지성용을 사용한다. · 주 1, 2회 고마쥐 타입(gommage type)이나 스크럽 팩 또는 스팀타월을 사용하여 모공속의 각질과 노폐물을 제거한다.
복합성	얼굴부위에 따라 두 가지 이상의 피부성질이 나타나는 타입	· T존은 청결에 신경을 쓰고 U존은 보습 관리가 필요하다. · 피부정화, 유 · 수분의 균형에 신경 쓴다.

4. 피부의 증상과 관리

(1) 기미

기미는 후천적으로 피부에 멜라닌 색소가 과다하게 침착되는 현상으로 얼굴에 연한 갈색, 암갈색, 검정색의 불규칙한 색소반이 생기는 것으로 주로 눈 주위와 광대뼈 등에 많이 나타난다. 남성보다는 여성에게 많이 생기며 폐경 후에는 기미가 생기지 않는다.

기미의 관리

원 인	관 리 법
자외선, 임신 및 호르몬, 스트레스, 유전적 요인, 화장품 및 약재, 내분비 질환	· 기미의 원인을 알고 그에 맞는 관리를 하는 것이 가장 중요하다. · 철저한 이중 세안으로 화장품에 의한 색소 침착을 예방한다. · 실내외에서 자외선 차단제를 꼭 바른다. · 향료나 유분 등이 지나치게 많은 제품의 사용은 피한다. · 주 1~2회 정도 마사지와 팩을 하여 신진대사와 각화작용을 촉진시킨다. · 육체적 정신적 스트레스를 피한다. · 피부가 건조하지 않고 강한 자극을 받지 않도록 한다. · 양질의 단백질과 비타민 A, C, E 가 함유된 식품 또는 영양제를 섭취한다.

(2) 주근깨

유전적인 소인이 많으며 색소세포가 색소를 과다하게 형성, 분비함으로써 나타나는 질환이다. 계절에 따라 여름에는 짙어지고, 겨울에는 엷어지는 경향이 있다. 흰 피부, 일광에 약한 피부를 가진 사람들에게서 대체로 발생한다.

주근깨의 관리

원 인	관 리 법
선천적인 요인 및 자외선	· 태양광선에 노출을 피하고 자외선 차단제를 사용한다. · 자외선 차단제는 외출 30분전에 발라준다. · 장시간 외출시에는 2~3시간마다 반복하여 발라준다. · 비타민 A, C가 함유된 식품을 섭취하여 신진대사를 돕고 자외선에 대한 저항력을 높여준다. · 미백 화장품이나 기능성 화장품의 사용으로 철저히 예방한다. · 피부과 치료시 화학 박피 술, 전기 소작술, 레이저 치료 등이 있다.

(3) 여드름

여자보다 남자에게 더 많이 발생하며 사춘기 청소년 시기에 주로 발생한다. 피지선에서 과잉으로 분비된 피지가 피부표면으로 원활히 분비되지 못하고 모낭 내에서 축적되어 세균과 작용하여 염증으로 이어지는 피부질환이다.

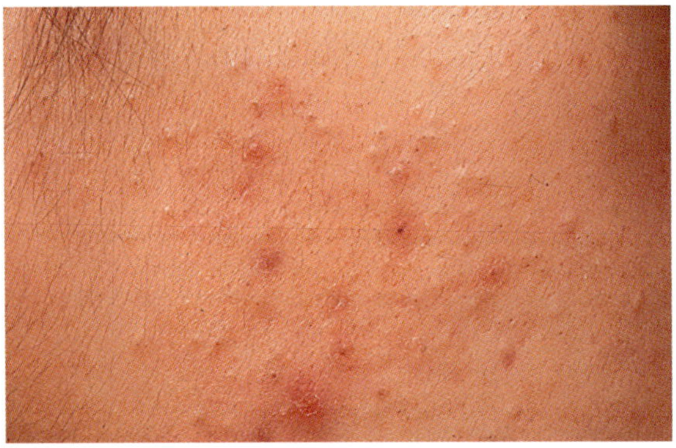

여드름

여드름의 관리

구분	관 리 법
유전적 요인, 남성 호르몬의 분비, 박테리아의 작용 환경 요인	· 미지근한 물로 세안하며 강한 알칼리성 비누와 잦은 세안은 피하고 하루 2~3회 정도의 세안이 적당하다. 여드름용 세안제를 사용하며 부드럽게 눌러 물기를 제거한다. 청결한 피부를 유지하는 것이 중요하다. · 지저분한 손으로 여드름을 짜거나 뜯어내지 않도록 한다. · 피부 관리에 앞서 스티머(steamer)를 사용하여 모공을 확장시켜 두꺼운 각질을 자연스럽게 탈락시켜 준다. · 주 1~2회 필링제를 사용하여 각질과 모공 속의 노폐물을 제거해 준다. · 여드름을 짤 경우, 진피에 무리를 주지 않는 전문기구를 철저히 소독한 후에 제거한다.

5. 피부와 자외선

(1) 자외선(UV : Ultraviolet rays)

태양 광선은 자외선, 가시광선, 적외선으로 분류되며 그 중 자외선은 피부에 가장 많은 영향을 준다. 자외선의 종류로는 UV-A, UV-B, UV-C가 있다.

적외선(800~1800mm)

열(heat)을 의미하는 적외선은 살균, 사우나, 찜질 등 일상생활에 유용되게 사용되나 장시간 노출시 UV-B 손상과 유사한 증상을 나타낸다.

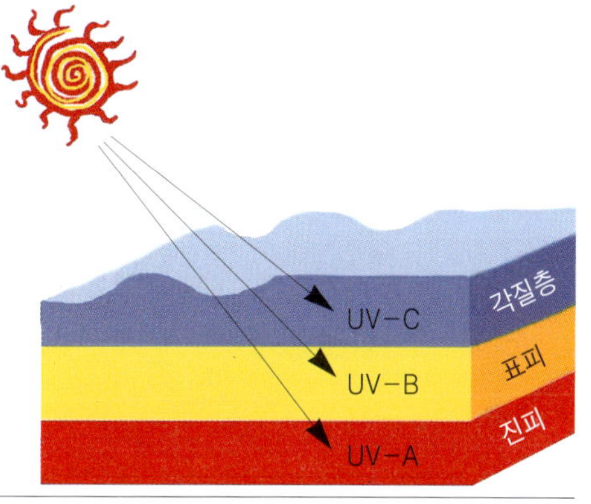

자외선과 피부

(2) 자외선 차단지수(SPF : Sun protection factor)

피부를 자외선으로부터 보호해 주는 차단 지수로 SPF는 주로 UV-B파에 대한 차단 효과를 뜻한다. 지수가 높을수록 보호되는 정도가 크다.

자외선 차단지수

구분	차단지수
단시간 외출	SPF 10~20
장시간 외출	SPF 20~40
바다나 산에서	SPF 40 이상

(3) 선탠

햇볕에 피부가 타거나 그을린 현상으로 선탠과 썬번으로 분류된다. 선탠은 피부가 손상되지 않고 서서히 멜라닌 색소세포가 증가하여 그을리게 되는 상태를 말한다. 썬번은 자외선에 오랜 시간 노출하여 피부조직이 손상되어 피부가 빨갛게 되고 열기와 부기가 있는 상태를 말한다. 썬번 현상을 예방하기 위해서는 오전 10시에서 오후 3시까지 자외선이 강한 시간에는 태닝을 삼가하고, 자외선 차단제와 썬 오일을 충분히 발라주며 매일 조금씩 시간과 양을 늘려주어 피부에 적응력을 높여준다

• 효과적인 태닝 방법

효과적인 태닝을 위해서는 태닝 2~3일전 팩이나 필링으로 얼굴의 각질을 미리 제거하고 수분제품을 발라 피부가 매끄럽고 주름이 생기지 않도록 한다. 태닝 직전에는 물기를 완전히 제거 후, 자외선 차단제를 바르고 썬 오일을 발라 준다.

• 태닝 후 손질 방법

피부에 진정 효과와 보습을 주는 효과적인 팩을 한다.

- **진정팩** : 감자 + 밀가루
- **필링팩** : 녹두가루 + 밀가루
- **보습팩** : 오이 + 밀가루
- 미백팩 : 쌀겨가루 + 플레인 요구르트

6. 기초 스킨케어 제품

(1) 클렌징(Cleansing)

스킨케어의 기본은 피부의 청결로부터 시작된다. 생리적으로 인체에서 분비되는 피지와 땀, 노폐물 등과 메이크업의 잔여물, 먼지, 묵은 각질 등을 제거하고 피부를 정돈하고 보호하는 일이다.

클렌저의 종류

구 분	내 용
비누(soap)	피부의 때나 노폐물을 제거하며 피부의 보호막을 지나치게 제거하는 단점이 있으므로 유의한다. 거품을 충분히 내어 얼굴에 가볍게 문질러 사용하고 잔여분이 남지 않도록 한다.
클렌징로션	수중 유형인 O/W(oil in water)로 모든 타입의 피부에 적합하며 친수성을 띠므로 물에 쉽게 제거된다. 세정력은 크림타입에 비해 약해 두꺼운 화장을 한 경우, 깨끗이 지우기가 어렵다.
클렌징크림	유중 유형 W/O(water in oil) 타입으로 유분기가 많아 메이크업을 제거하는데 효과적이다. 친유성으로 반드시 이중세안을 해주며 세안 후, 피부에 잔여물이 남지 않도록 하고 건성 피부에 효과적이다.
클렌징오일	오일형태의 클렌징제로 건성, 노화 피부에 적합하고 두꺼운 분장을 지울 때 효과적이다.
페이셜 스크럽	클렌징 폼에 알갱이가 함유된 것으로 모공 속 깊은 노폐물을 제거해 주며 세안 효과와 더불어 각질 제거 효과가 있다. 건성 피부는 주 1회, 지성 피부는 주 2~3회 사용이 적당하다.
클렌징티슈	부직포 타입으로 한 장씩 뽑아 쓸 수 있어 사용이 간편하다.
포인트 메이크업 리무버	눈과 입술 화장을 지울 때 사용되는 전용 리무버이다.

(2) 화장수(Toning water)

일반적으로 투명한 액상제품으로 각질층에 보습성분과 활성성분을 공급하여 피부를 촉촉하게 한다. 스킨, 토너, 토닝 로션, 아스트리젠트 등으로 불린다.

기능에 따른 분류

구 분	내 용
유연 화장수	세안 후에 남은 메이크업의 잔여물 등을 제거하고 피부에 수분을 보충하여 보습효과를 주어 피부를 유연하고 매끈하게 한다.
수렴 화장수	아스트리젠트로 모공을 수축시키고 과도한 피지분비를 억제하며 피부의 살균, 소독하는 효과도 가지고 있다.
영양 화장수	로션으로 피부에 유분과 수분을 주어 피지막을 보완하고 액상타입으로 잘 스며든다.

(3) 에센스(Essence)

미용성분을 고농축하여 피부에 탁월한 보습과 영양을 주는 제품이다. 제품의 상태는 스킨타입, 로션타입, 크림타입, 젤 타입이 있으며 피부유형에 따라 로션이나 크림에 에센스를 섞어 마사지하면 더욱 효과적이다.

(4) 팩(Pack)

팩은 '싸다, 둘러막다' 라는 뜻에서 유래된 용어로서 피부를 팩제로 '밀폐시킨다' 는 의미로 사용하게 되었다.

① 팩의 기능

- 피부의 신진대사를 촉진시킨다.
- 수분 및 영양을 공급한다.
- 각질을 제거하여 피부를 매끄럽게 한다.
- 피부에 휴식을 주고 탄력을 강화한다.

팩의 제거 방법에 따른 분류

종 류	제거방법
필 오프 (peel-off) 타입	얼굴에 팩을 바르고 건조된 후에 위에서 아래로 떼어내는 타입으로 모공 속 노폐물과 죽은 각질세포 등을 제거한다. 지성피부에 효과적이다.
워시 오프 (wash-off) 타입	팩제를 바른 후, 15~20분후 물로 씻어 내는 타입으로 사용감이 산뜻하며 건성피부에 좋다.
티슈 오프 (tissue-off) 타입	일반적으로 크림형태로 되어 있으며 얼굴에 바른 후, 10~15분 후에 티슈로 닦아 내는 타입으로 보습효과는 우수하나 청결감이 다소 떨어진다.
패 치 (patch-off) 타입	모양 그대로의 팩제를 붙여 사용하는 것으로 사용이 간편하고 부분별 영양공급에 효과적이다.
파 우 더 (powder) 타입	물에 개어 사용하는 것으로 석고 팩이나 한방 팩에서 많이 사용된다.

Chapter 6

메이크업 이미지

메이크업(Make-Up)이란?

메이크업(make-up)은 '화장하다', '분장하다'라는 의미를 갖는다. 메이크업에 대한 일반적인 견해는 자신을 타인과 비교해서 한층 더 아름답게 보이도록 하기 위해서 행해지는 습성이라고 여겨져 왔다. 그러나 메이크업 제품은 타고난 얼굴에 매력을 더해주는 것이지 외관을 완전히 바꿔주는 것은 아니다. 또한 자연스러운 메이크업이라는 것은 금방 세안을 하고 나온 것처럼 전혀 하지 않은 것을 말하는 것이 아니다. 메이크업에 표현된 색조가 자신이 가진 본래 피부 톤과 조화를 이루고, 계절마다 피부 톤이 변화되는 것을 보완해 자연스러운 이미지로 표현하는 것이다. '모자라는 것이 충분한 것'이란 개념은 메이크업의 진정한 가치를 잘 설명해준다. 메이크업은 아름다움을 의미한다. 즉, 아름다운 메이크업이란 자신이 선택하고 표현할 모든 컬러에 관한 이야기이며, 절대로 얼마나 많이 칠하느냐가 아니다. 얼굴은 종이처럼 평면이 아니라는 것을 항상 기억해야 한다. 얼굴은 단순히 일차원의 공간이 아니기 때문이다.

메이크업은 예술적인 조형미를 가진 얼굴 위에 가장 아름다운 부분을 강조해 주는 것이다. 그러므로 메이크업을 할 때에는 막연히 색체를 입힌다는 소극적인 자세보다는 개성있는 미를 창조하는 적극적인 자세가 필요하다.

1. 메이크업의 도구

(1) 스펀지(Sponge)

스펀지를 선택하는데 있어서 가장 중요한 점은 피부에 부드럽게 미끄러지도록 고품질의 라텍스 성분으로 만들어진 것이어야 한다. 모양은 둥근 것, 타원형, 삼각형 또는 쐐기 모양 등 손에 쥐었을 때 가장 편한 것이면 어떤 형태도 가능하다. 파운데이션이나 컨실러를 바르거나 펴줄 때 사용한다.

(2) 파우더 퍼프(Powder puff)

제일 좋은 퍼프는 보통 부드러운 벨벳 질감으로 푹신하다. 약간의 돈을 투자해서 좋은 품질의 파우더 퍼프를 구입하면 세탁이 가능해서 청결한 상태로 오랫동안 사용할 수 있다. 파우더를 바를 때 사용한다.

(3) 파우더 브러시(Powder brush)

브러시 중에서 가장 크고, 파우더를 브러시에 듬뿍 묻혀 피부안쪽에서 바깥방향으로 가볍게 쓸어주듯 펴 바른 다음 다시 반대방향으로 바른다. 피부가 뽀송뽀송하게 보이는 블루밍(blooming) 효과를 얻을 수 있다.

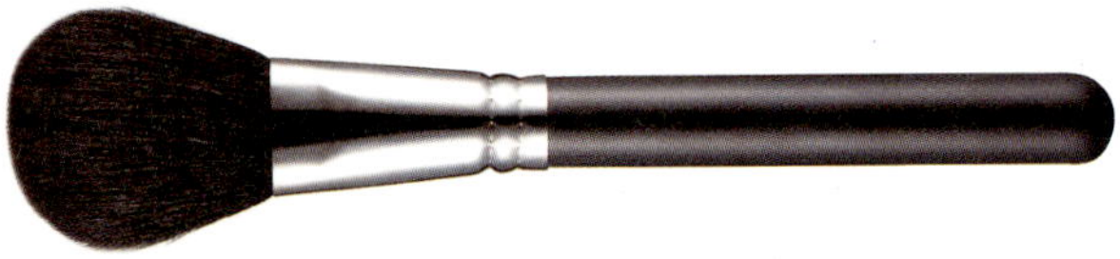

(4) 팬 브러시(Fan brush)

부채꼴 모양으로 생긴 브러시로 파우더를 바른 후, 여분의 가루를 털어낼 때 사용한다.

(5) 컨실러 브러시(Concealer brush)

컨실러는 립스틱처럼 스틱타입과 펜슬타입이 있으며 눈 아래 다크 서클, 여드름, 기미, 점 등을 커버할 때 쓰인다.

(6) 블러셔 브러시(Blusher brush)

자연스럽고 건강한 혈색을 주는 것 외에 얼굴의 윤곽을 수정하며, 볼 뼈를 감싸듯이 터치하여 준다.

(7) 아이섀도 브러시(Eye shadow brush)

둥근 모양의 브러시로 베이스 컬러용, 악센트 컬러용, 하이라이트 컬러용으로 용도에 맞게 크기별로 사용한다.

(8) 사선 눈썹 브러시(Slant eyebrow brush)

섀도로 눈썹을 그릴 때 사용되며 청솔모나 족제비 털로 만들어진 브러시를 사용한다. 족제비 털은 눈썹이 가늘고 부드러울 때 사용된다.

(9) 스크루 브러시(Screw brush)

눈썹을 그리기 전에 눈썹모를 정리해 주는 브러시로 마스카라를 잘못 발라 뭉쳤을 때에도 사용된다. 아래에서 위쪽으로 빗어 주어야 속눈썹이 아래로 처지지 않게 수정할 수 있다.

(10) 아이브로우 콤 브러시(Eyebrow comb brush)

눈썹의 방향과 형태를 정리할 때 사용하며 작은 빗은 눈썹을 커팅할 때 사용하고 또는 마스카라 사용 후, 뭉치지 않도록 자연스럽게 빗어준다.

(11) 아이라이너 브러시(Eye liner brush)

섬세하고 또렷한 리퀴드 타입의 아이 라인을 그릴 때 사용하는 브러시이다.

(12) 팁 브러시(Tip brush)

스펀지 재질의 브러시로 포인트 컬러 표현에 용이하고 섀도를 칠한 다음 그러데이션 시킬 때 사용되기도 한다.

(13) 아이래시 컬러(Eye lash curler)

속눈썹에 자연스러운 컬을 주어 올려 주는 기구로 눈매를 크게 보이도록 하는 효과가 있다. 눈꺼풀 라인과 아이 래시 컬러의 커브 상태와 아이 래시 컬러의 고무가 탄력이 있는지 비교하고 선택한다.

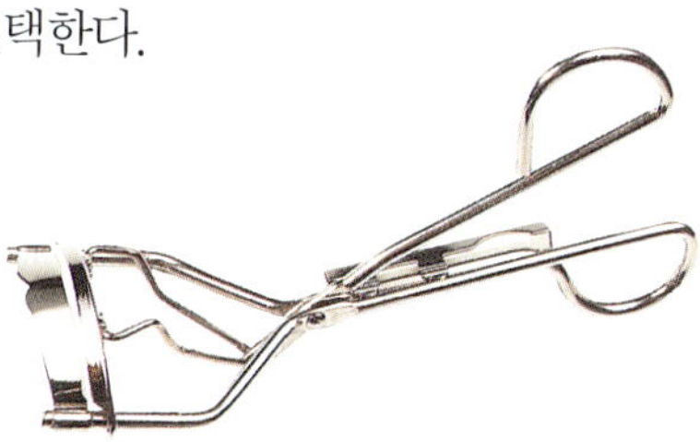

(14) 립 브러시(Lip brush)

둥글고 각진 입술형태에 따라 그리기 편리하게 라운드형 립 브러시와 스트레이트형 립 브러시가 있다.

(15) 립 라이너 브러시(Lip liner brush)

입술 산이나 입술구각과 같이 섬세한 입술라인을 그릴 때 효과적인 브러시이다.

(16) 립 펜슬(Lip pencil)

부드러운 연필 타입으로 입술선을 그릴 때 사용하며 입매를 또렷이 표현하고 립스틱의 번짐을 방지한다.

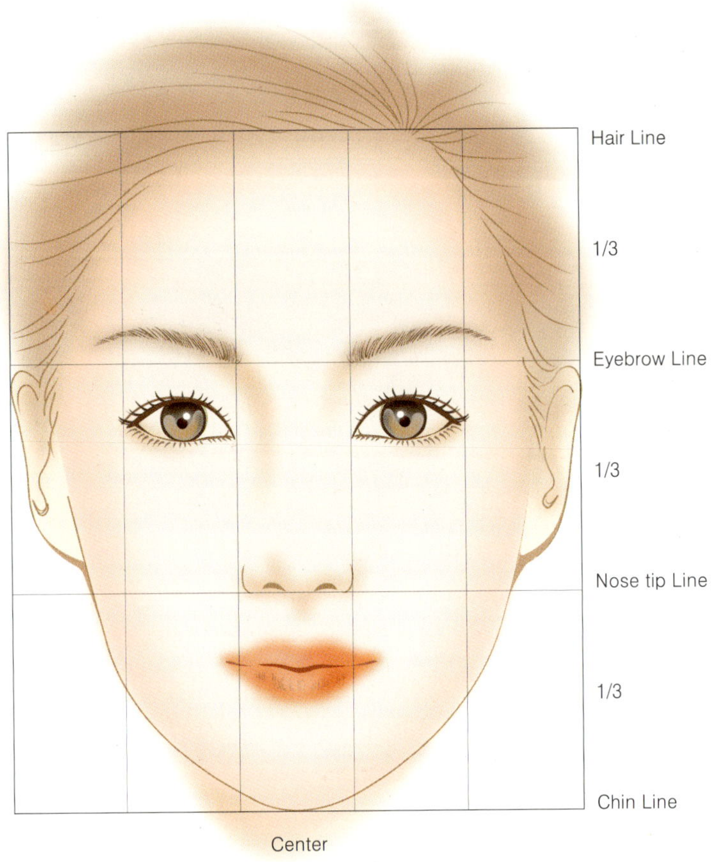

■ 얼굴의 균형도(Face proportion)

얼굴 구성요소의 가장 이상적인 비율을 파악하는 것은 메이크업 작업에 큰 도움이 된다. 얼굴의 수직비율은 한쪽 귀에서 반대쪽 귀를 연결한 가상의 수직선을 5등분한 비율이고 얼굴의 수평비율은 헤어라인선에서 턱끝까지의 가상 수평선을 3등분한 비율이다.

- **상정** – 헤어라인선에서 눈썹 앞머리까지(⅓)
- **중정** – 눈썹 앞머리에서 코끝까지(⅓)
- **하정** – 코끝에서 턱끝까지(⅓)

2. 기초 메이크업(Base Make-up)

기초 메이크업을 할 때에는 자신의 피부타입에 맞는 제품을 선택하여 피부 톤과 얼굴형을 수정하고 보완하여 메이크업 지속력과 상승효과를 얻는다.

(1) 메이크업 베이스(Make-up base)

메이크업 베이스는 피부색의 결점을 커버하여 파운데이션 전 단계에서 피부 톤을 정리해 주며, 자외선으로부터 피부를 보호하고, 파운데이션의 지속력을 높여준다. 또한 피부에 인공 피지막을 형성하여 컬러 메이크업 시 피부의 손상을 막고 파운데이션의 밀착력을 증대시킨다.

메이크업 베이스의 종류

구 분	내 용
액상타입 (liquid type)	수분 함량이 높은 제품으로 피부색에 따라 색상을 선택하여 얼굴의 각 부위에 적당량을 도포해 손으로 펴 바른다.
크림타입 (cream type)	유분 함량이 높아 액상타입에 비하여 커버력이 우수하여 건성피부에 효과적이며 라텍스를 이용하여 사용한다.

피부 타입에 따른 색상 선택

색 상	피 부 타 입
연 핑 크	혈색이 없고 창백한 피부
그린 컬러	모세혈관이 확장된 피부, 여드름자국의 피부, 붉은 피부
흰 색	어둡고 칙칙한 피부
블루 컬러	기미, 주근깨, 잡티가 많은 피부
바이올렛 컬러	노르스름한 피부
옐로 컬러	햇볕에 그을린 다갈색 피부

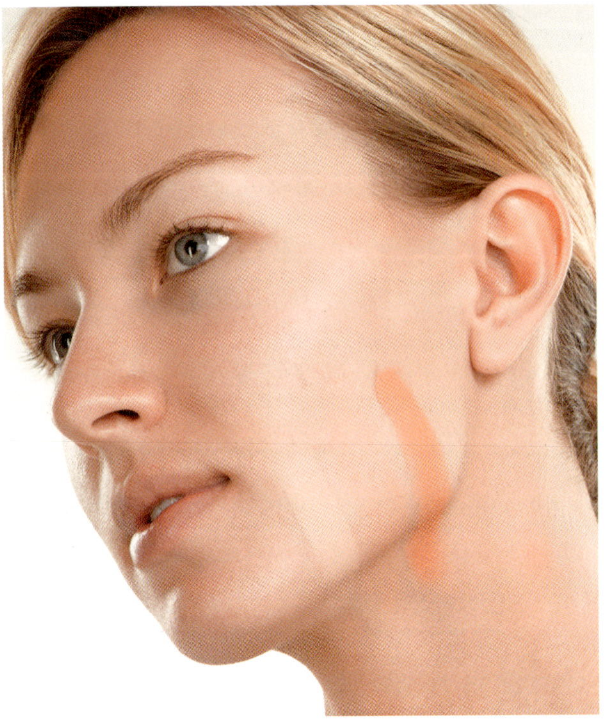

(2) 파운데이션 (Foundation)

파운데이션은 피부 톤을 정리하며 얼굴에 입체감을 주고, 외부의 자극으로부터 피부를 보호하며 파우더의 밀착력과 지속력을 높여준다. 하이라이트 컬러와 섀딩 컬러의 경계선이 생기지 않도록 그러데이션에 유의한다.

파운데이션을 선택할 때는 두 가지를 고려해야 한다. 첫째, 각자의 피부 심도 단계와 일치시켜야 한다. 파운데이션의 색상을 고르는 가장 좋은 방법은 스트라이프 테스트를 하는 것이다. 스트라이프 테스트는 항상 자연광 상태에서 해야 하며, 필요한 세 가지 색상의 파운데이션을 비교하고 대조한다. 선택한 색상이 목의 색상과 최상의 일치를 이뤘을 때가 가장 성공적으로 파운데이션을 선택한 것이다. 둘째, 본인의 원래 피부 톤과 일치시켜야 한다. 대다수의 여성은 '난색의' 피부 톤을 지니고 있는데 이러한 피부 톤은 젊어 보이는 효과가 있다. 반면, 극소수의 여성들은 '한색의' 피부 톤 을 지닌다. 그들은 검은 머리칼, 창백한 피부와 밝은 눈을 가지고 있다.

파운데이션 색상의 종류

구 분	내 용
베이스 컬러(base color)	피부색에 근접한 색을 선택
섀딩 컬러(shading color)	음영을 주기위해 피부색보다 약간 어두운 색을 선택
하이라이트 컬러(highlight color)	입체감을 주기위해 피부 톤보다 약간 밝은 색을 선택

(3) 파우더(Powder)

파우더는 메이크업의 마무리시의 유분을 흡수시켜 부자연스러운 광택을 제거하고 파운데이션의 밀착력과 지속력을 높여주며 아름다운 피부색을 표현해 준다.
파우더는 기본적으로 색을 더해주지 않으면서 파운데이션을 발라 얇게 비치도록 마무리를 하는 투명 파우더와, 피부에 광채를 주는데 사용되는 브라이트닝 파우더, 매우 얇은 커버를 형성하는 파우더 대신 사용이 가능한 피그먼트 투명파우더가 있다.

파우더의 종류

구 분	기 능
투명 파우더	섬세하게 표현한 파운데이션의 색조를 변화시키지 않는 파우더로 피부를 투명하고 깨끗하게 마무리 해준다.
콤팩트 파우더	용기에 담아 압축한 파우더로 커버력이 뛰어나고 스피디한 메이크업 사용시 용이하다. 색조의 선택은 피부의 색상에 따라 선택하는 것이 중요하다.
펄 파우더	파우더 자체에 펄을 함유하고 있어 화사하고 윤이 나는 모습을 연출할 때 사용한다. 펄의 함유량에 따라 신부 메이크업이나 파티 메이크업, 무대 메이크업 등에 사용된다.

※ 파우더 선택요령

- 파우더는 입자가 섬세해야 한다.
- 피지 컨트롤 성분이 들어간 제품, 유분이 많은 제품, 보습성분이 있는 제품 등이 다양하므로 피부타입에 따라 선택한다.
- 건성피부의 경우 피지를 흡수하는 파우더는 건조를 촉진시키므로 주의한다.
- 지성피부는 유분기가 많은 파우더를 쓰면 메이크업이 쉽게 지워지고 번지게 된다.

3. 포인트 메이크업(Point Make-up)

(1) 눈썹 연출(Brow attack)

눈썹의 형태, 눈썹의 진하고 흐림, 눈썹 숱의 많고 적음, 길이의 길고 짧음에 따라 다양한 이미지의 변화를 줄 수 있는 부분이며 메이크업 작업에서 베이스 화장 다음으로 중요한 부분이라 할 수 있다. 잘 정리된 눈썹은 미를 연출하는데 중요하다. 눈썹을 표현하는데 있어서는 족집게로 아무리 정리를 잘해도 부자연스러우므로 최대한 자신의 본래 눈썹을 유지하는 것이 좋다.

눈썹의 형태를 잡는 방법을 알아보자

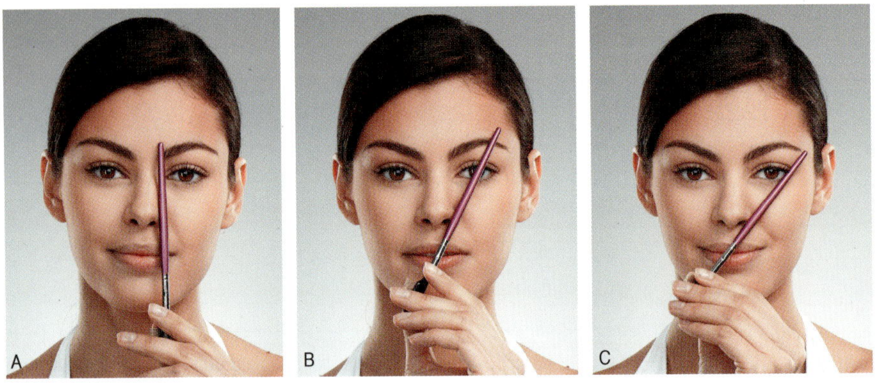

A 연필이나 브러시의 손잡이를 콧방울에서 수직으로 세워 눈썹과 맞닿는 곳이 눈썹의 시작 부분이다.

B 콧구멍에서 눈동자 홍채의 중앙 부분을 지나 대각선 방향으로 눈썹과 맞닿는 곳이 눈썹에서 가장 높은 부분이 된다. 포인트 a에서 b까지 눈썹을 제거할 때 이 지점을 향하여 눈썹이 점점 가늘고 얇아지도록 하면 자연스러운 눈썹 형태를 만들 수 있다.

C 콧구멍에서 눈 꼬리 쪽을 지나 대각선 방향으로 눈썹과 맞닿는 곳이 눈썹의 끝부분이 된다. 포인트 b에서 c까지 눈썹을 제거할 때 역시 점점 두께가 얇아지도록 하면 얼굴형에 맞는 가장 이상적인 눈썹을 그릴 수 있다.

눈썹모양에 따른 이미지

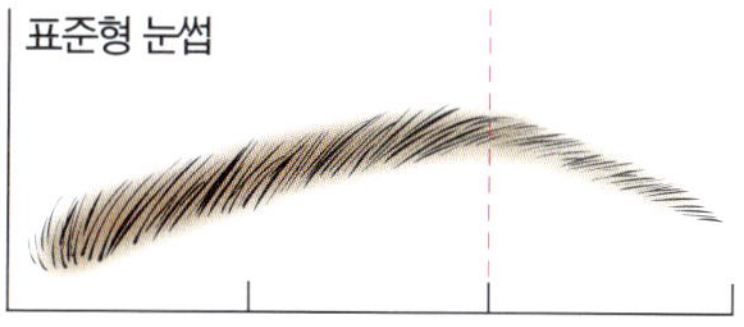

표준형 눈썹
기본적인 눈썹모양으로 누구에게나 잘 어울린다.

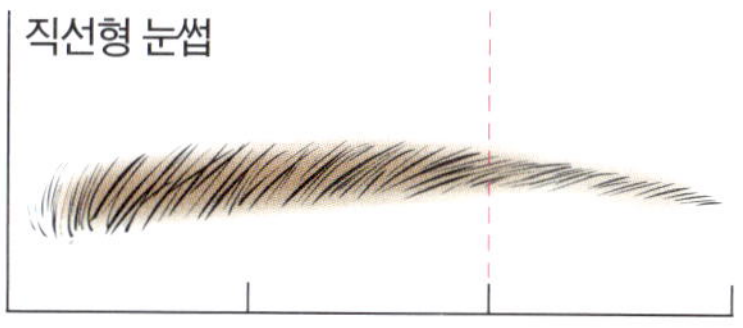

직선형(수평형의 눈썹)
젊고 활동적인 느낌을 주며 긴 얼굴형이나 폭이 좁은 얼굴에 효과적이다.

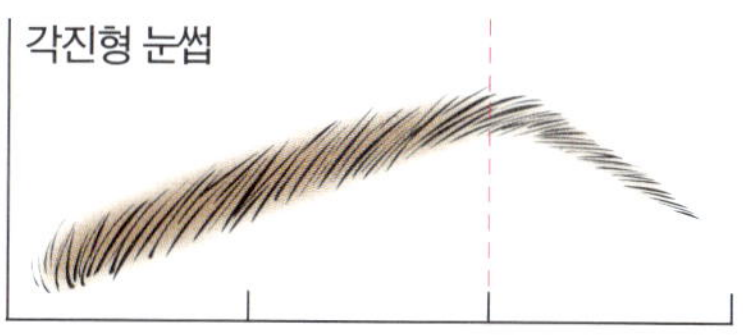

각진형 눈썹
단정하고 세련되어 보이며 둥근 얼굴이나 얼굴의 길이가 짧은 사람에게 이상적이다.

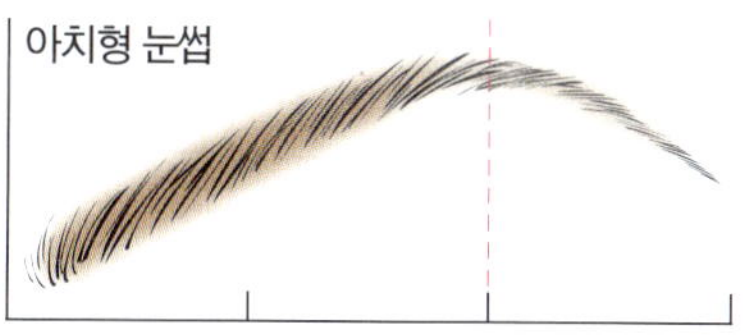

아치형 눈썹
우아하고 여성적인 느낌으로 이마가 넓은 얼굴형에 잘 어울린다.

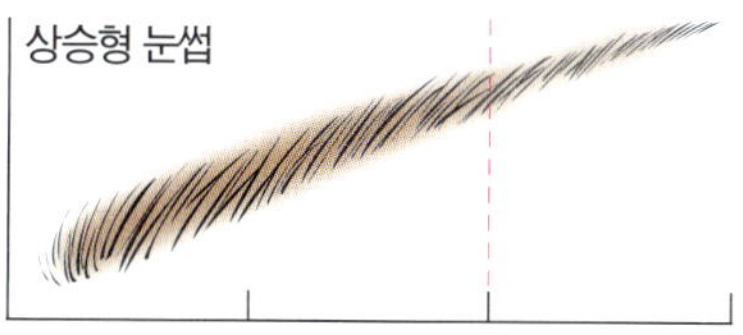

상승형(화살형의 눈썹)
활동적인 느낌으로 둥근 얼굴이나 개성이 없는 얼굴에 좋다. 눈썹을 짧게 그려주는 것이 중요하다.

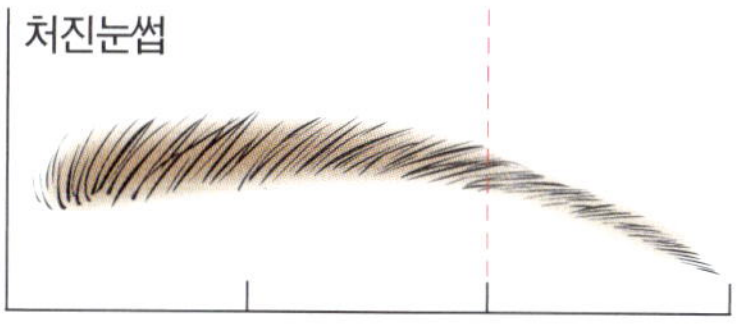

처진 눈썹
어려보이고 귀여운 느낌을 주지만 우울한 인상을 주기도 한다.

(2) 아이섀도(Eye shadow)

아이섀도를 선택하는데 있어서 가장 중요한 점은 눈동자 색을 보고 피부 톤을 고려해야 한다는 것이다. 최대한 자신의 눈에 가장 자연스러운 색상을 표현할 수 있는 색조를 선택한다. 아이 섀도 메이크업의 궁극적인 목표는 눈동자 색상을 더욱 돋보이게 하고 선명하게 만드는 것이다. 푸른 눈에 푸른색 섀도, 초록색 눈에 초록색 섀도는 잘못된 컬러선택이다. 중요한 점은 눈동자 색상과 반대 계열의 색상을 선택하여야 조화를 이룰 수 있다.

아이섀도의 명칭

(3) 아이라이너(Eyeliner)

속눈썹 사이사이를 메꿔 주어 눈의 윤곽을 선명하게 해주고 눈의 모양을 수정한다.

- **펜슬 타입**

  사용이 간편하나 번지는 단점이 있다.

- **리퀴드 타입**

  부착성이 좋아 쉽게 지워지지 않으나
  진하게 그려지기 때문에 양을 조절해야 한다.

- **케익 타입**

  가는 브러시에 물을 묻혀 사용하며 사용이 간편하나,
  물의 양 조절이 중요하다.

(4) 립 메이크업(Lip make-up)

립 컬러를 선택하는데 있어서는 입술의 크기를 고려 해야한다. 입술이 크고 볼륨이 있으면, 피부톤 보다 어두운 색상을 선택하여야하며 밝은 색을 칠할 경우 입술을 지나치게 커보이게 할수있다. 또한, 립 컬러를 선택하는데 있어서 피부 톤이 매우 중요하다. 아이보리의 피부톤을 가진 여성은 초콜릿 브라운 색상의 컬러를 바르면 나이가 들어 보이고 부자연스럽다. 브론즈의 피부톤을 가진 여성은 아주 밝은 색의 립 컬러를 선택하면 창백하고 인위적인 느낌을 준다. 어두운색의 립 컬러는 나이가 들어 보이고 따듯한 톤의 컬러감이 있는 립 컬러는 피부색과 조화를 이루며 얼굴을 생기있고 젊어 보이게 한다. 피부 톤에 맞는 아름다운 입술연출은 건강하고 활력있는 이미지를 연출할 수 있다.

피부 톤(skin tones)	립스틱(lipsticks)
밝은 톤	핑크색 립글로스(glossy transparent pinks) 밝은 복숭아색(light peach) 연한 브라운(honey) 베이지(beige)
중간 톤	중간톤의 핑크(medium pinks) 밝은 커피색(light mocha) 연한 갈색(caramel) 은은한 붉은색(delicate red) 살구색(medium apricots) 중간톤의 복숭아색(tangy peach)
태닝한 톤	진한 붉은색(strong red) 어두운 장미색(deep rose) 포도색(berry) 갈색(toffee) 적갈색(mahogany) 어두운 살구색(dark apricots) 붉은 밤색(brown red)
어두운 톤	갈색 띤 붉은색(deep brownish red) 어두운 포도주(deep berry) 어두운 자홍색(deep fuchsia) 황갈색(golden beige)

• 색상이 주는 이미지

① **레드(red) 계:** 정열, 매혹, 지적, 엘레강스하며 세련된 이미지연출에 적합하다.

② **핑크(pink) 계:** 여성다움, 온화하고 청초하고 귀여운 느낌, 가장 여성스럽다.

③ **퍼플(purple) 계:** 침착하고 은은한 인상, 로맨틱한 분위기 연출에 적합하다.

④ **오렌지(orange) 계:** 검은 피부나 흰 피부에 잘 어울리고 발랄하고 활동적이다.

⑤ **브라운(brwon) 계:** 오클계의 피부에 어울리며 차분하고 점잖으며 자연스럽고 세련된 이미지를 연출한다. 그러나 시간이 지날수록 피로해 보이는 단점을 보이는 색이다.

(5) 블러셔(Blusher)

얼굴의 입체감은 보통 아이섀도나 블러셔에 의해 표현된다. 블러셔는 바르는 위치에 따라 많은 변화를 줄 수 있으며, 주로 안색을 좋아보이게 하기 위해 자연미를 강조하고 음영을 만들기 위해, 혹은 귀여운 이미지를 만들기 위해 사용된다.

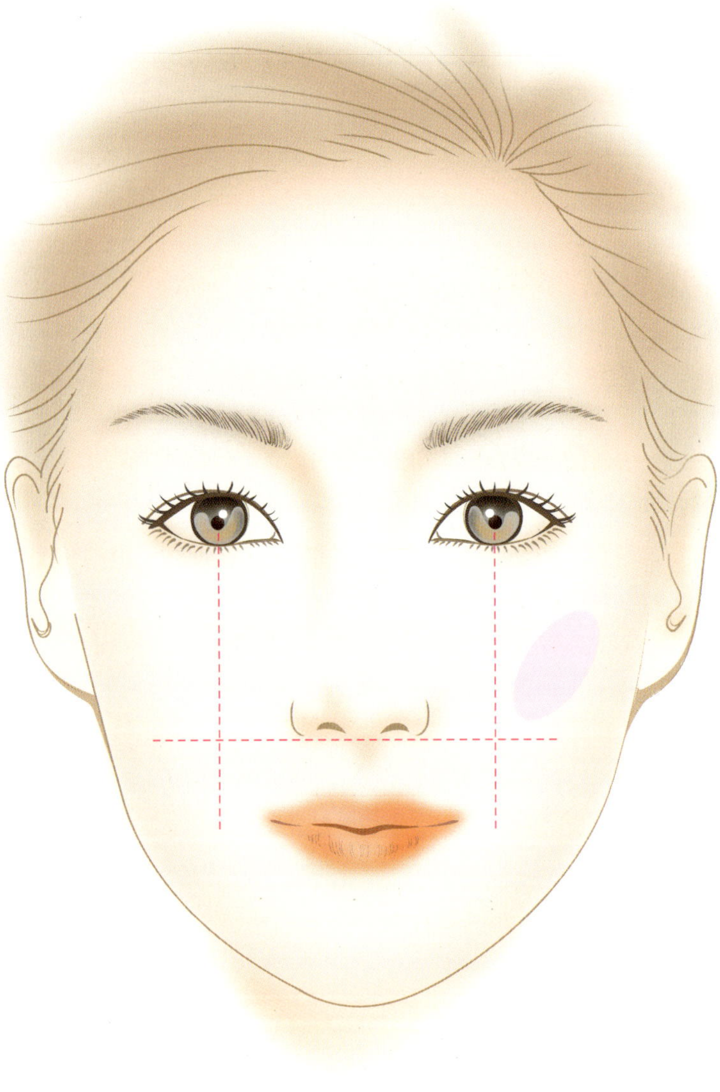

블러셔의 다양한 느낌

1 생기 발랄하고 활동적인 이미지
볼뼈의 약간 아랫부분에 다소 짙게 바른다. 선적인 느낌을 살려준다.

2 귀여운 이미지
눈밑의 볼록한 뺨부분에 둥근 느낌으로 펴준다.

3 세련되고 지적인 이미지
볼뼈 위쪽은 밝은 색으로 하이라이트를 주고 그 밑은 약간 어두운 색으로 섀도를 준다.

4 여성스러운 이미지
눈주위와 관자놀이에 엷게 펴 바른다. 볼뼈를 중심으로 관자놀이쪽으로 펴준다.

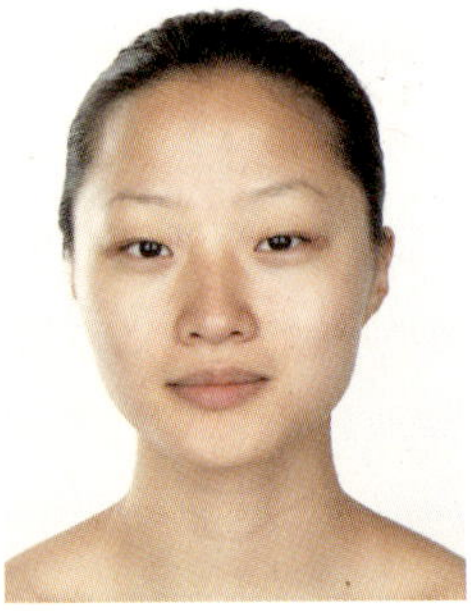

4. 얼굴형에 따른 수정 메이크업

(1) 둥근형

볼이 통통하고 턱선과 이마, 헤어 라인의 경계선이 둥근 귀여운 이미지로 한국인에게 가장 많은 얼굴형이다. 얼굴형의 단점을 수정하기 보다는 귀여운 이미지가 강조되는 곡선형을 사용하여 어려보이고 귀여운 이미지를 연출한다.

목 표 : 처진 눈꺼풀을 최소화시켜 눈이 좀 더 커 보이고 생기 있게 한다. 얼굴이 갸름해 보이도록 한다.

눈 모양 : 눈꺼풀이 덮인 형

섀 도 : 하이라이트 – 반짝이는 베이지 색
중간톤 – 무광택의 회갈색
컨투어 – 무광택의 진갈색

화장 법 : 눈꺼풀이 처진 부위에 중간톤과 컨투어 컬러의 섀도를 칠해 처짐이 덜하고 눈이 커보이게 한다. 중간톤으로 한 층을 칠한 다음 단계적으로 펴주어 처진 눈꺼풀이 자연스럽게 덜 처져 보이도록 한다. 얼굴의 윤곽선을 따라 컨투어 컬러를 칠해 얼굴이 작아 보이도록 한다. 이마의 중앙, 눈 밑, 광대뼈의 가장 높은 곳, 턱 끝에 하이라이트를 표현한다.

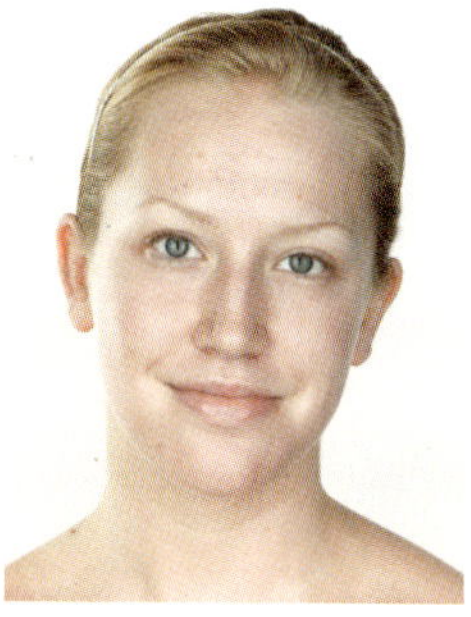 

(2) 역삼각형

이마는 넓고 턱이 뾰족한 타입으로 지적이며 세련미가 느껴지는 현대적인 얼굴형이다. 이마 양 끝에 섀딩을 주고 볼이 갸름해 보이는 이미지를 장점으로 살려 메이크업 하면 도회적인 이미지를 부각시킬 수 있다.

목　표 : 얼굴형이 더 갸름해 보이도록 한다.

눈 모양 : 기본형

섀　도 : 하이라이트 – 반짝이는 살구 색
중간톤 – 무광택의 회갈색
컨투어 – 반짝이는 금빛 갈색

화장 법 : 관자놀이에 컨투어 컬러를 표현하고, 볼의 움푹한 부분을 명확하게 하여 볼 부분의 넓이가 좁아 보이도록 한다. 턱을 밝게 칠하여 좀 더 넓이가 있어 보이게 한다. 속눈썹 라인을 선명하게 하여 눈동자의 색을 부각시킨다.

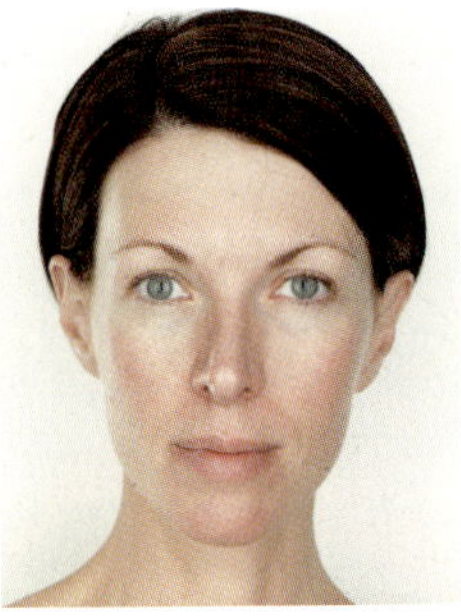

(3) 긴 형

얼굴의 가로 폭은 좁고 길이감이 있는 형으로 마른 얼굴에서 많이 볼 수 있다. 조용하고 성숙하며 우아한 느낌이 장점인 동시에 우울한 느낌을 주고 나이가 들어 보이는 단점도 있다. 장점을 살려서 성숙한 아름다움을 표현하거나 긴 얼굴형을 수정하여 젊고 활동적으로 보일 수 있게 이미지를 수정한다.

목　표 : 눈 끝이 올라가 보이도록 한다. 좀 더 계란형 얼굴로 보이게 한다.

눈 모양 : 처진 형

섀　도 : 하이라이트 – 반짝이는 금색
중간톤 – 무광택의 회갈색
컨투어 – 반짝이는 금빛 갈색

화장 법 : 중간톤과 컨투어 컬러의 섀도를 눈 끝에서부터 진하게 바르고 눈의 안쪽과 위쪽 방향으로 펴 준다. 뺨의 복사뼈 위에 블러셔를 확실하게 표현해 얼굴의 길이가 짧아 보이도록 한다.

(4) 사각형

이마선과 턱선이 각이 져 있어 볼선도 직선에 가깝다. 얼굴의 폭이 넓어 평면적인 느낌과 활동적이며 다소 남성적인 분위기를 갖고 있어 부드러운 여성미가 부족하다.

목　표 : 얼굴형이 더 갸름해 보이도록 한다.

눈 모양 : 기본형

섀　도 : 하이라이트 – 반짝이는 베이지 색
중간톤 – 무광택의 회갈색
컨투어 – 반짝이는 금빛 갈색

화장 법 : 헤어 라인과 턱 선에 컨투어 컬러를 칠해 얼굴의 "네 모서리"를 부드럽게 한다. 이마, 코, 턱 끝에 하이라이트를 표현한다. Joanna는 보기 힘든 눈 모양을 가지고 있다. 그것을 강조하기 위해, 눈꺼풀과 눈썹 뼈에 하이라이트를 표현해 입체감을 더해주고, 쌍꺼풀과 아이라인의 앞머리 뾰족한 부분까지 윤곽선을 그려 더욱 또렷한 눈매를 표현한다.

5. 베이직 메이크업(Basic Make-up)

main color

(1) 내추럴 메이크업(Natural make-up)

인위적인 테크닉보다는 자연 그대로 연출하는 메이크업으로 얼굴 형태, 피부톤, 얼굴의 결점 등을 커버하지 않는 가장 자연스러운 메이크업을 말한다.

- 피부표현(base make-up)
  피부색과 비슷한 리퀴드 파운데이션이나 크림 파운데이션으로 피부톤과 동일하게 골고루 펴지게 바르는 것이 중요하다.

- 눈썹(eyebrow make-up)
  눈썹은 머리색상과 동일한 색상의 섀도로 그리거나 엷은 회색이나 갈색 연필로 그린 후 자신의 눈썹을 살리면서 기본형에 가까운 형태로 그려 준다.

- 눈(eyeshadow make-up)
  아이섀도 색상은 파스텔 색조를 사용하여 그러데이션함으로써 자연스럽고 부드러운 눈매를 연출하고, 눈이 붓거나 나온 경우는 살색을 펴 바르고 아이홀에는 엷은 갈색 또는 복숭아색으로 중간색을 이용한다. 눈 끝의 포인트는 회색 또는 갈색으로 포인트를 주어 강조함으로써 눈매를 두드러지게 만든다.

- 볼(cheek make-up)
  베이지 계열의 색상을 선택하여 볼의 가장자리 부분에 가볍게 그러데이션하여 준다.

- 입술(lip make-up)
  입술 윤곽이 두드러지게 표현되지 않도록 립 라이너를 입술색과 비슷한 색상을 선택하고 윤곽만을 표현하여 원래의 입술색을 유지한다.

main color

(2) 스모키 메이크업(Smoky make-up)

스모키(smoky) 메이크업은 도발적이고 섹시한 느낌을 살리며 눈매를 고혹적이고 깊게 하는 메이크업이다. 자신의 피부톤보다 한 톤 어둡게 표현하고 눈썹은 회색톤으로 가볍게 그려주며 아이라이너는 얇게 그린다. 립은 진하게 표현하지 않으며 옅은 브라운 계통으로 발라준다. 스모키 메이크업은 무엇보다 눈이 강조된 메이크업이기 때문에 마스카라를 눈썹에 그윽하게 잘 펴 바른다.

• 피부표현(base make-up)

피부색보다 한 톤 어두운색의 리퀴드 파운데이션이나 크림 파운데이션으로 골고루 잘 펴발라 피부톤을 통일시킨다. 파우더는 파운데이션 색깔이 그대로 유지되는 투명 파우더가 무난하고, 조금 어둡게 피부 표현을 하여 건강한 느낌을 살린다.

• 눈썹(eyebrow make-up)

눈썹은 머리색상과 동일한 색상의 섀도로 그리거나 엷은 회색이나 갈색 연필로 그린 후 아이섀도로 다시 한번 마무리한다. 자신의 눈썹을 살리면서 기본형에 가까운 형태나 상승형으로 그려준다.

• 눈(eyeshadow make-up)

아이섀도 색상은 카키나 브라운의 다크한 색조를 사용하여 그러데이션함으로써 강하고 진한 눈매를 연출한다. 눈 끝의 포인트는 회색 또는 갈색으로 액센트를 주어 눈매를 두드러지게 만든다. 아이라인은 되도록 얇게 그린다. 속눈썹은 마스카라를 반복해서 발라줌으로써 연출되는 길고 우아한 속눈썹이 좋다.

• 볼(cheek make-up)

약간 어두운 색으로 가볍게 섀딩(shading) 해준다.

• 입술(lip make-up)

진하지 않은 옅은 브라운 계통을 발라준다.

main color

(3) 파티 메이크업(Party make-up)

대담한 색을 써서 모델의 개성을 최대한 표현해 주는 화려한 메이크업으로 보석이나 깃털류의 소품 등을 이용해 빛나는 이미지를 연출한다.

• 피부표현(base make-up)

핑크 베이지로 밝게 표현하며 결점을 완벽하게 커버한다. 투명 파우더를 발라 흰 피부톤으로 표현해 준다.

• 눈썹(eyebrow make-up)

눈썹은 선명하게 아치형으로 처리하고 색상을 강하게 하여 선명한 이미지를 만든다.

• 눈(eyeshadow make-up)

아이 메이크업이 가장 포인트가 되도록 한다. 화려한 로즈와인이나 퍼플 계열 색상을 사용하여 홀라인 메이크업을 해주며 입체감이 있도록 펄 제품으로 하이라이트를 하는 것이 효과적이다. 아이라인은 길고 샤프하도록 강하게 그려 준다. 마스카라 역시 볼륨감을 더하여 매혹적인 눈 메이크업을 완성한다.

• 볼(cheek make-up)

붉은 계열의 블러셔는 화사하고 건강해 보이는 효과를 주지만, 세련되고 우아하게 보이려면 갈색 계열을 사용하는 것이 좋다. 여성미가 강조되도록 곡선으로 바른다.

• 입술(lip make-up)

펜슬로 입술 윤곽을 그려 준 후 와인색이나 레드 계열 색상으로 아웃 커브 형태를 취하며 볼륨감 있게 바르고 입술 중앙에 화이트 펄을 이용하여 하이라이트를 준다.

6. 향수 이미지

향수는 '연기를 통해서'라는 뜻의 라틴어 'per fumum'에서 유래되었다. 빛깔과 형태가 없어 상대방에게 신비롭고 인상을 짙게 하는 호소력을 갖으며 패션의 마무리인 동시에 최고의 액세서리라 할 수 있다.

(1) 향수의 분류

향료를 함유하고 있는 양에 따라 퍼퓸, 오데퍼퓸, 오데뜨왈렛, 오데코롱, 샤워코롱 순으로 나누어지며 향료의 양이 적을수록 방향성이 높아진다.

일반적으로 식물성 천연 향료와 동물성 천연 향료로 크게 나뉜다. 식물성으로는 장미, 재스민, 일랑일랑, 레몬, 오렌지, 이끼, 페퍼민트 잎, 등의 꽃이나 식물의 여러 부분들을 추출하여 원료로 쓰인다. 동물성 천연 향료는 머스크, 엠버, 시베트 등이 있다.

(2) 향수 사용법

향수는 시간의 흐름에 따라 3단계로 구분되어진다. 시작되는 향은 탑 노트(top note)로 방향성이 높은 향취를 갖고 있으며 중간 향인 미들노트(middle note)는 그 향수의 테마를 이루는 부분이고 마지막 향은 베이스 노트(base note)로 스프레이 한 후 3시간이상 지난 후 맡을 수 있는 잔향이다.

- 향수를 처음 접하는 초보자나 봄, 여름에는 산뜻하고 가벼운 식물성 향이 적합하며, 향수에 익숙해 있거나 가을, 겨울에는 성숙하고 깊이 있는 동물성 향을 사용하면 효과적이다.
- 향은 아래에서 위로 발산 되므로 허리 아래선 즉 무릎 뒷부분, 발목 등에 뿌려주면 향이 아래에서 위로 자연스럽게 발산 된다.
- 체온이 높고 맥박이 뛰는 곳일수록 사용 효과가 배가 된다.
- 민감한 피부일 경우 피부에 직접 사용하기 보다는 화장 솜에 뿌려 옷 안쪽부분에 두드려준 후 사용하면 안전하다.
- 한 가지 향수만 사용하면 자칫 많은 양을 사용하여 주위 사람에게 불쾌감을 줄 수 있다.
- 땀이 나는 부분이나 겨드랑이 등을 피해 고유의 향을 깨뜨리지 않는다.

상황별 향수매너

구 분	내 용
기상 시	· 샤워한 듯한 쿨하고 시원한 느낌의 향수를 사용한다. · 라이트한 시트러스 계열이나 스파이스 향의 사용으로 맑은 정신으로 하루를 시작한다.
외출 시 (낮)	· 플로랄 계열의 향은 시간이 지날수록 향이 아름답고 은은하게 남아 이상적 · 힘이 솟는 마린, 플로랄 그린계열
외출 시 (밤)	· 중후한 시프레 또는 깊이 있는 오리엔탈 계열이 가장 이상적이다.

패션별 향수매너

구 분	내 용
클래식한 정장	· 지나치게 가벼운 향이나 섹시한 향은 삼가 한다. · 한번 맡으면 기억 할 수 있는 독특함을 어필한다. · 구찌 앤비, 다비도프 굿 라이프, 겐조 플라워 바이 겐조 등
세미 정장	· 간결하면서도 세련된 이미지를 강조한다. · 돌체 & 가바나 라이트 블루, 불가리 블루 옴므, 이세이미야기 로디세이 등
캐주얼 차림	· 관능적이며 달콤한 향은 삼가 한다. · 오렌지나 레몬 같은 상쾌한 향이 이상적 · 엘리자베스 아덴 썬 플라워, 랑방 에끌라 드 아르페쥬 등

Chapter 7

헤어 이미지

헤어스타일로 자신을 어떻게 보이도록 하고 또 어떤 느낌을 내는가는 매우 중요한 문제이다. 잘 손질된 머리이든, 캐주얼하게 길게 늘어뜨린 머리이든, 또는 손질하지 않은 머리 일지라도 중요한 건 머리의 모양, 색깔, 머리 결, 스타일 등 모두가 개성의 한 부분임을 잊지 말아야 할 것이다.

머리카락의 종류 또는 머리 본연의 컬러 및 머릿결은 유전적인 요인에 의해 결정되지만 나머지는 개인에게 달려있다. 각자의 생활 방식, 건강 관리법, 그리고 머리 손질 방식 등은 헤어스타일과 더불어 머리결의 생동감 정도를 결정짓는데 있어서 큰 영향을 끼칠 것이다.

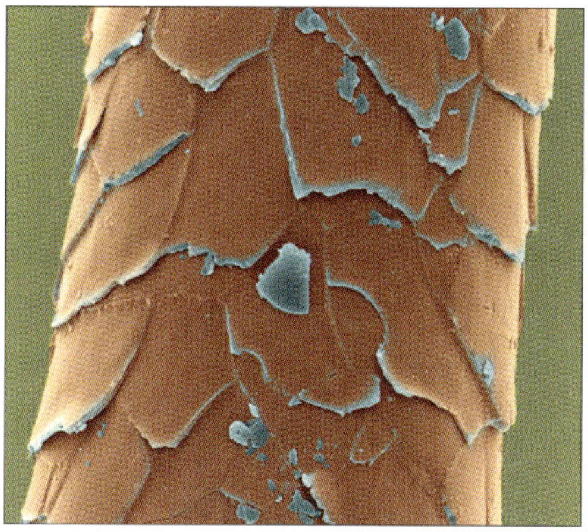 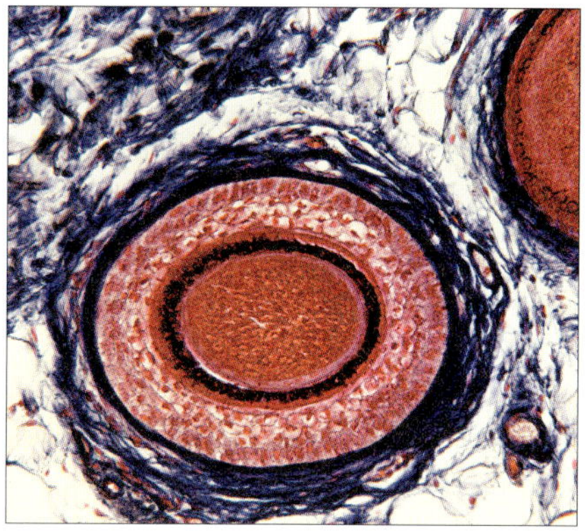

좌) 모발의 큐티클은 여러 층으로 겹쳐져 있는데 이 층들이 가깝고 납작하게 겹쳐 있어야 머리의 윤기가 더 흐를 수 있다. 우) 모발의 중심부, 수질은 부드러운 케라틴으로 구성되어 있다. 수질을 감싸고 있는 부분이 큐티클로서 머리의 탄력성을 좌우한다.

1. 모발이란

모발의 구조 및 형성 방식을 이해하는 것은 더 건강한 모발을 만드는데 있어 도움이 될 것이다. 이런 지식과 함께 모발 상태를 건강하게 만들 수 있고 여러 가지 문제점을 찾아 낼 수 있을 것이다.

사람의 모발은 주로 손톱에서도 발견되는 케라틴(keratin)이라고 하는 단백질로 이루어져 있다. 눈에 보이는 모발 부분, 즉 모간(shaft)이라 불리는 곳은 죽은 조직이다. 모발을 이루는 부분 중 살아있는 곳은 피부유두(dermal papilla), 뿌리 부분밖에 없는데 이 부분은 모낭으로서 두피 바로 아래 움푹 파인 튜브 모양으로 생겼다. 피부유두(dermal papilla) 부분은 피부 혈관에서 자라는 세포로 구성되어 있다.

각 모발은 세 개의 층으로 이루어져 있다. 가장 바깥층은 큐티클(cuticle)로서 모발의 방패막 역할을 하며 여러 개의 작은 층들이 납작하고 가지런하게 덮여있으면 머리는 한층 부드럽고 빛나 보인다. 큐티클 아래 피질(cortex)이라는 부분은 섬유질과 같은 세포로 구성되어 있는데 이 부분은 머리의 탄력을 좌우한다. 피질은 멜라닌(melanin) 색소를 포함하고 있어 머리의 색깔이 결정된다. 모발 중심부에는 모수질(medulla)이 있는데 부드러운 케라틴 세포로 구성되어 있고 공간이 있다. 이 모질의 기능은 알려져 있지는 않지만 아마 영양소나 다른 물질들을 큐티클, 또는 피질 부분으로 이동시켜주는 역할을 할 것이다.

2. 모발의 노화

우리의 다른 신체 부위도 노화가 이루어지듯이 모발도 그러하다. 이는 모발의 생성 및 머릿결, 종류, 모발 양에 영향을 미친다. 따라서 모발의 노화와 단계에 따른 적절한 머리 손질 방법을 잘 적용시켜야 한다.

3. 모발의 종류

모발은 모발의 수분 정도, 피지 분비의 양과 같은 자연조건에 의해 결정되기도 하지만 어떻게 머리를 관리 하느냐에 따라 달라지기도 한다. 파마, 염색, 열을 가한 스타일링은 머리에 영향을 미치기 때문에 올바른 제품을 사용하는 것이 필요하다. 자신의 모발이 건조한지, 부드러운지 또는 기름기가 많은지 등, 모발의 타입을 알았다면 이제 각 타입과 관련하여 어떻게 관리하는 가를 잘 파악하여 각 모발에 맞는 제품을 쓰도록 해야 한다.

(1) 보통 모발

이 모발의 종류는 기름기가 많지도 않고 그렇다고 아주 건조하지도 않은 모발의 상태를 의미하며 자연스러운 상태 그대로 유지된다. 이 모발의 타입은 스타일이 잘 유지되며 어떤 스타일을 해도 예뻐 보인다.

(2) 건성 모발

건조한 타입의 모발은 매우 힘없어 보일 뿐 아니라 건조하게 느껴지고 또 쉽게 엉켜 특히나 젖어 있는 상태에서 빗질하는 것이 쉽지 않다.

(3) 지성 모발

종종 십대들의 모발이 기름기가 많을 수 있는데, 기름기가 많은 모발은 자주 감아 주어야 한다. 이는 유전적 요인, 호르몬의 불균형, 스트레스, 습도가 높은 환경, 과도한 빗질, 머리를 계속 만지는 것, 땀 등에 의한 과도한 피지의 생성으로 인한 것이기 때문에 머리를 감고 나서도 여전히 기름기가 많아 짧은 시간 내에 머리를 손질하기란 쉽지 않다.

(4) 복합성 모발

복합성 모발은 뿌리 부분은 기름지지만 건조한 모발로서 가끔 끝이 잘 갈라지기도 한다. 곱슬기가 없고 납작할 뿐만 아니라 힘이 없어 보이고 날아갈 것 같이 보인다.

1 뿌리부분의 모발은 새로 난 머리카락이므로 많은 린스가 필요하지는 않다. 그러니 모발 중간부터 끝 부분까지만 린스를 묻힐 수 있도록 해야 한다.

2 과도한 헤어제품으로 모발에 남은 약품은 정제된 클렌저를 사용하여 머리의 생동감을 살리도록 한다.

3 곱슬머리는 수분이 들어간 헤어제품을 사용해 주지 않으면 건조하고 쉽게 끊어질 수 있다.

4. 헤어컬러 및 머릿결

진한 적갈색 머리부터 아주 밝은 금발, 타오르는 듯한 빨간 머리, 매력적인 검은 머리까지, 이러한 헤어컬러는 여러분의 외모를 부각시켜주는 아주 중요한 요소이다.
헤어컬러는 피부 색과 가장 밀접하게 연관되어 있으며 둘 다 멜라닌 색소 종류에 따라 결정 된다. 모발의 큐티클에 있는 멜라닌 알갱이의 수와 모양에 따라 머리의 색이 결정된다. 대부분의 경우 멜라닌의 모양은 가늘고 긴 모양이다.
멜라닌이 큐티클에 많은 사람은 검은 머리 조금 적으면 갈색, 그 수가 많이 적으면 금발이 되는 것이다.
머리 본연의 색은 또한 머릿결에 영향을 미치는데 이는 각 모발의 지름에 의해 결정된다. 자연 금발 머리는 갈색보다는 더 얇지만 빨간 머리는 가장 두꺼운 모발을 가지고 있다. 일반적으로 모발의 두께는 세 개의 카테고리로 나뉘는데 얇은 모발, 중간크기의 모발, 두껍고 굵은 모발이다.

1 동양인의 머리는 검은 생머리에 두껍고 다른 타입의 모발보다 굵다.
2 아프리카인의 머리는 단단한 곱슬머리며 짙은 갈색이다.
3 백인의 머리는 생머리부터 곱슬머리까지 다양하며 색도 짙은 갈색에서 금발까지 다양하다.

피부에 맞는 세안제를 찾듯이
샴푸도 현재 모발상태에 맞게 골라야 한다.

5. 샴푸

효과적으로 머리를 관리하기 위해서는 깨끗하게 클렌징하는 것부터 시작된다. 모발과 두피를 씻어내기 위해 만들어진 샴푸는 먼지는 씻어 내지만 자연 피지는 씻어 내지 않아 윤기가 지속될 수 있도록 해준다. 샴푸는 세정제, 향, 방부제, 모간을 보호해 주어 두껍게 보일 수 있도록 해주는 조절제가 들어가 있다. 이 조절제(conditioning agent)는 피부층의 각질을 부드럽게 해줌으로써 머리가 엉키지 않고 머리를 말렸을 때 탄력을 잃지 않도록 해준다.

샴푸 시 모발의 종류에 맞는 샴푸를 사용하도록 한다. 만약 자신의 모발의 종류를 잘 모르겠다면 가장 순한 샴푸를 사용하도록 한다. 비누 또는 다른 세제로 머리를 감지 않도록 한다. 이 제품들은 지나친 알칼리성이기 때문에 머리에 자극을 주고 자연 피지의 양이 줄어든다.

1 샤워기로 머리 전체에 물을 묻히고 안쪽 부분까지 스며들 수 있도록 한다.

2 샴푸를 손에 덜어내어 사용하도록 한다. 짧은 머리는 작은 동전 크기만큼의 샴푸를 사용하도록 하고 긴 머리는 조금 더 많이 덜어내되 손바닥 크기보다 많이 덜지는 않도록 한다.

3 두피를 마사지하면서 감아주되 귀, 목 부분에 특히 주의한다.

4 샴푸는 모두 깨끗이 씻어내고 머리를 부드럽게 수건으로 짜면서 말린다. 머리를 지나치게 문지르면 엉키거나 끊어 질 수 있으니 주의하도록 한다. 또 젖은 머리가 말린 머리보다 더 잘 상할 수 있다.

6. 두피 마사지

마사지는 두피를 건강하게 유지시켜 준다. 피부 조직에 여분의 혈액을 공급해서 모낭에 영양소와 산소를 더 많이 공급해 줄 수 있다. 마사지는 두피의 긴장을 막아주어 탈모를 방지해주고 죽인 피부 세포를 제거해주고 머리에 윤기가 흐르도록 해주는 피지의 재생산을 돕는다. 두피 마사지는 집에서도 쉽게 할 수 있다. 보통 두피의 경우 장미와 미네랄을 함유한 물을 사용하고 손에 연고를 덜은 후 두피 전체에 골고루 발라준다. 그러고 나서 머리라인을 따라 두피를 마사지 해주고 머리 뒤쪽 밑부터 거꾸로 마사지 해준다. 머리 뒤쪽까지 마사지를 하고 나면 관자놀이 부분에서 거꾸로 다시 마사지 해준다. 작고 동그란 원을 그리며 마사지를 해주도록 하고 힘은 적당히 가하도록 한다.

7. 린스

윤기가 흐르는 머리는 두피의 각질층이 얇게 여러 개의 층으로 쌓여 있어 빛을 반사한다. 파마, 염색, 혹은 머리를 거칠게 빗거나 열을 가해서 스타일링을 하는 과정에서 두피가 들려 표면은 거칠어지게 되고 또 수분이 없어져서 모발이 건조해지고 윤기가 없어지며 엉키게 된다. 손상된 두피는 완전히 떨어지는데 이 때 피질이 드러나 갈라지고 파손이 되는 것이다. 머리에 다시 윤기가 흐르게 하려면 모발 상태에 알맞은 린스를 사용해야 한다.

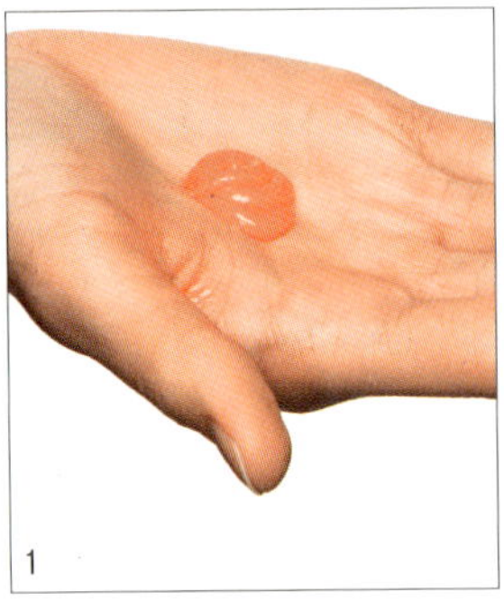
1

2

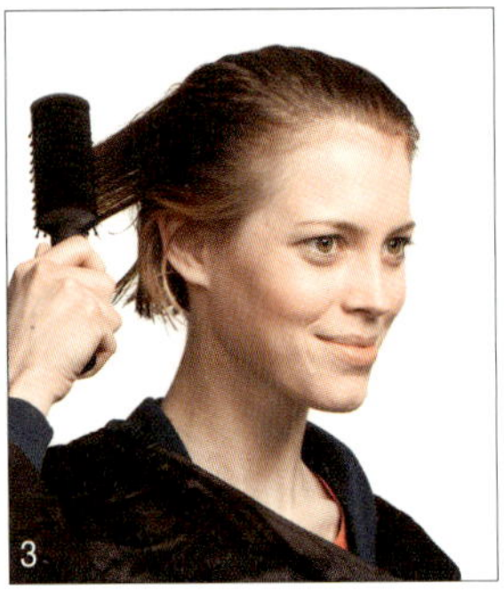
3

1 설명서에 기준하여 적당히 손바닥에 덜어낸다.

2 양손에 린스를 묻혀 가볍게 머리에 발라 문질러 주고 젖은 머리 길이에 맞춰 발라준다.

3 두피 보다 머리 중간부터 끝까지 발라준다. 넓은 빗을 사용하여 린스가 골고루 스며들 수 있도록 머리를 빗어준다.

8. 얼굴형에 어울리는 헤어스타일

거울을 보고 얼굴형을 생각해 보고 얼굴형에 따른 어떤 특징을 부각하고 싶은지 생각해 봐야 한다.

패션은 매번 다른 트렌드와 아이디어가 함께 왔다 사라지곤 한다. 하지만 여러분이 여러분의 장점을 살릴 수 있는 스타일을 찾는다면 매우 활기차 보이고 아름다워 보일 것이다.

얼굴형에 대한 이해를 한다면 훨씬 쉽게 시작할 수 있다. 얼굴이 둥근형인가, 계란형인가 사각형인가 아니면 하트 모양 또는 긴 모양인가? 얼굴형을 먼저 파악하고 그에 맞는 헤어연출을 한다면 얼굴의 다른 장단점들을 최소화 하거나 부각시킬 수 있다.

만약 자신의 얼굴형을 확실히 모르겠다면 머리를 뒤로 넘겨 거울을 앞에 두고 립스틱으로 얼굴의 윤곽선을 따라 그려보자. 다 그리고 나면 본인의 얼굴 모양이 사각인지, 둥근지, 계란형인지, 하트 모양인지 또는 긴지 잘 알 수 있다.

(1) 각진형

각진 얼굴형은 이마에 각이 지고 턱 선도 사각이다. 이 얼굴형에 가장 잘 어울리는 스타일은 층을 내고 굵은 웨이브나 컬을 넣는 것인데 그러면 딱딱한 선들과 분산되어 부드러움을 더할 수 있다. 가르마는 옆으로 타도록 하고 컬을 잘 풀어주면 된다. 그러나 일자 앞머리는 피하도록 하자.

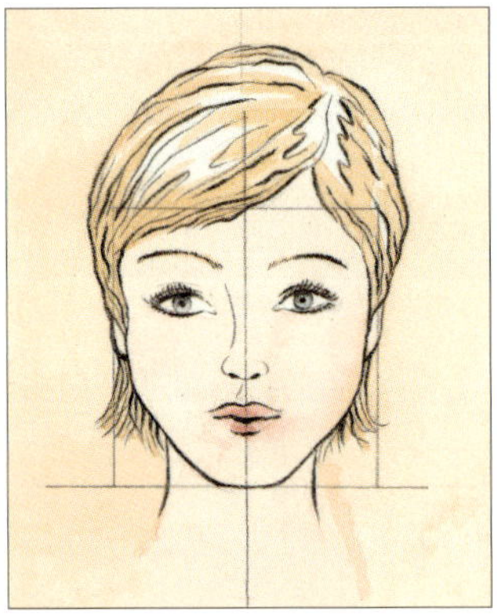

(2) 둥근 얼굴형

둥근 얼굴형은 이마와 턱 사이가 양 볼까지의 길이와 같다. 머리는 길게 층을 내어 얼굴을 갸름하게 보일 수 있도록 한다. 짧은 단발이 긴 머리보다는 더 나은 반면 앞머리는 짧아야 얼굴이 더 길게 보인다.

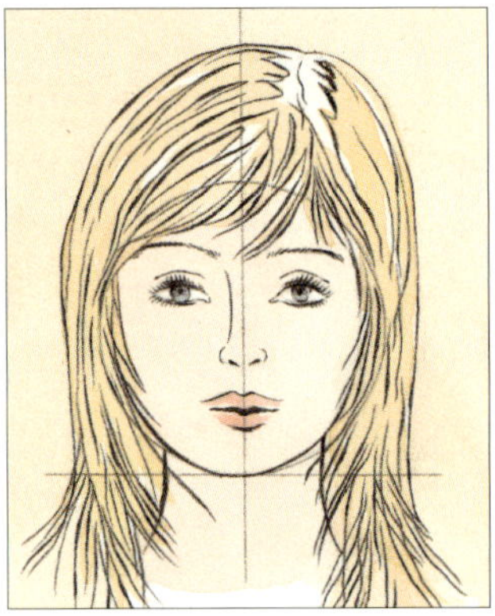

(3) 계란형

계란형 얼굴은 광대뼈가 넓고 턱으로 갈수록 좁아지고 작아지는 얼굴형이다. 많은 전문가들은 이 얼굴형이 완벽한 얼굴형이라고 말하는 이유는 어떤 스타일도 소화해 내기 때문이다.

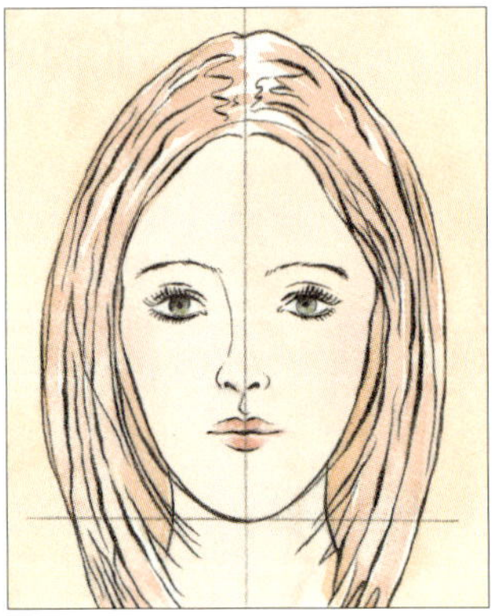

(4) 하트모양 형

하트모양 형은 눈가가 가장 넓고 턱 쪽으로 올수록 좁아지는데 이는 볼의 넓이와 균형을 이룬다. 귀 밑까지 오는 단발머리는 매우 잘 어울린다. 또는 볼 쪽의 컬, 층을 낸 부분에 볼륨을 넣어주면 좋다.

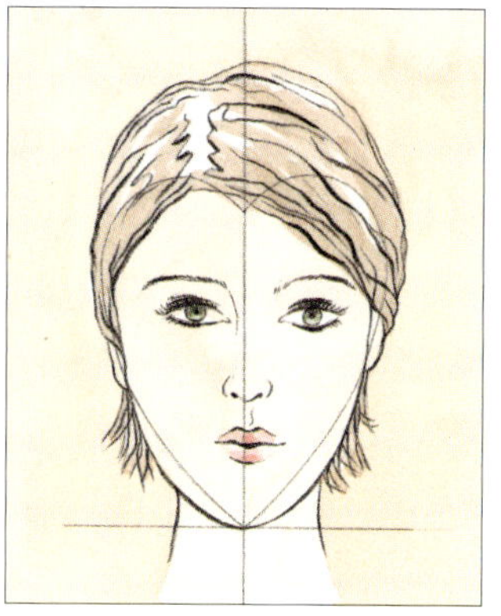

(5) 직사각형

직사각형 얼굴은 높은 이마와 긴 턱으로 구별 되는 얼굴형이기에 상대적으로 넓게 보일 수 있는 컷을 해야 한다. 짧게 층을 내서 부드러움을 더하거나 단발머리에 앞머리를 내도 좋다. 긴 얼굴형에 맞게 머리를 털면서 말리던지 컬을 넣어 주면 좋다.

※ 새로운 스타일을 찾을 때 다음 몇 가지 사항을 기억하도록 하자.

- 왜 그 스타일을 하고 싶은가? 이 스타일이 정말 원하는 스타일이 맞는가?
- 내 머릿결, 볼륨, 길이 등이 하고 싶은 스타일에 잘 어울릴까?
- 새로 한 헤어컬러와 길이에 어울리는 옷이 있는가?
- 새로 한 스타일을 유지하는데 얼마나 많은 시간이 걸리는가? 또 그 시간만큼 투자할 수 있는가?
- 친구, 잡지, 연예인들의 머리를 보고 영감을 얻도록 하자. 그러나 반드시 기억해야 할 것은 그 스타일이 자신에게도 잘 어울리는가 이다.
- 지난 몇 년 동안 앞머리를 길러왔다고 하자. 이 새로운 스타일이 전과 같은 모습과 비슷한가? 아니면 새로운 다른 스타일로 가는 통로가 되는가?

9. 다양한 헤어연출

새로운 헤어스타일을 고르는 일은 매우 재미있다. 컷, 염색, 퍼머넌트 등은 겉모습을 바꿀 수 있는 가장 빠른 방법이며 더불어 자신감도 얻을 수 있다. 하지만 스타일을 선택 하기란 여간 어렵지 않다. 이번 장에선 짧은 머리, 중간 길이의 머리, 긴 머리, 곱슬머리에 따른 여러 가지 스타일을 모아 놓았으니 새로운 모습과 새로운 자신을 찾고자 하는 여러분들에게 영감을 불어넣어 주겠다. 다음 여러 스타일 사진들을 (과감하든 그렇지 않든) 쭉 훑어보자. 여러분의 헤어스타일을 바꿀 방법은 많다.

(1) 짧은 머리(Short hair)

짧은 머리는 가장 스타일리시한 컷으로서 여러 스타일을 할 수 있다.

1

2

3

4

5

6

7

8

9

1 퍼머넌트한 짧은 머리에서 앞머리는 부드럽게 내려 대조를 이루게 한다.

2 클래식할 수 있는 둥근 컷에 앞머리 가르마를 깊게 타서 옆으로 넘겨 개성을 더해주었다.

3 짧은 머리에 소량의 왁스(molding paste)를 발라주면서 머릿결을 세워 살려준다.

4 적갈색의 짧은 머리는 브러시(paddle bru-sh)를 사용해서 빗어주며 말려주었다. 그 뒤 색을 최대한 잘 살리기 위해 샤인 스프레이(shine spray)를 뿌렸다.

5 단발머리에 눈썹은 보이되 평소보다 앞머리를 조금 길게 내려주면 부드러운 느낌이 든다.

6 층을 많이 내서 컬을 넣어 주거나 강한 웨이브를 넣어주면 훨씬 환상적인 스타일을 만들 수 있다.

7 앞쪽이 뒤쪽보다 컷 라인이 더 길면 굉장히 스타일리시해 보인다.

8 짧은 둥근 컷 머리에서 머리 몇 가닥을 앞쪽에서 길게 내면 자칫 무거워 보일 수 있는 스타일을 부드럽고 개성 있게 보이게 한다.

9 길게 파인 둥근 컷 라인은 두꺼운 입술과 광대뼈를 아름답게 보일 수 있도록 커버해 준다.

1

(2) 중간 길이의 머리(Mid - length hair)

턱까지 떨어지는 머리나 어깨에 닿는 중간 길이의 머리는 매일 다양한 스타일을 연출할 수 있으며 얼굴형에 따라 어울리는 컷을 할 수 있다는 장점이 있다.

1 어깨길이 되는 머리는 다양한 모양으로 강한 느낌을 줄 수 있다.

2 머리에 길게 층을 내고 볼까지 오는 앞머리를 얼굴 쪽으로 내려주면 숱이 없는 머리는 더 풍성해 보이고 관리하기도 한결 쉽다.

3 중간 길이 머리에 앞머리를 내고 층을 많이 내주면 굉장히 가벼워지고 머리색도 부각된다.

4 아주 밝은 금발머리에 층을 준 스타일로 피부톤이 하얀 사람에게 특히 잘 어울린다.

5 원래 머리색과 잘 어울리는 부분가발을 사용하면 머리가 더욱 풍성해 보이며 다양한 머리 모양을 연출할 수 있다.

6 단정하게 자른 중간 길이의 머리는 이목구비가 잘 부각되며 무겁고 각진 느낌의 턱을 부드럽게 해 줄 수 있다.

7 숱이 많은 단발머리에 앞머리를 내주면 매우 부드럽고 여성스러워 보인다.

8 어깨 길이의 머리를 롤러로 말아 컬을 넣고 풍성하게 만든 뒤 정수리 부분으로 쓸어 올려 고정한다.

9 무스와 크림을 바르면 컬도 잘 유지되고 풍성해 보인다. 부드러운 느낌을 하고 싶다면 앞머리는 내지 않는다.

10 개성 있는 스타일을 연출하고 싶다면 앞쪽에 길게 내려오는 머리 부분을 다듬어 얼굴 쪽으로 부드럽게 흘러내리도록 연출한다.

(3) 긴 머리(Long hair)

어깨 아래로 내려오는 머리는 건강한 머릿결과 아름다운 헤어컬러가 잘 부각된다. 화려하게 컬을 넣을 수도 있고 매끈한 생머리를 연출할 수도 있는데 그 종류는 매우 다양하다.

2

3

4

5

6

7

8

9

10

1 화려한 적갈색은 긴 머리와 잘 어울린다. 머리가 길 때는 항상 건강한 모발 상태를 유지할 수 있도록 한다.

2 검은 긴 생머리는 빛이 잘 반사되기 때문에 굉장히 빛나 보이며 모발 또한 매우 건강해 보인다.

3 긴 머리를 드라이 할 때 머리 끝 부분을 브러시에 말아준 다음 밖으로 뻗치게 해주면 머리 앞쪽의 층이 훨씬 돋보인다.

4 풍성하게 빛나는 색을 연출하고 싶다면 밝은 금발 색과 짙은 골드색을 섞어 염색하고 웨이브를 넣어 마무리해준다.

5 모발이 가는 긴 머리에 아이론 퍼머넌트를 해주면 머리 모양이 예쁠 뿐만 아니라 볼륨감도 더해준다.

6 초콜릿색과 적갈색을 섞어 머리를 염색하면 매력적인 흑갈색의 머리를 연출할 수 있다. 자연스러운 웨이브와 부드러움을 더해 주기 위해 뒤로 넘긴 긴 앞머리는 잘 어울린다.

7 긴 금발 머리는 활기차고 발랄해 보인다.

8 긴 곱슬머리는 전형적으로 로맨틱해 보이는 스타일이다. 특별한 행사가 있으면 머리를 올려도 좋다.

9 머리에 정 가르마를 타면 매우 청순해 보이며 얼굴형이 돋보일 뿐만 아니라 눈매도 강조된다.

10 귀여운 스타일을 하고 싶다면 머리에 옆 가르마를 깊게 타고 한 쪽 이마 위로 넘겨 앞머리처럼 만들어준다.

1

(4) 곱슬머리 (Curly hair)

본래 곱슬머리를 즐기고 싶든 또는 다른 스타일을 따라 해보고 싶든, 곱슬머리로 할 수 있는 스타일은 매우 많다.

1 머리 위쪽부터 내려오는 촘촘한 컬은 매우 드라마틱 하다.

2 매혹적으로 보이고 싶다면 긴 앞머리는 부드럽게 내려주되 머리 밑은 고데기로 웨이브를 넣어준다.

3 고데기로 컬을 넣고 머리 위에서 핀으로 올려 고정하면 할리우드 스타와 같은 매력적인 스타일을 연출할 수 있다.

4 머리에 컬과 매끈하게 빗은 부분의 대조를 확실히 해주면 정교하지만 펑키한 느낌의 올림머리를 할 수 있다.

5 머리 중앙에 가르마를 타 양 갈래로 나눈 뒤 머리의 컬과 부드러움을 유지해 주는 헤어제품을 발라준다. 얼굴 주변의 컬이 부스스해지지 않고 선명한 컬을 유지하도록 한다.

6 머리 뿌리는 세워주고 머리 중간부터 끝까지 왁스를 발라 컬을 살리면 머리가 풍성해 보이는 효과를 낼 수 있다.

7 머리 앞쪽과 옆에 물결 모양으로 컬을 만들면 일자 단발이 단숨에 파격적이고 복고적인 느낌을 연출할 수 있다.

8 포니테일 머리나 말아 올린 머리에서 끝에 컬을 넣어주면 또 다른 이미지를 연출할 수 있다.

9 머리 가르마를 똑바로 타지 않고 자연스럽게 타주면 컬이 한층 부드러워 보인다.

10 중간 머리 또는 긴 머리를 고무줄(bendy rod)로 컬을 만들면 컬이 잘 풀리지 않으면서도 선명한 웨이브머리의 효과를 낼 수 있다.

10. 헤어연출 따라하기

(1) 포니테일로 색다른 효과 연출

포니테일머리에 조금만 변화를 주어도 새로운 머리를 연출할 수 있다.

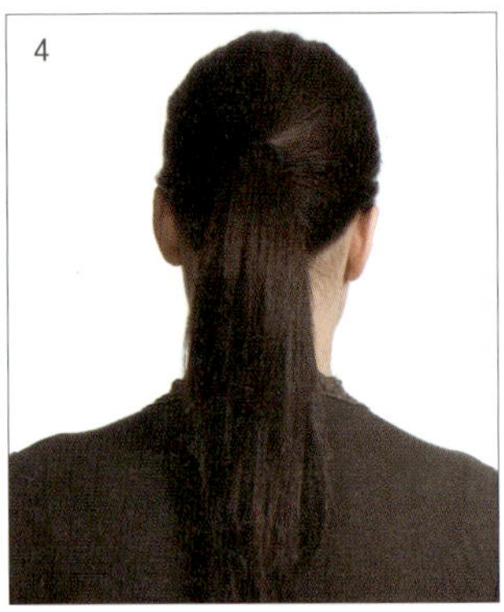

※ 준비물
- 브러시
- 헤어스프레이
- 헤어밴드

1 머리를 브러시로 빗어 부드럽게 해주고 엉킨 곳이 없도록 한다.

2 머리를 뒤로 빗어 넘기고 하나로 모은 후 한 손으로 고정한다.

3 포니테일 머리를 묶어 줄 때, 헤어밴드보다 고무줄로 묶는 것이 나중에 쉽게 풀리지 않아서 좋다.

4 포니테일을 머리 뒤쪽 중간쯤에 고정한다.

5 머리를 앞으로 숙인 채 머리를 낮게 묶어 줄 수도 있다. 위치는 목덜미 쪽에 더 가깝다.

6 이 사진이 낮게 포니테일로 묶었을 때의 모습이다. 장식이 달린 헤어밴드로 묶어도 좋다.

7

8

7 높게 포니테일을 묶고 싶다면 머리를 약간 뒤로 젖히고 머리를 묶는다. 이 때 묶은 머리는 머리끝보다 위로 올라간다.

8. 머리를 높게 묶은 모습이다.

(2) 발레리나 올림머리 연출

단정하고 우아한 발레리나 올림머리는 얼굴에 머리가 흘러내리지 않고 얼굴선을 아름답게 보여줘야 하는 댄서들에게 아주 잘 어울리는 스타일이며 동시에 늘 클래식한 분위기를 자아내는 스타일이다.

1

2

3

4

5

6
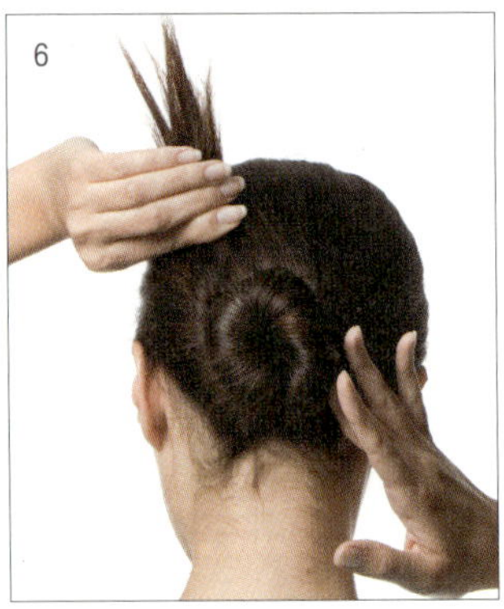

※ 준비물
- 브러시
- 헤어스프레이
- 헤어밴드
- 보비핀

1 머리를 말리고 브러시로 빗어서 엉킨 곳이 없도록 한다.

2 주로 머리를 뒤로 넘겨 포니테일로 목덜미 쪽에서 묶지만 개인 취향에 따라 다소 다르게 할 수도 있다. 그 다음 헤어밴드로 묶어주고 스프레이를 뿌려 고정한다.

3 포니테일로 묶은 머리를 부드럽게 꼬아준다.

4 머리 뒤쪽에서 계속 타이트하게 꼬아준다.

5 머리를 계속 꼬면서 위로 올려준다.

6 포니테일로 묶은 부분에 꼬아놓은 머리를 감싸면서 말아 준다.

7 손질이 끝나면 위와 같은 모습이 된다.

8 헤어스프레이를 뿌려 머리를 차분하게 만든다.

(3) 프렌치 롤 연출

틀어 올린 머리는 매우 매력적이고 세련되어 보인다. 좀 더 편안한 느낌을 내려면 다소 느슨하고 캐주얼하게 머리를 틀어 올려주자. 파티에선 액세서리로 장식할 수 있다.

1

2

3

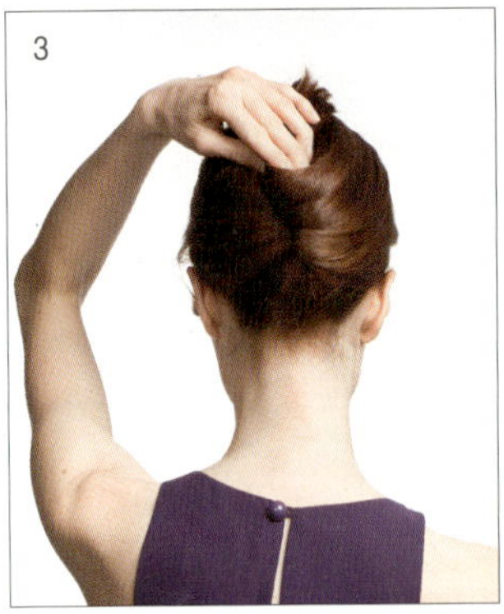

4

5

6

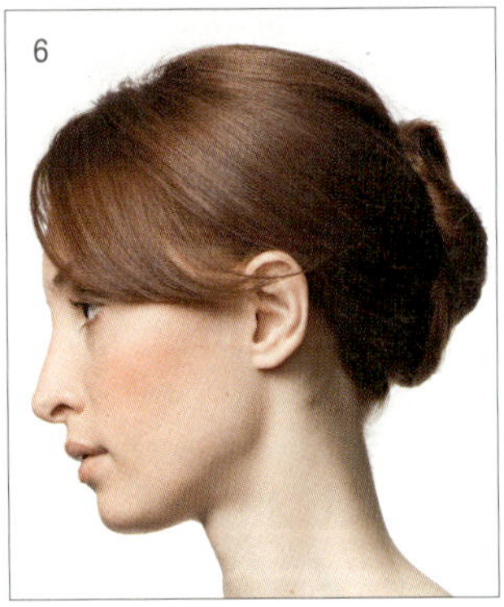

※ 준비물
- 브러시
- 헤어스프레이
- 유핀(U핀)
- 액세서리

1 머리를 말린 후 빗어 부드럽게 하고 엉킨 곳을 푼다.

2 머리를 뒤로 넘겨 포니테일로 묶되 약간 한쪽으로 치우치게 해서 손으로 잡는다.

3 포니테일을 묶지 말고 그대로 꼬아서 돌리면서 위로 올리되 롤 모양이 되게 한다.

4 끝이 오픈된 핀으로 롤을 고정시키되 나중에 풀리지 않도록 가능한 한 머리에 단단히 붙여준다.

5 핀으로 고정하면 위 사진과 같은 모습이 된다.

6 옆에서 보면 위와 같은 모습이 된다.

7

8

7 헤어스프레이를 뿌려 고정하고 머리에 윤기가 나도록 한다.

8 액세서리로 장식해도 좋다.

(4) 짧은 머리 빠르게 파티룩 연출하기

집에서 준비하지 못하고 사무실에서 급하게 파티에 참여해야 할 때, 차분하면서도 어떤 옷에도 잘 어울릴만큼 세련되고, 특별한 연출이 가능한 스타일이다.

※ 준비물
- 빗
- 스타일링 로션
- 집게 핀
- 작은 둥근 브러시
- 헤어드라이기
- 헤어스프레이
- 샤인 스프레이

1 머리를 빗고 엉킨 곳이 없도록 한 뒤 먼저 발랐던 제품이 있으면 씻는다.

2 머리를 빗어서 부드럽게 해주고 스타일링 로션을 바른다.

3 머리 윗부분에서 머리를 조금 잡아 둥근 브러시로 말아주되 헤어드라이기를 사용한다.

4 열이 식으면 머리 윗부분 뿌리 쪽에서 백콤을 해서 세워주고 텍스쳐를 넣는다.

5 옆머리는 부드럽게 뒤로 넘겨주고 헤어스프레이를 뿌려 고정한다.

6 머리 윗부분이 세워진 상태에서 굳을 수 있도록 뿌리 쪽에 집중적으로 스프레이를 뿌린다.

7

8

7 손바닥으로 머리를 부드럽게 눌러서 세운 부분이 강조되게 한다.

8 머리 전체에 스프레이를 뿌리고 샤인 스프레이를 다시 뿌려 마무리 한다.

Part 3

컬러 이미지와 패션 이미지

Chapter 8. 색채이론과 컬러진단
Chapter 9. 패션이미지

3

Chapter 8

색채이론과 컬러진단

1. 색의 개념

색은 태양광선이 물체에 비추어 반사, 굴절, 흡수될 때 파장의 길고 짧음에 따라 눈의 시신경과 망막을 통해 감지되고 뇌를 통해 인지되는 것이다. 그리고 우리에게 시각적인 인상뿐만 아니라 촉각적인 인상도 경험하게 하여 색으로부터 차갑거나 따뜻한 느낌을 받는다. 따라서 색이 살아 움직이는 힘을 통해 어떤 심리적 영향을 줄 수 있음을 알 수 있다.

1) 색의 3속성

색은 명도의 차이만 있는 무채색(흰색, 회색, 검정)과 무채색을 제외한 컬러를 띤 모든 색의 유채색으로 나눌 수 있다. 색에는 컬러를 비롯하여 색의 선명도인 채도와 색의 밝고 어두움을 표현하는 명도로 색이 구분되며, 색상, 명도, 채도를 색의 3속성이라고 한다. 색을 느끼게 하는 색의 특성도 3속성에 의해서 결정 되고, 이들 3속성은 색 입체로 표현될 수 있으며 3차원의 색 공간이 활용된다.

(1) 색상(Hue)

색상은 색채를 구별하기 위한 색채의 명칭이다. 이것은 유채색만이 갖는 속성으로 색의 차이를 말한다. 색상은 스펙트럼에 나타나는 빨강, 주황, 노랑, 초록, 파랑, 남색, 보라 등의 색감으로 빛의 파장 차이로 다르게 보인다.

(2) 명도(Value)

명도는 「색의 밝기」를 말한다. 밝은 명도는 '틴트'(tint), 어두운 명도는 '섀도'(shadow)라고 한다. 명도는 선명함을 갖지 않은 무채색을 기준으로 하고 완전한 검정을 0, 완전한 흰색을 10으로 해서 기호를 표시한다. 그러나 이상적인 흑과 백은 만들 수 없기 때문에 1~9단계가 사용된다. 색의 명도를 높이고 싶을 때 흰색을 더 혼합하면 밝아지고, 명도를 낮추고 싶을 때는 검정색을 더 혼합하면 어두워진다.

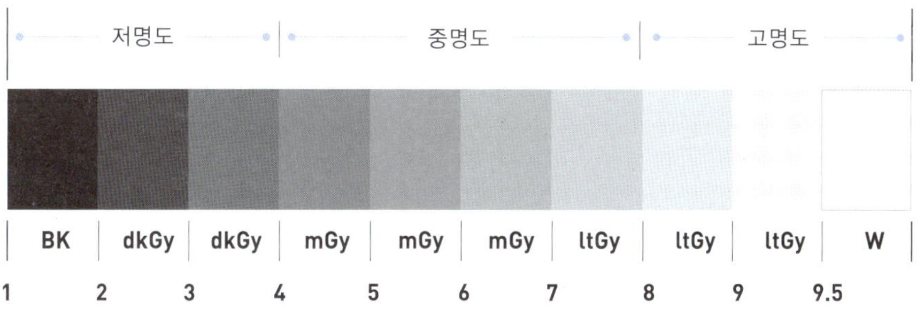

(3) 채도(Chroma)

채도는 「색의 선명함」으로 색의 맑고 탁한 정도를 말한다. 순색에 흰색을 혼합할 때 순색은 흰색에 의해 명도는 높아지지만 순색의 정도는 낮아진다. 채도가 '높다', '낮다'라고 할 때는 색감이 강한지 약한지를 나타내는 것이다. 즉, 순색에 가까울수록 채도가 높아지며 다른 색을 혼합하면 채도가 낮아진다.

· S(Saturation) : 포화도. 숫자가 최고로 높으면 순색의 의미가 있다.

2) 색의 이미지

인간이 환경을 이루고 있는 여러 가지 요인 중에서 색은 매우 감각적인 요인으로서 정서 상태를 즉각적으로 변화시키는 힘을 지니고 있다. 색은 단순히 지각되기보다는 이전의 정보나 경험의 연상 작용을 통해 독특한 이미지를 갖게 하며 다양한 감정을 느끼게도 한다. 색채는 환경이나 개인의 개성 및 조건에 따라 서로 다른 다양한 감정을 가지게 한다. 이러한 감정은 본능 또는 대상을 통한 경험이나 혹은 사물이나 환경의 관계에서 발생하는 다양한 연상 작용에 의한 것이다.

(1) 빨간색(Red color)

본능적인 감각과 열정을 가지는 색이다. 부정적 이미지로는 분노, 공격성을 연상시키고 있는 반면, 생명과 사랑의 긍정적 이미지를 가진 색이다. 고대 그리스인들은 붉은 의복을 사랑과 희생의 상징으로 입기도 하였다. 고명도의 빨강은 봄에 효과적이고, 고채도의 빨강 순색은 여름에 효과적이다. 저명도와 저채도의 빨강은 가을, 겨울에 효과적이다. 패션에서는 캐주얼웨어에 많이 사용되고, 포멀 의상에서는 액세서리 등의 강조 색으로 사용되기도 한다.

(2) 분홍색 (Pink color)

분홍은 긴장을 풀어주는 색으로 이 색을 선호하는 사람은 삶에 대해 긍정적인 사고를 주로 한다. 또한 분홍은 순수하고 아기자기한 사랑을 상징하며 행복하고 이상적인 이미지에 주로 사용된다. 파스텔 톤의 분홍은 남성에게는 부드럽고 순수한 이미지를 주고, 여성에게는 귀엽고 소녀다운 이미지의 색으로 사용될 수 있다.

(3) 주황색 (Orange color)

당근, 오렌지, 구명기구, 비타민, 신맛 등을 연상시켜 식욕을 돋궈주는 색이다. 이 색은 부드럽고 좀 더 차분한 매력을 지니며, 피부에는 싱그러운 색으로 빛난다. 패션에서는 젊음을 상징하며, 생기 있고 빛나는 색으로 검은 피부의 메이크업과 의상에 잘 어울린다. 주황색을 선호하는 사람들은 사교적인 성향이 강하다.

(4) 노란색(Yellow color)

명랑함과 유쾌함을 불러일으키게 하는 색이다. 채도와 명도가 낮은 노란색은 순색의 노란색보다 안정감을 나타낸다. 노란색은 명시도가 높아 도로의 선, 교통 표지판, 비옷 등에 주로 사용될 뿐만 아니라 화려함으로 시선을 집중시키는데 효과가 있다. 노란색을 선호하는 사람은 개성표현이 강하고, 사회에서는 중심에 서고 싶어 한다.

(5) 초록색(Green color)

평화, 자연의 풍부함과 휴식을 주는 중성색의 이미지이다. 초록색은 편안한 스타일의 캐주얼웨어에 사용하면 효과적이다. 부정적 이미지로는 단조로운 느낌과 숨기는 듯한 인상을 풍길 수 있어 빵이나 고기 등의 포장 색으로 사용하지 않는 것이 좋다. 푸른빛의 녹색은 유쾌하고 조용한 색으로 특히 청록색을 배경으로 하면 용모가 돋보인다.

(6) 파란색(Blue color)

차갑고 이지적인 느낌을 주므로 지적인 이미지 연출과 수축성이 있으므로 날씬하게 하고자 할 때 필요한 색이다. 긍정적 이미지로는 지성, 이성, 냉정한 이미지가 있고, 부정적 이미지로는 우울, 슬픔, 소극적, 내성적인 이미지가 있다. 패션에서는 젊음과 시원함을 표현할 수 있으며 어두운 색은 도시적인 이미지를 나타낸다. 남성의 비즈니스 웨어로 가장 선호되는 색이다.

(7) 보라색(Purple color)

아름다운 색 중의 하나로 내면의 신비로움을 가지고 있다. 고귀, 우아 등의 긍정적 이미지와 고독, 정서불안 등의 부정적 이미지가 있다. 하얀색과 혼합되었을 때는 화사하고 여린 이미지를 나타내며 검정과의 혼합에서는 신비스런 이미지를 나타낸다. 패션에서의 회색 톤 보라는 우아하고 여성스런 이미지를 표현하는데 효과적이다.

(8) 갈색(Brown color)

갈색은 클래식, 보수적인 이미지의 긍정적 이미지와 촌스러움, 수수함 등의 부정적 이미지가 있다. 패션에서 갈색은 지적이미지와 차분한 이미지를 느끼게 하는 색이다. 밝은 갈색 의복은 수수하고 유한 이미지를 나타내고, 딥 톤의 갈색은 중후함과 고풍스러움을 나타낸다. 하얀색이 섞인 갈색은 내추럴 한 이미지를 나타내며 포멀 웨어에 주로 사용된다.

(9) 흰색(White color)

흰색은 가장 가벼운 색으로 순수, 결백 등을 상징한다. 청결함과 시원함을 주어 여름의복에 사용될 뿐만 아니라 웨딩드레스 등의 예복에도 사용된다.
검정과의 배색은 세련미, 모던함 등이 나타나며 공식적인 의복에 사용될 수 있다.

(10) 회색(Gray color)

회색은 지적, 도시적, 보수적 등의 긍정적 이미지와 중립, 지루함, 애매함 등의 부정적인 이미지가 있다. 패션에서 회색은 지적인 이미지를 가지며 남성복의 비즈니스 슈트 색으로 사용된다.

(11) 검정색(Black color)

검정색은 품위와 화려함을 느끼게 하는 반면 불안, 죽음 등의 이미지를 지닌 가장 무거운 색이다. 패션에서 검정은 체형을 보완하는 색으로 하얀색과 코디하면 모던한 이미지를 주고, 황금색과 코디하면 화려한 이미지를 준다.

3) 톤(Tone, 색조) 이해하기

톤은 색의 명도와 채도의 복합개념으로 같은 색상 계열이라도 흐린 색, 진한 색, 강한 색, 탁한 색 등으로 명/암, 강/약, 농/담 등의 차이로 표현할 수 있다.
KS 톤 분류는 유채색 13단계와 무채색 5단계로 구분된다. 기본 색이름은 선명한 빨강(vivid red), 흐린 초록(soft green), 밝은 파랑(light blue)등으로 표기한다.

● KS Hue & Tone

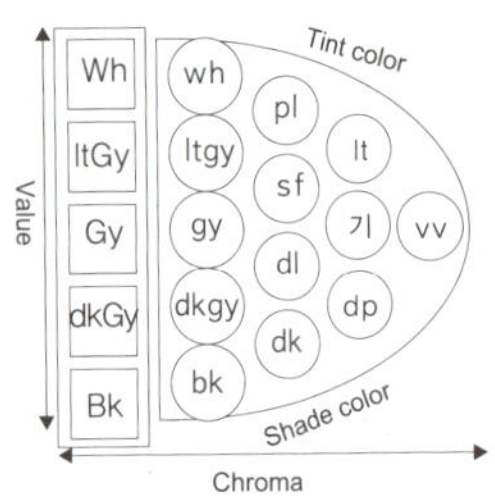

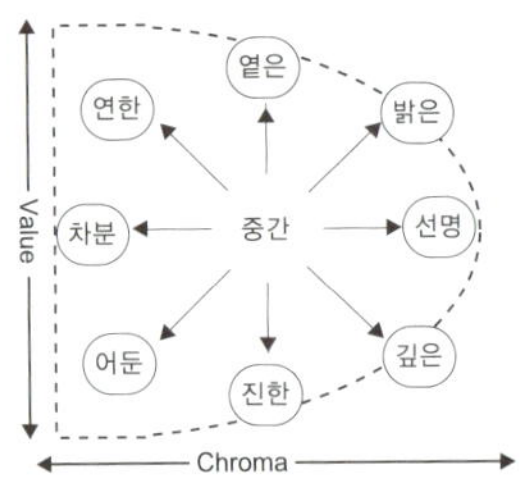

기본[strong]	**pl**[pale 연한]
vv[vivid 선명한]	**wh**[whitish 흰]
dp[deep 진한]	**gy**[grayish 회]
dk[dark 어두운]	**ltgy**[light grayish 밝은회]
dl[dull 탁한]	**dkgy**[dark grayish 어두운회]
sf[soft 흐린]	**bk**[blackish 검은]
lt[light 밝은]	

(1) 비비드 톤(Vivid tone)

'순색' 으로 채도가 높고 선명하여 화려한 것이 특징이다. 강렬하고 시선이 집중되며 활동적인 이미지를 나타낸다. 의상에 색채대비를 통해 대담한 표현과 메시지를 전달에 효과적이다. 캐주얼 웨어, 팝 웨어, 스포츠웨어 등에 적합하다.

(2) 기본 톤(Strong tone)

비비드 톤과 같이 고채도의 색상이지만 비비드 톤보다 소량의 검정이 함유되어 선명도가 약간 떨어지지만 강함을 띄는 색이다. 스포츠 , 포멀 웨어 등에 적합하다.

(3) 라이트 톤(Light tone)

순색의 비비드 톤에 흰색이 조금 혼합된 밝고 맑은 톤으로 꿈과 희망을 주는 효과가 있다. 이것은 즐겁고, 명랑하고, 활발한 이미지의 느낌으로 캐주얼웨어와 포멀웨어 등에 적당하다.

(4) 페일 톤(Pale tone)

파스텔 톤으로 부드럽고 가벼우며, 약한 여성적 이미지에 적합하다. 브라이트 톤에 흰색이 혼합되어 연한 것이 특징이다. 주니어에게는 로맨틱한 이미지를 주고, 성숙한 여인에게는 우아한 이미지를 나타낸다.

(5) 라이트 그레이시 톤(Light grayish tone)

라이트 톤에 밝은 회색을 섞어 만든 톤으로 차분하고 성숙한 이미지와 은은하고 세련된 이미지를 나타낸다. 보라계열의 톤은 우아하고 세련된 이미지를 표현하는 데 활용할 수 있다. 젊은 여성에게는 '시크한 컬러'로 사용된다.

(6) 그레이시 톤(Grayish tone)

덜 톤에 회색이 가미된 톤으로 차분하고 정적이면서 금욕주의적인 느낌이 강하다. 우울하고 침울하지만 침착하고 차분한 톤이다. 여성의 경우 고상하고 이지적인 느낌을 주며, 남성의 경우에는 비즈니스 슈트에 많이 이용되는 색이다.

(7) 덜 톤(Dull tone)

스트롱 톤에 중간회색이 가미된 톤이다. 중명도 · 중채도의 차분하고 고풍스런 느낌으로 고상한 이미지에 적합하다.

(8) 딥 톤(Deep tone)

비비드 톤에 검정이 가미된 딥 톤은 중후한 이미지로 진하고 강한 것이 특징이다. 고상하고 클래식한 이미지를 잘 표현 할 수 있는 색조로 비비드 톤보다 진한 느낌을 주며 스트롱 톤보다는 고상한 이미지를 가지고 있다.

(9) 다크 톤(Dark tone)

딥 톤(deep tone) 보다 무거운 색조로 톤 중에서 가장 어두운 색이다. 신사용품의 주조색으로 품위 있는 남성색에 주로 사용된다. 블루 계열의 다크 톤은 남성적인 권위를 나타낸다.

2. 퍼스널 컬러분석

자신의 신체색상과 가장 어울리는 개인 색을 찾아내는 방법을 '퍼스널 컬러 진단법'이라고 한다. 자신에게 잘 어울리는 색상은 개인이 좋아하는 선호색이 아닌 자신의 신체색상에 의해 결정된다. 자신에게 맞는 색상을 선택하기 위해서는 정확한 자신의 신체색상에 따른 색채진단이 요구된다.

1) 컬러 진단

퍼스널 컬러진단은 개인의 피부색, 머리카락 색, 눈동자 색과 같은 신체색상을 기본으로 컬러 패브릭 드레이핑을 하여 개인에게 어울리거나 어울리지 않는 색을 찾아내는 진단 방법이다.

※ 컬러 진단 시 유의사항

1. 메이크업을 하지 않은 상태에서 한다.
2. 자연광(오전 10시에서 오후 3시) 혹은 비슷한 조명에서 한다.
3. 흰 천으로 머리를 감추고, 흰색 가운을 착용한다.
4. 사계절 컬러 패브릭을 각각 얼굴에 대보면서 얼굴색의 변화를 관찰 한다.
5. 피부를 노랗게 하는 비타민, 카로틴 약이나 음식을 진단 받기 2주전에는 섭취하지 않는 것이 정확한 진단을 위해 좋다.
6. 정확한 평가 진단은 3인 이상이 비교 분석하는 것이 좋다.

2) 컬러 진단의 결정요인

신체색상은 기본적으로 따뜻한 색과 차가운 색으로 구분한 후, 밝고 어두운 명도와 채도에 따라 부드러운 톤과 딱딱한 톤으로 구분한다. 그리고 신체색상 간의 대비가 강, 약에 따라 봄, 여름, 가을, 겨울의 4 타입으로 구분한다.

(1) 피부색

사람의 피부색은 인종이나 지역, 연령, 성별 등에 따라 각기 다르며 건강상태나 스트레스 정도에 의해 변화된다. 피부색은 태어날 때부터 갖는 고유색으로 헤모글로빈(hemoglobin)에 의해 적색, 카로틴(carotin)에 의해 황색, 멜라닌(melanin)에 의한 갈색이라는 세 가지의 색소로 만들어져 있으며, 각각의 색소가 피부 중에 얼마나 분포되어 있느냐에 따라 사람의 피부색이 결정된다.

(2) 머리카락 색

모발은 인종에 따라 여러가지 색이 있지만 멜라닌 색소의 분포 및 양에 따라 흑색, 적색, 금발 등의 다양한 모발 색상이 결정된다. 흰머리는 색을 나타낼 수 없는 머리색이지만, 모래빛 갈색 머리는 붉은 색. 갈색. 검정색 색소의 혼합에 의한 것이고, 붉은 머리의 색상은 붉은 색소와 검정 색소에 의해 나타나며, 금발머리는 붉은 색소와 노란색소의 혼합에 의한 색이다.

(3) 눈동자 색

눈동자의 색은 홍채 색을 말하며 한국인의 눈동자 색은 대개 흑갈색으로 보인다. 눈의 멜라닌 색소를 판별하는 부위는 홍채로 색소에 따라 색조가 변한다. 대부분 색소가 홍채의 앞면에 많으면 푸른색, 녹색, 회색을 띠게 되고, 혈관속의 피가 비치는 경우는 보라색을 띠는 눈동자이다.

신체색상의 특징

구분	얼굴 피부색	특 성
봄	· 노르스름한 피부(베이지 갈색 빛, 붉은빛, 약간 갈색 빛 도는 피부) · 밝고 노르스름한 피부	· 피부색 : 노르스름한 톤, 매끄럽고 투명하다. · 눈동자 : 노란 빛의 밝은 갈색. · 머리카락 : 노란빛의 갈색. 윤기 나며 가늘다.
여름	· 흰빛과 푸른빛이 감도는 피부 · 흰빛이 감도는(약간 붉은, 살구빛갈색, 검은 갈색) 피부.	· 피부색 : 희고 푸른빛을 지닌 차갑고 부드러운 톤, 복숭아 빛이나 핑크 빛 감돈다. · 눈동자 : 부드러운 갈색 · 머리카락 : 회색빛의 갈색 계열로 가늘고 윤기 나지 않는다.
가을	· 황색, 갈색 빛의 피부 · 노르스름한 피부에 갈색 빛 · 다갈색 피부에 붉은 빛 · 갈색피부에 황색 빛. · 검은 갈색피부에 노르스름한 빛.	· 피부색 : 노르스름하며 윤기 없고 혈색 없는 편 · 눈동자 : 짙은 황갈색 계열 · 머리카락 : 윤기 없는 짙은 갈색
겨울	· 푸른빛이 감도는 피부 · 희고 밝은 피부 · 노르스름한 피부 · 약간의 붉은 피부 · 검은 갈색 피부	· 피부색 : 푸른 빛, 차갑고 창백해 보이며, 얇고 투명하다. · 눈동자 : 짙은 회갈색이나 검은색으로 흰 피부와 대조적이다. · 머리카락 : 푸른빛의 짙은 갈색, 검은색

* 김민경, 실용색채 활용 인용

(4) 뒷머리 두피 색

뒷머리 피부색은 햇빛에 거의 노출되지 않아서 두피 색을 보는 것이 거의 정확하다. 노르스름한 빛은 봄, 흰빛은 여름, 황색 빛은 가을, 푸른빛이 나면 겨울에 속한다.

(5) 손목안쪽 색

손목안쪽 색은 자외선을 덜 받는 부위로 정확히 판단하려면 다른 사람의 손목과 비교하면 좋다. 손목의 색상이 푸르고 흰빛이 감돌면 겨울에 속하고, 흰빛이 감돌면 여름, 갈색 빛이 나면 가을, 노르스름한 빛이 나면 봄에 속한다.

3) 컬러진단 방법

컬러 진단은 드레이핑(draping) 과정을 통해 개인의 피부색 변화와 얼굴형태 변화를 관찰하고 분석하여 어울리는 색을 진단하는 것이다. 진단은 4차에 걸쳐하며, 1차는 색채 환경 분석, 2차는 신체색상 유형분석, 3차는 사계절 유형분석, 4차는 개인 색채 분석 단계이다.

개인이 선호하는 타입 진단표(여성)

질 문	A	B	C	D
1. 당신이 언제나 바르고 다니는 치크 색은?	파란색에 가까운 핑크	로즈 계열	노란색의 핑크	브라운 계통의 오렌지
2. 당신이 언제나 바르고 다니는 입술색은?	로즈 핑크	와인레드	오렌지 계열 핑크	브라운 계열의 레드
3. 흰색을 선택한다면 어떤 색을?	부드러운 흰색	창백한 느낌의 흰색	노란빛이 나는 아이보리 색	베이지의 흰색
4. 당신이 끌리는 여성의 타입은?	기품 있으며 우아한 여성	개성이 있어 눈에 띄는 여성	아주 귀여워서 누구나가 한번쯤 동행하고 싶어 하는 여성	지적이면서 어딘가에 우수에 찬 느낌의 여성
5. 당신의 인상은 한마디로 어떻다고 생각하십니까?	소프트 엘레강스	샤프, 모던	캐주얼, 로맨틱	스포티, 내추럴
6. 당신에게 어울린다고 생각되는 옷의 코디네이션은?	부드러운 색상을 매치시킨 의상	색의 대비가 확실한 의상	고명도의 밝은 색 의상	고채도의 짙은 색 의상
7. 당신의 정장 색은 주로 어떤 색이 많습니까?	그레이나 파스텔 컬러	비비드 컬러	밝은 파스텔 컬러	차분하면서 가라앉은 듯한 컬러
8. 당신이 좋아하는 소재는 어떤 것입니까?	오 간 자	실크	죠 젯 트	레자, 코듀로이
9. 당신이 좋아하는 무늬는 어떤 무늬입니까?	물방울 무늬	사선 줄무늬	꽃 무 늬	페이즐리
10. 당신이 좋아하는 티셔츠의 색상은?	블루	핑크	옐 로 우	커피 브라운
11. 당신이 들고 다니는 핸드백은 어떤 소재인가?	캐리백으로 중형 사이즈의 부드러운 소재	독특한 디자인의 가방이나 핸드백	중형과 소형으로 둥글며 체인이나 장식이 있는 것	천으로 만든 터틀백
12. 당신이 좋아하는 액세서리는?	진짜 보석류	진주, 실버	컬러풀하면서 귀여운 이미테이션	골드, 구리, 목각 등 크고 독특한 형태
13. 당신이 동경하는 여성상의 이미지는?	노블에 품위가 있는 여성	다이나믹, 도시적인 여성	사랑스러우며 발랄한 여성	고상하면서 분위기가 있는 여성
합 계				

• A B C D중 가장 많이 나온 것이 선호하는 타입

• A, B는 차가운 계열, C, D는 따뜻한 계열이다.

퍼스널컬러진단(남성)

1. 당신의 눈 전체의 느낌은?

A. 눈 전체의 인상이 부드러움
B. 눈자위와 눈동자의 대조가 확실하다.
C. 유리보다 투명한 느낌이 있고 빛이 난다.
D. 깊고 차분한 느낌

2. 당신의 머리카락 전체의 느낌은?

A. 검고 부드러움
B. 짙고 윤기가 나며 푸른기가 있다.
C. 밝은 갈색으로 부드러운 머릿결
D. 짙은 갈색이고 윤기가 없다.

3. 당신의 볼 색은?

A. 파란색이 섞인 핑크
B. 깊이 있는 핑크
C. 노르스름하며 밝은 핑크
D. 셀먼 핑크

4. 당신의 입술색은?

A. 로즈, 핑크
B. 와인레드
C. 라이트 셀먼 핑크
D. 셀먼 핑크

5. 흰색을 입는다면 당신은 어떤 색?

A. 소프트한 화이트
B. 퓨어 화이트
C. 아이보리
D. 크림색

6. 당신이 끌리는 여성의 스타일은?

A. 고상한 분위기의 우아한 스타일
B. 개성적이고 눈에 띄는 스타일
C. 귀엽고 사랑스러운 스타일
D. 지적이고 분위기 있는 스타일

7. 당신의 인상을 한마디로 표현한다면?

A. 마일드 스마트
B. 샤프, 모던
C. 캐주얼, 액티브
D. 스포티, 내츄럴

8. 당신이 어울린다고 생각되는 양복의 콤비네이션은?

A. 블루 스트라이프 셔츠와 다크 블루의 바지
B. 흰 셔츠에 검은 색의 바지
C. 아이보리의 셔츠에 밝은 갈색의 데님바지
D. 밝은 갈색의 셔츠에 연한 브라운의 바지

9. 당신의 양복은 어떤 색이 많은가?

A. 블루계열의 파스텔 컬러
B. 검정, 회색 등의 무채색이나 선명한 컬러
C. 갈색 계열의 옅고 밝은 컬러
D. 브라운 계열의 깊은 느낌의 컬러

10. 당신이 좋아하는 소재는?

A. 코튼 얇은 모직물
B. 모직물 가죽
C. 샹브레이 리넨
D. 스웨이드 벨벳

11. 당신이 좋아하는 넥타이 무늬는 무엇?

A. 가는 무늬
B. 무지, 줄무늬
C. 물방울 무늬, 체크 무늬
D. 체크 무늬, 페이즐리 무늬

12. 당신이 좋아하는 티셔츠의 색상은?

A. 스카이 블루, 라이트 핑크
B. 그레이, 네이비 블루
C. 아이보리
D. 체크 무늬, 페이즐리무늬

13. 당신이 좋아하는 시계는?

A. 심플한 문자판의 실버타입
B. 대담한 디자인의 검은색, 밴드타입
C. 금장의 화려한 스타일
D. 전통적인 스타일의 갈색 가죽 밴드 타입

14. 당신이 좋아하는 신발의 콤비네이션?

A. 블루진에 스니커즈의 조합
B. 정장차림에 검정구두
C. 컬러풀한 캔버스화
D. 갈색 빛이 나는 옥스퍼드화

15. 당신이 생각할때 자신의 성격은?

A. 자상하고 착실한 성실파
B. 대담한 성격의 개성파
C. 인간관계를 소중히 하는 온건파
D. 활동적이고, 지구력이 있는 실천파

합 계	A (계)	B (계)	C (계)	D (계)

• A는 여름타입, B는 겨울타입, C는 봄 타입, D는 가을타입이다.

나는 어느 계절 사람인가?
사계절 컬러 자가 진단법(목이나 속살의 피부색을 기준으로 판단)

1. 피부색
1. 밝은 노란빛이 돈다.
2. 희거나 붉은빛이 돈다.
3. 어두운 노란빛이 돈다.
4. 푸르거나 누런빛이 돈다.

2. 피부의 투명도
1. 맑고 윤기가 있다.
2. 뽀얗고 윤기가 없다.
3. 탁하고 윤기가 없다.
4. 맑지 않지만 윤기가 있다.

3. 얼굴형
1. 둥근형　2. 계란형　3. 긴형　4. 각진형

4. 얼굴 생김새
1. 이목구비가 동글동글한 귀여운 얼굴
2. 눈매가 부드럽고 시원시원하거나 편안한 얼굴
3. 이목구비가 부드럽고 친근한 얼굴
4. 이목구비가 뚜렷하고 차가운 얼굴

5. 눈동자와 머리카락의 색
1. 갈색 눈동자와 갈색 머리카락에 윤기가 있다.
2. 갈색 눈동자와 갈색 머리카락에 윤기가 없다.
3. 진한 갈색 눈동자와 진한 갈색 머리카락에 윤기가 없다.
4. 검은 눈동자와 검은 머리카락에 윤기가 있다.

＊ **진단방법**: 1번이 세 개 이상이면 봄 사람, 2번이 세 개 이상이면 여름 사람, 3번이 세 개 이상이면 가을 사람, 4번이 세 개 이상이면 겨울 사람.

3. 사계절 컬러이미지

사계절 유형 요인의 첫 번째는 색상(hue)으로 따뜻함(warm)과 차가움(cool)으로 구분하고, 다시 따뜻함(warm)은 봄과 가을 유형, 차가움(cool)은 여름과 겨울로 구분한다. 두 번째는 톤(tone)으로 소프트(soft)와 하드(hard)로 구분하고 다시 소프트는 봄과 여름, 하드는 가을과 겨울로 구분된다.

- 봄은 따뜻함, 밝음, 부드러움, 선명함.
- 여름은 차가움, 밝음, 부드러움, 흐린 색.
- 가을은 따뜻함, 딱딱함, 진함, 흐린 색.
- 겨울은 차가움, 딱딱함, 어두움, 선명함.

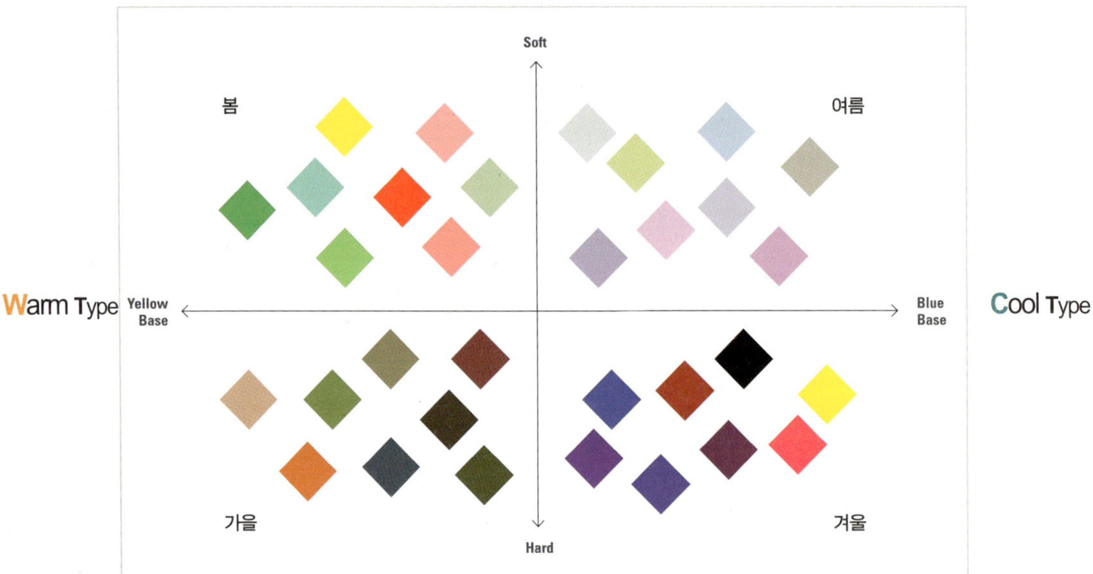

색은 사계절로 따뜻한 색의 봄과 가을, 차가운 색의 여름과 겨울로 구분된다.

따뜻한 색 차가운 색

따뜻한 색은 노란색과 황색을 띠며, 대표 색으로는 카키, 올리브 그린, 오렌지, 옐로, 옐로 그린 등이다.

차가운 색은 파랑과 흰색, 검정 색을 지니며 대표색은 무채색과 블루, 블루그린, 마젠타, 퍼플, 네이비, 실버 등이다.

밝은 색 어두운 색

밝은 색은 파스텔 톤으로 봄은 노랑, 여름은 흰색이 섞인 밝은 색이다.

어두운 색은 어둡고 짙은 색으로 가을은 황색이고 겨울은 파랑이 주색으로 혼합된다.

선명한 색 흐린 색

선명한 색은 순색에 가까운 색으로 비비드한 색이며, 봄과 겨울의 색상이 주를 이룬다.

흐린 색은 무채색이 섞인 것으로 불투명하며, 여름과 가을의 색상이 주를 이룬다

부드러운 색 딱딱한 색

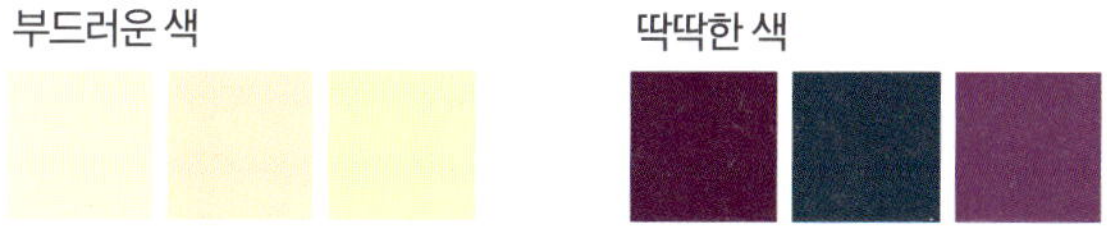

부드러운 색은 연하고 은은한 색으로 봄과 여름이 속한다.

딱딱한 색은 강하고 어두운 색으로 가을과 겨울의 색상이 속한다.

(1) 봄 타입의 특성

봄(spring)은 노란색을 지닌 따뜻한 유형으로 선명(vivid)하고 밝은(bright) 톤과 엷은(pale) 톤으로 화사하며 생동감과 에너지를 느끼게 한다. 복숭아 빛과 노르스름한 빛이 감도는 피부와 밝은 갈색 빛의 윤기나는 머리색과 노란 빛이 감도는 연한 눈동자로 생기 발랄한 인상과 귀엽고 사랑스런 유형이다.

■ 어울리는 컬러

어울리는 색상은 기본적으로 노란색이 가미된 원색과 중간색의 베이지 색, 따뜻한 느낌의 핑크색, 산호색, 노란색, 연두색 등 밝은 색상이 어울린다. 이에 비해 한색계열과 와인 색, 무채색, 은색 등은 피하는 것이 좋다.

(2) 여름 타입의 특성

여름(summer)은 흰색과 파랑을 지닌 차가운 유형으로 맑은(pale)과 은은한(light), 흐릿한(light grayish) 톤의 시원스럽고 화려함을 느끼게 한다. 핑크빛과 붉은 빛이 감도는 피부에 얇고 윤기가 없으며 회갈색을 띤 머리카락과 부드러운 갈색 빛의 눈동자는 차분하면서 고급스러운 유형이다.

■ 어울리는 컬러

여름의 특성은 부드러움, 서늘함, 옅은 느낌으로 어울리는 색상의 종류도 다양하다. 핑크계열의 파스텔 톤이나 흰색과 파란색이 들어 있는 찬색을 배색하면 잘 어울린다. 반면 어울리지 않는 색으로는 노란기가 있는 색으로 오렌지색, 금색, 너무 어두운 색 등이다.

(3) 가을 타입의 특성

가을(autumn)은 황색을 지닌 따뜻한 유형으로 강한(strong) 톤과 깊은(deep) 톤, 중후한(dull) 톤으로 편안함과 고급스러운 이미지를 느끼게 한다. 황색 빛이 감도는 누르스름한 피부에 황갈색 빛이 감도는 짙은 갈색의 머리카락과 눈동자 색은 황색 빛과 짙은 갈색 빛으로 차분하며 깊이감 있는 유형이다.

■ 어울리는 컬러

전체적으로 자연의 색상으로 베이지, 카키, 올리브, 브라운, 그린, 오렌지 등으로 따뜻한 톤이다. 차가운 계열은 피해야할 색상이다.

(4) 겨울 타입의 특성

겨울(winter)은 파랑과 흰색, 검정을 지닌 차가운 유형으로 선명(vivid)하고, 연한(very pale) 톤, 어두운(dark) 톤의 모던하며 도시적인 강렬함을 느끼게 한다. 투명하고 핏기가 없는 창백한 피부에 푸른빛이 감도는 갈색과 검은 빛의 머리카락, 푸른 빛과 갈색 빛의 눈동자는 강렬하고 개성이 강한 유형이다.

■ 어울리는 컬러

겨울 색상은 푸르면서 흰색이 기본으로 모든 색에 푸른빛이 들어간 색과 강렬하면서 대조되는 색이 어울리는 색상이다. 피해야할 색상은 따뜻한 원색, 희미하고 탁한 색은 어울리지 않는다.

계절유형에 따른 이미지

구 분	봄	여 름	가 을	겨 울
메이크업 유형	밝고 화사한 톤으로 투명하게 화장	밝고 깨끗하고 투명하게 파스텔 톤으로 화장	차분하고 짙게 깊이감 표현, 포인트 색상 표현하여 고전적 연출	원 포인트 메이크업이나 대조적인 강한 색상 뚜렷한 이미지 연출
어울리는 색상	노란색 가미된 원색과 밝고 화사한 색 (핑크, 오렌지, 옐로, 블루 그린 등)	흰빛을 많이 띤 색상, 부드럽고 차가운 느낌의 블루 계열	차분한 자연의 색상, 따뜻한 황색빛으로 카키, 브라운, 올리브	푸른빛이 나는 차가운 색을 주조색으로 대조되는 색과 표현, 블루 계열
파운데이션	밝은 톤의 베이지 계열로 소량, 투명감 있게 표현	밝거나 두꺼운 화장보다 자연스럽게 표현,베이지 계열 톤 사용	피부색보다 한 단계 어두운 톤으로 차분한 내추럴 베이지 계열로 두께감 있게 자연스럽게 표현	베이지 계열로 약간 두께감 있게 자연스런 표현
아이섀도	핑크. 오렌지, 옐로 계열의 밝고 화사한 톤	파스텔 톤으로 화사한 느낌의 중간 톤 위주로 사용 (화려한 분위기)	주조 색으로 오렌지, 그린, 브라운을 사용 핑크, 베이지, 퍼플 계열 등 어두운 톤과 중간 톤 사용	대비가 강한 톤으로 블루 계열, 와인, 마젠타, 실버, 그레이 등
블러셔	핑크, 오렌지 계열	핑크 계열, 브라운 등으로 혈색 느낌 표현	자연스럽게 오렌지, 브라운, 피치 베이지 사용	핑크 계열로 자연스럽게 표현
립	핑크, 오렌지의 중간색	자연스럽고 연하게 표현, 중간계열의 베이지, 브라운, 핑크 색 등	브라운이 가미된 중간색이나 짙은 색 색상으로 뚜렷하게 입매 표현	레드계열 등으로 입술 강조하는 것 효과적

Chapter 9

패션 이미지

1. 패션 코디네이션의 요소

현대 사회에서 패션은 자기표현의 중요한 수단이 되는 시각적 이미지로서, 옷을 입은 사람의 감정이나 가치관 및 라이프스타일을 전달한다. 전체적으로 조화를 이룬 옷차림은 개인의 이미지를 결정짓는 중요한 요소이다.

코디네이션(coordination)이란 두 가지 이상의 아이템을 통합, 조정하는 것이다. 예전에는 같은 패브릭, 같은 컬러 등을 맞추어 한 벌 슈트 개념으로 입었던 것이 요즘에는 서로 다른 각각의 의복을 새롭게 조화시켜 입음으로써 좀 더 자유롭고 개성적이며 세련된 자신만의 독특함을 연출하는 시대로 발전하여 왔다. 즉 의복 및 액세서리, 헤어, 메이크업 등을 각기 요소의 공통성이나 상호 연관성에 따라 분류하여 이것을 다시 어울리는 것끼리 배치시켜 통일감 있는 착장미로 완성시켜 입고 있는데 이것이 바로 패션 코디네이션이다. 따라서 효과적인 이미지 메이킹을 위해서는 다음의 3가지 요소를 이해하고 조화롭게 코디네이션 해야 한다.

첫째, 자신의 '체형'에 대해 알아야 한다. 사람의 체형은 각기 다르고 쉽게 변화시킬 수 없다. 그러므로 자신의 체형을 정확히 파악하여 신체적 특성에 어울리는 의복을 선택한다.

둘째, 자신에게 어울리는 '패션 스타일'에 대해 알아야 한다. 늘 변화하는 유행을 무작정 따라 하기보다는 자신에게 어울리는 패션 스타일을 찾고 자신만의 패션 이미지로 연출해야 한다.

셋째, '상황' 또는 '맥락'에 대한 이해이다. 특히 상황에 따른 적절한 패션 감각이 중요시되는 요즘에는 때와 장소에 맞는 개성 있는 패션 감각으로 자신만의 이미지와 스타일을 만들어 가야 한다. 효과적인 이미지 메이킹의 출발은 나 자신에 대한 올바른 이해이다. 즉, 자신이 바라는 이상적 이미지와 자신이 갖고 있는 실제적 이미지 간의 차이를 파악하는 것이다.

1) 체형의 분류

모든 사람들은 자기 나름대로의 신체적 비율과 형태를 지니고 태어난다. 이러한 신체의 근본적인 골격이나 체형을 바꾸는 것에는 한계가 있다. 따라서 이상적인 체형으로 보이기 위한 패션 이미지 메이킹의 첫 단계는 자신의 신체적 특성을 정확하게 파악하고 그에 적절한 의복을 선택하는 것이다.

(1) 신체선을 중심으로 본 체형 분류

일반적으로 신체선을 중심으로 본 체형은 크게 직선형, 곡선형, 부드러운 곡선형으로 나눌 수 있으며, 이를 기준으로 얼굴형이나 어깨의 형태, 가슴, 허리, 힙 사이즈 등으로 체형을 세분화 한다.

① 직선형 체형(straight-line body type)

직선형 체형은 크게 2가지 유형으로 나눈다. 첫 번째 유형은 작은 가슴, 넓은 어깨 그리고 작고 납작한 힙을 가진 크고 마른 형태로서 신체에 곡선이 매우 적은 체형이다. 두 번째 유형은 크거나 마르진 않아도, 납작한 힙과 사각의 어깨를 지닌 사각형 혹은 직사각형의 체형이다.

② 곡선적 체형(rounded body type)

곡선적 체형은 부드럽고 유연한 곡선 혹은 확실한 둥근 곡선을 가지고 있어 신체의 실루엣이 풍만한 가슴, 곡선을 이루는 힙 그리고 잘록한 허리를 지닌 둥근 체형으로 나타난다.

③ 부드러운 직선체형(soft-straight body type)

자신의 신체선이 직선인지 곡선인지가 명확치 않은 경우에는 직선과 곡선이 혼합된 부드러운 직선일 경우가 많다. 부드러운 직선 체형의 사람들은 신체형과 얼굴형의 선이 반대로 나타나기도 한다.

(2) 기하학적 형태를 중심으로 본 체형 분류

체형의 기하학적 형태는 전신 거울 앞에 서서 거리를 두고 자기 신체의 실루엣을 바라보는 것만으로 간단하게 파악할 수 있다.

우리나라 사람의 체형은 크게 삼각형, 역삼각형, 직사각형, 모래시계형의 4가지 유형의 기하학적 형태로 나눌 수 있다. 이들을 간략하게 살펴보면 다음과 같다.

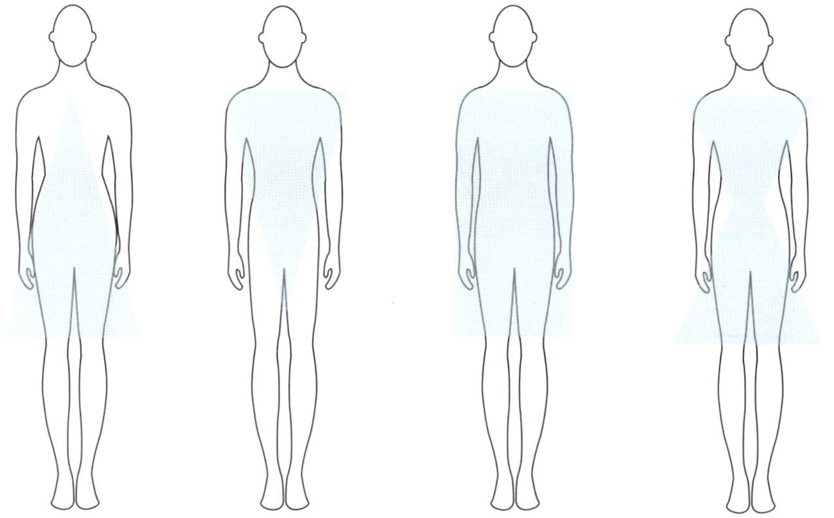

① 삼각형 체형

어깨 폭이 힙 보다 작은 전통적인 한국인의 체형으로 위에서 아래까지 균형 잡히지 않는 것처럼 보인다. 허리 위는 좁아 보이고 허리 아래는 넓어 보이며 살이 엉덩이 아래와 넓적다리에 분포한다.

② 역삼각형 체형

어깨와 등, 가슴의 너비는 넓고 그에 비해 허리 아래 부분의 너비가 좁은 체형이다. 허리선 위는 넓어 보이고, 허리선 아래는 좁아 보인다. 어깨는 엉덩이보다 넓고 가슴은 중간 정도이거나 크며, 허리는 중간정도이거나 작다.

③ 직사각형 체형

전체적으로 뼈가 드러나는 듯한 둔탁한 체형이다. 어깨, 허리 그리고 힙이 거의 같은 폭을 가지고 있어 전체의 실루엣이 똑같아 보인다. 따라서 직사각형 체형은 위아래로 균형이 잡혀 있어 보이나, 허리가 양쪽으로 들어가지 않아서 특히 허리가 굵어 보이는 체형이다.

④ 모래시계형 체형

볼륨 있는 상반신, 들어간 허리, 넓고 튀어나온 히프를 가진 볼륨 있는 글래머형 스타일이다. 가슴과 엉덩이가 똑같이 넓고 완전히 둥근 것처럼 보이는 반면, 허리는 매우 가늘고, 가슴은 중간 정도이거나 크다. 위아래로 균형이 잡혀 있지만, 매우 가는 허리 때문에 가슴과 엉덩이가 실제보다 크게 보여 이상적인 체형이라 할 수 없다.

2) 체형에 따른 의복 디자인 선택

누구나 자신이 좋아하는 실루엣과 디자인을 선택할 수 있지만, 개인의 체형에 따라 자신을 더 돋보이게 하는 실루엣과 디자인은 있기 마련이다.

개인의 신체선과 마찬가지로 의복선도 의복의 실루엣과 디테일의 유형에 따라 직선, 곡선 혹은 직선과 곡선이 혼합된 유형으로 분류할 수 있다. 일반적으로 의복선과 신체선의 유형은 서로 일치시켜 코디네이션 하는 것이 좋다. 직선으로 된 디테일이 직선적인 실루엣의 의복에 사용되고 곡선을 강조하는 디테일이 곡선적인 실루엣에 사용되어 서로 조화를 이루는 것과 같이 신체선과 의복의 실루엣은 서로 일치될 때 보기에 가장 좋기 때문이다. 이때 디자인은 자신의 단점을 보완하거나 강조할 수 있는 범위 내에서 선택하는 것이 효과적이다.

각 체형에 가장 적절한 실루엣과 디자인은 우측의 표와 같다.

체형의 유형별 특성에 따른 실루엣과 디자인

체형	바람직한 패션 포인트		유의할 패션 포인트
삼각형	• 어깨나 윗부분의 보완이 필요한 삼각형 체형은 역삼각형, 모래시계형, 직사각형 실루엣이 어깨와 힙의 균형을 위해 효과적임	의복 실루엣	• 작은 어깨나 상체가 강조되는 삼각형 실루엣은 피하는 것이 좋음
	• 넓은 어깨, 바토 네크라인, 요크와 견장이나 넓은 칼라처럼 세로선을 강조할 수 있는 디자인이 어깨에 오도록 함 • 치마나 바지는 복부, 엉덩이, 허벅지에 여유가 있어야 하므로 A라인이나 플레어 스커트 등이 적합함	디자인	• 팔과 어깨를 노출시키는 탱크 톱, 홀터 네크라인, 래글런 소매 등 시선이 위로 향하는 디자인의 상의는 피함 • 개더, 플리츠 무늬와 패턴이 있는 하의나 허리 길이의 상의, 타이트한 스커트의 착용 등 하체가 작아 보이는 디자인은 피해야 함
역삼각형	• 모래시계형, 직사각형 등의 실루엣 효과를 갖기 위해 큰 가슴과 상체를 가려주고 균형 잡힌 힙을 강조하여야 함 • 모래시계형의 실루엣은 어깨와 힙의 균형이 중요하고, 허리가 가는 사람일 경우에만 효과적임	의복 실루엣	• 삼각형 실루엣은 아래위로 모두 강조되므로 적합하지 않음 • 직사각형은 힙 넓이가 어깨만큼 넓게 보이도록 보완하여야만 균형이 잡혀 보임
	• 래글런 슬리브, 토르소 중앙 부분에 V 네크라인이나 길고 좁은 라펠이나 포켓 등의 디테일이 오도록 함 • 세로선 및 좌우 비대칭 등으로 시선을 아래로 유도하는 디자인이 좋음 • 치마나 바지를 입었을 때는 허리 아래를 유연하고 넉넉하게 입어야 하나 너무 부풀리지는 않도록 함	디자인	• 어깨 장식이나 넓은 칼라, 퍼프 소매처럼 수평선이 강조되는 디자인이나 크고 넓은 소매와 짧은 상의 상반신에 색이 옅거나 부피감이 큰 소재 등은 피해야 함
직사각형	• 직사각형 실루엣은 굵은 허리를 가려주므로 효과적임 • 역삼각형 실루엣은 어깨를 강조하므로 직사각형 체형을 매력적으로 보이게 함	의복 실루엣	• 모래시계형 실루엣은 굵은 허리가 강조될 수 있음
	• 신체의 부피가 큰 유형은 가늘게 보이도록 함 • 겹쳐 입는 스타일, 앞을 열어서 입는 재킷, 스웨터, 그리고 조끼 등은 시선을 안쪽으로 이끌며 가는 수직선을 만들어내야 함 • 박스형의 재킷, 낮은 허리선의 하의, 사선의 플레어 주름 스커트를 입는 것이 좋음	디자인	• 체형이 가는 사람은 전체적으로 슬림한 것은 피해야 함 • 의복색과 전혀 다른 색의 벨트나 폭이 넓은 벨트를 착용하여 허리에 시선이 유도되는 디자인은 피해야 함
모래 시계형	• 모래시계형은 몸매의 곡선과 가는 허리를 강조하는 것이 효과적임	의복 실루엣	• 삼각형 실루엣과 직사각형 실루엣은 가장 매력적인 허리 부분을 가리게 되므로 적절치 않음
	• 가슴과 힙과 허리와의 차이를 시각적으로 줄여주어야 함 • 폭이 넓은 벨트와 허리선에 스카프를 감는 것이 좋음	디자인	• 가슴과 힙을 크게 보이게 하는 디자인을 피해야 함

2. 얼굴형에 따른 코디네이션

(1) 계란형(Oval face)

가장 이상적인 얼굴형이며 전체적인 균형이 잘 잡힌 형이다. 어떠한 스타일이라도 어울리지만 가슴부분에 셔링을 잡은 보우트 네크라인은 계란형 얼굴에 가장 어울리는 디자인이다. 그러나 앞이 많이 파인 V네크는 피하는 것이 좋다. U자형 디자인도 잘 어울리나 가로 폭이 넓은 디자인은 가는 목을 강조하므로 목이 가는 형은 목의 폭이 좁은 모양을 선택한다. 스퀘어 네크라인은 가슴을 드러내기 때문에 체격이 작은 사람은 조심해야 한다. 깊이 파인 라운드네크라인은 얼굴이 길어 보일 수 있으므로 마른 사람은 선택하지 않는다. 길이감이 강조된 목걸이, 귀걸이, 스카프 등을 배제하고 대체적으로 잘 어울리며 타원형의 액세서리는 얼굴선이 길게 보일 수 있으므로 피하는 것이 좋다. 계란형에 어울리는 안경테는 둥근 모양에 납작한 라운드형 뿔테가 세련되지만 전체적인 의상과의 조화를 생각하여 선택하는 것이 좋다.

(2) 둥근형(Round face)

얼굴형을 수평방향으로 3등분으로 나누었을 때 중앙부분이 넓어 보이는 형을 말한다. 양턱은 짧고 각이 없으며 곡선형으로 이루어져 얼굴형이 짧게 보이므로, 얼굴 넓이의 길이가 거의 같아 보인다. 턱, 이마, 뺨이 둥글며 짧고 넓다. 실제적으로 이마, 뺨, 턱이 둥글기 때문에 얼굴의 생김새가 납작하게 보일 수 있다. 뺨은 포동포동해 보이기도 하며 광대뼈는 분명치 않다. 옆이 많이 파인 스퀘어 네크라인은 둥근 얼굴형에 최적의 네크라인이다. V네크라인은 둥근 얼굴을 갸름하게 보이도록 하는 효과가 있다. U네크라인은 둥근 얼굴을 길어 보이게 하지만, 얼굴이 큰사람은 더 크게 보일 수 도 있으므로 조심해야 한다. 얕은 라운드 네크라인은 얼굴을 더 동그랗게 보이게 한다. 둥근형에 어울리는 안경테는 끝이 약간 올라간 캐츠아이 스타일이나 폭스형으로 테의 굵기가 양옆으로 약간 굵은 타입이 어울린다. 귀고리는 둥근 이어링은 피하고 길게 늘어진 드롭형이나 모빌이어링이 좋다.

(3) 사각형(Square face)

사각형은 얼굴을 3등분하면 넓이가 거의 같아 보인다. 이마부터 광대뼈 그리고 턱까지 같은 넓이의 얼굴 형태로 양쪽 턱은 각이 있어 돌출되어 보인다. 따라서 사각형은 이마와 턱은 직선으로 연결되어 전체적인 얼굴형은 짧으며 얼굴의 넓이와 길이가 거의 동등하다. 이마, 직선의 뺨, 아래턱뼈가 돌출한 넓고 각진 턱의 얼굴은 뼈의 구조와 사각의 턱 라인 때문에 쉽게 확인된다. 얼굴의 상중하 부분의 넓이가 거의 동일하여 얼굴의 넓이가 넓어서 길이가 짧다는 인상을 주므로 얼굴이 길어 보이고 부드럽게 느끼도록 해야 한다. Y자로 깊이 파인 네크라인은 시선을 아래로 집중시켜 네모난 얼굴을 커버해 준다. 깊게 파인 라운드 네크라인은 네모형 얼굴에 잘 어울린다. U네크라인은 얼굴이 덜 네모지게 보이도록 하는 효과가 있으나 목이 굵은 사람은 가로로 폭이 좁은 디자인은 피한다. 가슴부분에 셔링이 잡힌 보트네크라인은 목이 짧아 보여 얼굴을 더욱 크게 보이게 한다. 스퀘어 네크라인은 얼굴의 결점을 강조하므로 가장 피해야 할 네크라인이다. 안경테는 각이진 것을 피하고 직선과 곡선이 잘 조화된 형태의 웰링턴형이나 타원형이 좋다. 귀고리는 드롭형이나 모빌형이 좋으며, 액세서리는 너무 튀는 형이나 부피감, 넓이감이 강한 것은 피한다.

(4) 긴형(Oblong face)

얼굴 3등분의 넓이는 거의 동일하며 전체적으로는 길쭉한 얼굴형이다. 긴 얼굴형은 대부분 이마나 턱이 발달해 있으며 코가 긴 편이다. 길고 좁은 야윈 볼의 얼굴형은 이마가 길던지 아니면 턱이 긴 형이다. 얼굴의 생김새가 다소 야위어 보이고 지루한 느낌을 준다. 상하의 길이가 좌우보다 긴 형이며 각이 지게 느껴지는 형이므로 각지고 긴 얼굴을 부드럽게 보이는 스타일을 선택한다. 목에 가깝게 있는 칼라나 U자 형이나 나비모양의 리본을 묶는 타입인 보우 블라우스가 좋지만 리본은 목 부분에 가깝게 매지 않도록 주의한다. 목 부분이 길게 파이거나 각이진 칼라는 피하는 것이 좋다. 긴형에 어울리는 액세서리는 목근처의 목걸이 형태인 초커나 도그칼라 네클리스는 피하고 귀걸이는 길이감이 없는 부착형인 피어스드나 버튼형의 귀걸이가 적합하다.

(5) 삼각형(Triangular face)

목 부위의 칼라 형태로는 칼라 가장자리가 둥근 형태가 좋으며 레이스 장식이나 프릴, 주름형의 스카프가 달린 자보블라우스나 U자형을 착용하는 것이 좋다. V자형이나 날카로운 형태는 가급적 피한다. 안경테를 선택할 경우 가장 유의해야만 하는 얼굴 형태이며 턱 부분의 선을 부각시키는 웰링턴형은 피하도록 한다. 둥근형의 테를 선택하여 과감하게 이미지의 변화를 준다. 이마와 광대뼈에 비해 턱뼈가 넓고 턱 부분보다 이마 쪽이 좁으므로 턱 부분을 좁혀 주고 이마 쪽의 양옆을 살려주기 위해 길이감이 있는 팬던트 형이나 로프 네클리스, 스트링형, 직사각형의 네클리스가 좋다. 귀 부분을 강조하는 귀걸이로 금속과 장식을 이용하여 늘어진 형태의 타셀 이어링이나 폭포형태의 케스케이드 이어링이 어울린다.

(6) 역삼각형(Uninvested triangular face)

역삼각형의 얼굴은 윗부분 이마가 넓으며 아래턱 부분이 좁고 뾰족한 선으로 이루어져 있다. 이 얼굴형은 얼굴 면적보다 길이가 짧게 느껴지는 얼굴이다.

턱이 두드러지게 돌출되어 있고 광대뼈는 높은 곳에 위치해 있지만 얼굴이 넓기 때문에 그렇게 보이지 않은 경우도 있다. 목 부위로 칼라가 올라오는 타입인 맨더린과 차이나 블라우스는 피하는 것이 좋고 겨울철 방한용으로 많이 착용하는 터틀 네크라인 스웨터나 원통형의 턱을 덮는 칼라인 친 칼라나 러플장식의 칼라 역시 선택하지 않는 것이 좋다. 턱이 뾰족한 사람에게 V네크라인은 결점을 강조하게 되고 깊이 파인 라운드네크라인은 얼굴형과 똑같이 얼굴이 더 길어 보이므로 주의한다. 액세서리 안경테는 둥근형이 어울리며 소재는 비교적 얇은 형태가 어울린다. 목걸이는 목을 조이는 형태의 초커나 도그칼라 네클리스는 사용하지 않는다. 귀걸이는 귀에 딱 붙는 형태인 이어커프 이어링이나 귀 부분을 강조한 스프레이 형태보다는 귀와 걸이가 떨어진 형태인 드롭 이어링이나 모빌 이어링이 좋다. 전체적으로 액세서리는 세로로 길이감이 강한 느낌의 것은 피한다.

(7) 마름모형(Diamond face)

얼굴 중앙부분이 넓으며 돌출된 형으로 얼굴 상하 부분이 좁은 것이 특징이다. 다이아몬드형의 양턱은 약간의 각진 것 보다는 곡선으로 이루어져 있으며 긴 얼굴에 속하는 형이다. 좁은 이마, 극단적으로 넓은 광대뼈와 좁은 턱이 더욱 좁아 보인다.

이마와 턱 부분보다 광대뼈가 더 넓어서 각이 느껴지는 형이므로 스카프를 활용하여 각진 느낌을 완화시킨다. 반면 가운데 가르마는 피하는 것이 좋다. 목 부위의 V자형의 칼라나 목선이 깊이 파인 의상을 착용함으로서 각진 턱 부분에 시선이 집중되지 않도록 한다. U자형 파임의 옷과 목까지 올라오는 타입의 옷은 피하는 것이 좋다. 마름모형의 안경테는 뿔테, 오벌형, 보스턴형이 잘 어울린다. 목걸이는 가능한 네크라인 보다 긴 형태의 타입이 좋으며 귀를 강조하는 커다란 타입의 드롭형 귀걸이와 짧은 형태의 목걸이나 초커는 하지 않는다.

3. 체형별에 따른 코디네이션

(1) 키가 크고 뚱뚱한 체형

의복은 단순한 선과 작은 장식의 절제된 디자인이 어울린다. 매니쉬한 분위기를 연출하는 것이 좋은데, 내추럴 숄더의 긴 재킷과 짧은 스커트, 목선을 강조하는 정장, 단순하면서 부드럽게 어울리는 튜닉, 단정한 베스트 등을 착용한다.

스커트는 여유 있는 부드러운 질감의 A라인으로 무릎아래 길이가 적당하다. 샤넬 스타일의 긴 스트레이트 바지, 직선이거나 약간 플레어 스타일의 바지통이 좋다. 줄무늬를 살린 샤프한 이미지의 슈트, 직선적인 느낌의 셔츠, 웨이스트 드레스, 깊은 네크 스웨터 등을 선택한다. 너무 타이트한 옷은 더욱 커 보이고, 풍성한 개더나 여분은 더욱 뚱뚱해 보이기 때문에 박스형 오버 블라우스나 턱이 없는 셔츠, 텐트 드레스도 피하는 것이 좋다. 소재는 부드럽고 가벼운 소재가 좋으며 부피감이 큰 소재나 큰 패턴의 프린트 무늬는 배제한다.

(2) 키가 크고 마른 체형

의복을 입을 때 가장 이상적인 모델 형이다. 전체적인 실루엣은 여유가 있는 형태로 연출한다. 의복의 형태는 앞이 트인 원피스보다 투피스 형태를 선택하는 것이 좋다. 이때 투피스 상의가 약간 짧으면 귀여운 느낌을 준다. 여유분은 적당히 주며 지나치게 밀착되거나 소매가 없는 스타일은 피해야 한다. 목이 긴 경우 깃이 높게 올라오는 옷이나 롤칼라, 스카프로 목을 감싸주는 것도 좋다. 타이트한 직선의 드레스, 스커트, 바지와 프린세스 라인, 작은 크기 무늬의 직물, 모자, 핸드백과 대담한 수직선 등은 피해야 한다. 재질은 부드럽고 밝은 큰 프린트로 된 여러 색상과 따뜻한 색상을 선택한다. 직조된 것, 마디가 많은 것, 보풀이 있는 것, 표면이 볼륨감 있는 것이 잘 어울린다. 넓은 벨트, 강조된 디테일, 낮은 굽에 큰 챙의 모자 등도 좋다.

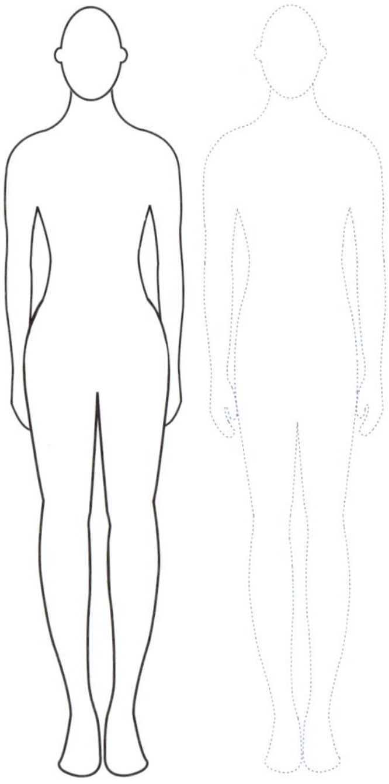

(3) 키가 작고 뚱뚱한 체형

키가 작고 뚱뚱한 사람은 수직적인 착시현상의 의복을 선택하는 것이 이상적이다. 의복의 형태는 상의가 넓고 크거나 강조되는 디테일과 플리츠나 플레어스커트는 피하고 고어드스커트 등을 착용한다. 슬랙스는 아랫단 쪽이 더 넓은 것, 드레스는 코트 스타일, 재킷은 엉덩이 중간정도가 좋다. 재질은 지나치게 번쩍거리는 것보다 부드러운 질감을 선택하는 것이 좋다. 신체에 달라붙거나 헐렁한 형태는 착용하지 않는다. 색상에서는 자극적인 색이나 너무 밝은 옷은 피하고 차분한 색상을 선택하며, 상의에 비해 하의는 진한 색이 좋다. 액세서리나 소품은 다소 작은 것을 착용하고 스카프, 핀, 넥타이, 기타 액세서리와 함께 단색의 의복으로 멋을 내도록 한다. 굽이 높은 구두, 높이 솟은 머리모양 등은 키를 커보이게 하는 효과를 줄 수도 있으나 지나치면 오히려 작은 키를 강조하게 된다. 스타킹과 슈즈는 의복과 유사한 색상으로 한다. 전체적으로 재킷, 스웨터, 블라우스는 하의 위로 내어서 착용한다.

(4) 키가 작고 마른체형

의복이 몸에 붙는 형태는 빈약한 느낌이 강조되므로 피한다. 리본, 핀턱 등은 귀여움을 줄 수 있으나 지나치면 정돈되어 보이지 않는다. 투피스의 재킷은 짧게, 스커트는 길게, 바지는 직선 또는 약간 플레어 진 것, 원피스는 프린세스라인을 이용하는 것이 좋다. 칼라는 스탠드칼라와 같이 높고 작은 것이 좋으며, 포켓 등은 위쪽에 오게 한다. 재질은 너무 빳빳하지 않고 화려한 색상이나 파스텔 계통의 연한 색이 좋다. 지나치게 큰 무늬는 피하고 적당한 간격의 줄무늬나 작은 무늬를 이용한다. 같은 색의 상 · 하의를 입는 것이 좋으며 다른 색의 경우는 하의와 동일한 색의 베스트로 통일감을 주어 수직적인 시각효과를 주도록 한다. 액세서리는 단순하고 간단한 것으로 의복의 위쪽 부분을 강조하여 키가 커보이는 싱글 여밈으로 선택한다. 넓은 소매나 넓은 칼라, 두꺼운 벨트, 커다란 포켓, 챙이 큰 모자, 스카프를 너무 복잡하게 장식하거나, 큰 단추나 벨트, 높은 하이힐, 구두 위의 큰 장식은 피한다.

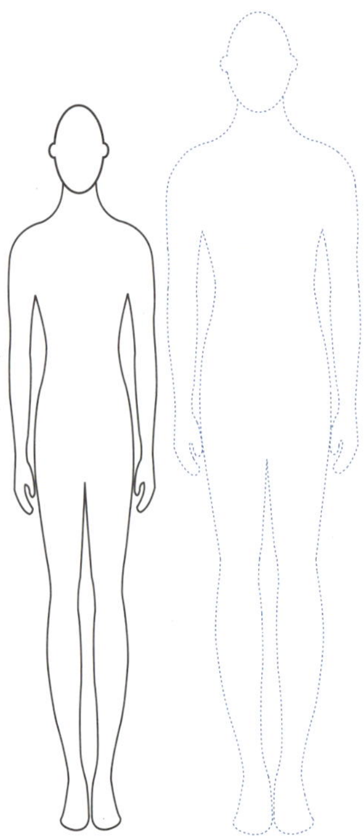

(5) 상체가 뚱뚱하고 하체가 마른 체형

가슴이 큰 체형은 한국인의 체형에 있어 그다지 많지는 않다. 큰 가슴이 작아 보이도록 상의 실루엣을 적당한 여유가 있도록 한다. 예를 들어 어깨 요크 아래에 약간의 개더가 있는 형태가 좋으며 오픈해서 착용할 수 있는 튜닉, 카디건, 재킷을 걸치도록 한다. 소재는 빳빳한 직물보다 가볍게 아래로 늘어지는 것이 좋은 반면 가슴 주위의 프릴이나 장식, 타이트한 실루엣, 퍼프슬리브, 투명감이 있는 재질, 스판 소재는 피한다. 적당한 어깨 패드, V네크라인, 오픈칼라가 좋으며 니트나 면과 같이 체형이 드러나는 소재는 피하는 것이 좋다. 세로선의 시각적 착시효과를 주는 프린트 상의를 이용한다. 몸에 딱 맞는 정장용 베스트는 피하고 길이가 긴 베스트를 선택하여 다른 상의와 함께 입는 레이어드 룩 스타일을 연출하는 것이 좋다. 약간 큰 귀걸이, 늘어지는 스카프, 긴 목걸이, 가는 벨트를 이용하여 시선을 위에서 아래로 가도록 한다.

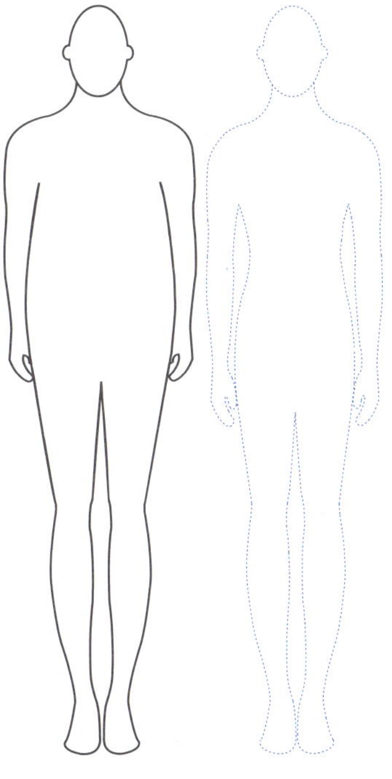

(6) 하체가 뚱뚱하고 상체가 마른 체형

하체가 뚱뚱하고 상체가 마른 체형은 체형보정용 브라를 통해 커버할 수 있다. 이 체형은 가슴이 빈약해 보이지 않으면서 몸매에 아름다움을 더하기 위해 약간의 여유가 있는 옷을 선택한다. 어깨 요크 아래 개더나 턱을 크게 잡는 것이 좋다. 가슴 선에 가로의 프릴이나 주름, 주머니 장식을 만들어 가슴이 더욱 확대되어 보이도록 한다. 엠파이어 스타일, 하이웨이스트 스타일이 잘 어울리며 소녀다운 깜찍한 이미지를 표현할 수 있다. 짧고 맵시 있는 볼레로 스타일의 재킷이나 플레어 주름치마, 트렌치코트, 레이어드룩 스타일이 적당하다. 목걸이는 가벼운 느낌으로 착용한다. 의상의 소재로는 스판소재, 부드럽고 얇은 소재 등은 피하도록 한다.

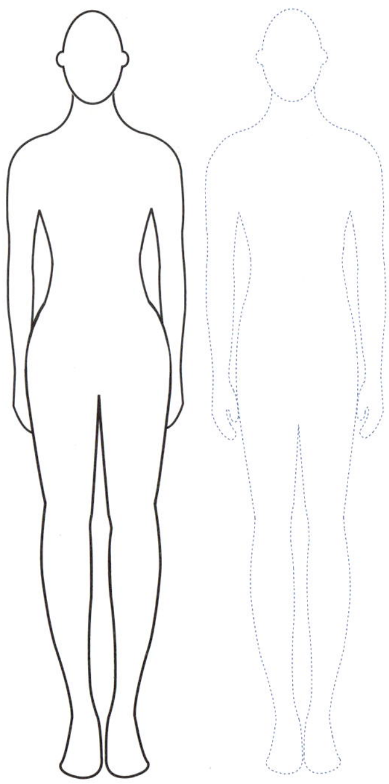

(7) 어깨가 올라간 체형

어깨가 올라간 체형은 서구적인 둥근 체형에서 볼 수 있는 체형으로 어깨가 넓고 각진 어깨로 시선이 가지 않도록 유의해야한다. 상의는 여유가 있고 자연스럽게 연출하여 시선이 아래쪽으로 가도록 한다. 어깨나 가슴 위쪽에는 장식 하지 않으며 어깨를 분할하거나 프린세스라인, 절개선이 들어간 아이템으로 시각적 착시 현상을 이용하는 것이 좋다. 좁은 V자나 U자형 네크라인이 효과적이다. 상의는 자연스러운 연출을 하고 시선을 아래로 가도록 하의 볼륨을 살려주는 플레어나 개더, 플리츠스커트, 포켓 있는 여유 있는 바지를 선택한다. 가슴선에 프릴, 볼륨감이 있는 디자인과 퍼프 슬리브나 목이 막힌 하이넥은 피하는 것이 좋다. 액세서리로는 긴 목걸이나 긴 스카프로 시선이 아래쪽으로 향하도록 하는 것이 좋다.

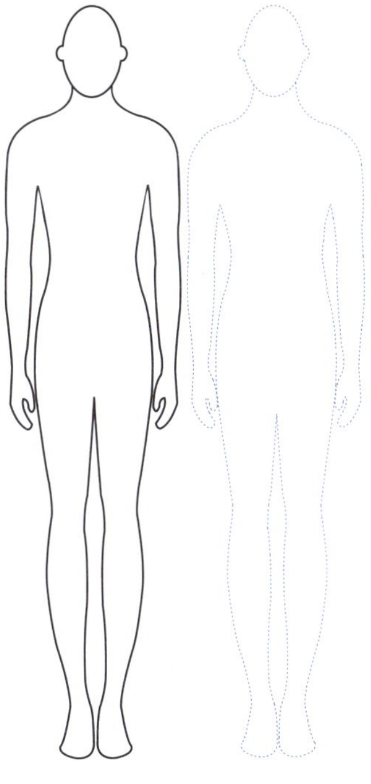

(8) 어깨가 처진 체형

어깨가 처진 체형은 어깨 폭이 좁고 경사졌으며 일반적으로 여성적인 체형이라 한다. 어깨가 처진 체형은 전체적으로 여유 있는 스타일이면서 어깨 패드로 경사진 어깨를 조절할 수 있다. 이러한 체형은 여성스러운 이미지를 가지고 있기 때문에 여성적 스타일이 어울린다. 페전트블라우스, 드롭 숄더, 돌먼 슬리브 등이 여성적인 아름다움을 효과적으로 부각시킬 수 있다. 넓고 둥근 목둘레선이나 윈 칼라, 세일러 칼라도 잘 어울린다. 박스형의 재킷이나 코트, 의복을 겹쳐 입는 스타일을 착용하면 경사진 어깨를 감출 수 있다. 터들 네크라인, 래글런 슬리브, 꼭 맞는 긴 소매, 넓은 플레어스커트, 챙이 넓은 모자는 피하도록 한다.

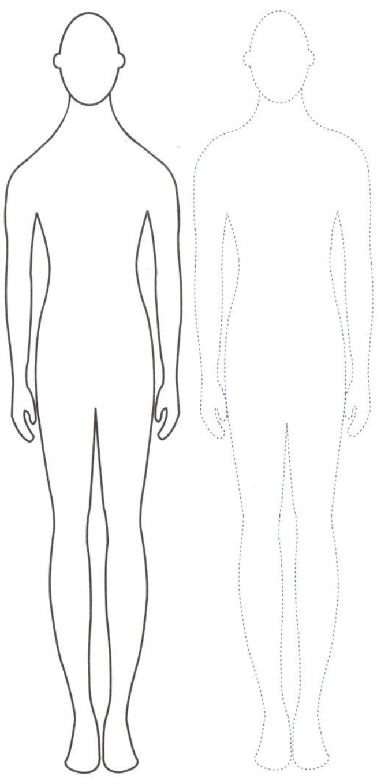

4. 컬러 이미지 배색

(1) 동일계열 배색

같은 색이면서 다양한 명도와 채도로 변화시킬 수 있다. 전체적으로 차분한 느낌의 심리적 효과를 가진 것으로 생각되지만 명도대비가 뚜렷하거나 선명한 채도를 가진 색을 조화시키면 자극적일 수도 있다.

(2) 유사계열 배색

색 차이가 크지 않은 비슷한 색상의 조화를 말하는 것으로서 전체적으로 단정하게 정돈된 분위기 연출에 적합하며 차분하고 온화한 인상을 준다. 유사색상으로 간단히 조화를 이룰 수 있으며 배색의 효과 역시 크다.

명도와 채도의 차이가 큰 아이템을 선택하면 더욱 조화롭다.

(3) 대조계열 배색

서로의 색상간의 간격이 먼 색의 조화로 강한 이미지를 주려고 할 경우나 화려하고 감각적인 스타일링을 원하는 경우에 과감하게 도전해 볼만하다. 강한 색상의 배색을 피하고 약한 색상을 사용하면 더욱 강한 개성을 표현할 수 있는 효과적인 스타일링이라고 말 할 수 있다.

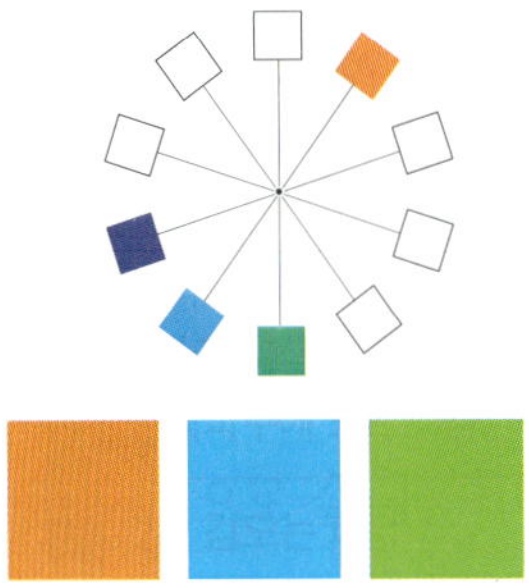

(4) 보색 배색

따뜻하고 푸근한 이미지의 난색과 차가운 이미지를 주는 한색을 배색하는 경우로 서로 상이한 두색의 이미지를 조화함으로서 서로의 색상을 선명하게 돋보일 수 있게 할 수 있다는 것이 특징이라고 할 수 있다.

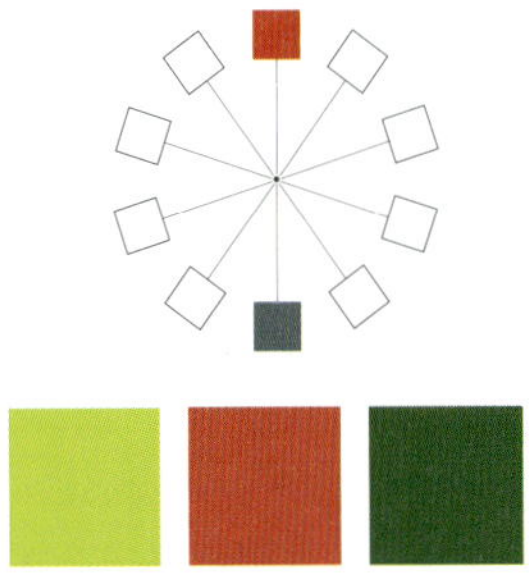

(5) 그러데이션 배색

색상이나 톤을 단계적으로 변화하게 하는 배색 방법으로 자연스럽고 리드미컬한 이미지를 연출, 생명력있고 참신한 이미지의 코디네이션이 가능한 것이 특징이다. 보다 효과적인 그러데이션 계열 배색을 위해서는 소재의 길이에 변화를 주거나 색상의 변화를 주는 것이 좋다.

(6) 세퍼레이션 배색

성향이 다른 계열의 색을 조화롭게 배열할 때 분리색이나 무채색을 중간에 사용하여 부드러운 이미지를 살릴 때 주로 채택하는 배색 방법이다. 이배색의 가장 큰 특징은 대조색의 코디네이션의 강열함을 완화시키거나 유사색 코디네이션의 단조로움을 피할 수 있다는 것이다.

(7) 악센트 배색

성향이 비슷한 색상의 배열의 단조로움을 탈피하기 위해 두드러진 강조 색을 사용하는 기법으로 코디네이션의 포인트를 주는 배색의 방법이다.

(8) 톤 온 톤 배색

동일계열의 색상을 사용하여 통일감을 줄 수 있다는 장점과 명도와 채도의 변화를 통해 정돈된 이미지의 다양한 연출이 가능한 배색이다. 단점으로는 다소 단조롭다는 이미지를 주기 쉬우므로 액세서리의 연출이 특히 필요하다.

(9) 톤 인 톤 배색

동일계열의 명도와 채도의 상이한 색상을 배색하는 것으로 비교적 톤 온 톤에 비해 색상의 조화를 자유롭게 연출할 수 있다는 장점은 있으나 톤 온 톤 계열 배색과 마찬가지로 너무 차분하고 통일된 이미지이므로 다소 단조로운 배색이 될 수 있다는 점에 유의해야한다.

6. 패션 스타일에 따른 개인의 이미지

(1) 내추럴(Natural) 이미지

내추럴 이미지는 자연이 나타내는 '친근함, 아늑함, 정다움, 온화함' 등의 의미를 지니고 있다. 평화로운 자연 풍경에서 느껴지는 상쾌한 기분, 싫증나지 않고 부드러우며 친근감이 있는 이미지이다. 내추럴 이미지를 표현하려면 정감 있고 편안한 느낌의 연한 갈색이나 빛바랜 듯한 색이 좋다. 다양한 톤의 녹색을 조화시켜서 자연의 느낌을 주는 것이 좋다.

자연이 가지는 편안함과 자연스러움, 부드러움, 친숙함, 온화함 등의 인공적이지 않은 이미지로 싫증나지 않는 안정감을 전달한다. 21세기 들어서는 자연친화적이면서도 세련된 도시의 라이프스타일을 바탕으로 여성스러움과 자연스러움이 더해지는 뉴 내추럴이 트렌드로 자리하고 있다. 베이지,아이보리 계통의 미색 계열이나 황녹색 계열을 중심으로 중채도의 라이트 그레이시톤과 덜톤을 주로 사용한다.

① 패션(Fashion)

몸에 편안한 실루엣과 천연 소재를 사용해 자연미를 강조하는 패션 스타일로 어깨선이나 웨이스트 라인이 루즈하게 떨어지고 여성스러움이 더해진 룩으로 연출할 수 있다. 최근의 내추럴룩은 스포티하면서도 내추럴한 스타일로 카고팬츠나 데님팬츠에 여유로운 실루엣의 쟈켓을 매치하거나 심플한 라인의 스커트에 편안한 실루엣의 카디건이나 니트와 스니커즈나 플랫 슈즈를 매치한 도시적인 세련미를 강조하고 있다. 포인트를 줄 수 있는 핸드백이나 스카프 또는 미니멀한 네클리스 정도로 액세서리를 최소화한다. 소재적인 측면에서 하드하지 않고 자연스럽게 드레이프지거나 부드럽고 공기감을 느낄 수 있는 면, 마, 울, 니트 등의 천연 소재를 선호한다.

② 헤어 & 메이크업(Hair & make-up)

피부는 건강하게 보이도록 표현해 주고 눈은 인위적이지 않으면서 패턴을 깊이감 있게 표현한다. 입술은 짙은 계열보다 중간 톤의 자연스러운 골든 브라운 계열과 딥 오렌지 계열을 활용한다. 치크 컬러는 자연스럽게 볼 부분을 감싸듯이 표현한다. 헤어는 자연스러운 웨이브의 긴머리가 잘 어울린다.

(2) 클래식 이미지

'고전적', '싫증이 나지 않는' 등의 뜻을 담고 있는 클래식은 기본적이고 유행에 좌우되지 않는 한결같은 이미지를 의미한다. 보수적이고 고전적 이미지가 강해보일 수 있으므로 지성미를 연출해 개성을 강조할 수 있는 것이 중요하다. 비비드에 회색을 가미한 덜톤이나 검은색을 가미한 명도가 낮고 어두운 다크 그레이시 톤을 주로 사용하는데 무채색, 브라운, 그린 등이 대표적이다.

① 패션(Fashion)

클래식 이미지는 베이직 스타일과 클래식 스타일로 나눌 수 있는데, 전자는 소박한 스웨터, 세미타이트 스커트, 재킷, 테일러드 수트, 트렌치 코트, T셔츠, 청바지 등의 아이템이 대표적이며, 후자는 유행을 많이 따르지 않지만 최고급을 지향하는 스타일로 샤넬 수트와 같은 진품의 정장 차림인 오센틱 드레싱, 프레피룩, 리치룩 등을 들 수 있다. 심플한 디자인의 자켓이나 팬츠, 스커트 등을 입으면 지적인 분위기를 이끌어낼 수 있으며, 여기에 유행 아이템을 이너웨어로 활용하면 세련된 느낌을 줄 수 있다. 기본 테일러드 자켓에 헐렁한 팬츠를 입고 넥타이나 스카프 등의 소품을

활용하면 활동적이고 세련되어 보이고, 진 팬츠를 단일 컬러 색상의 쟈켓이나 체크무늬 쟈켓과 코디하면 젊은 감각의 클래식 패션을 완성할 수 있다. 소재는 벨벳이나 따스한 느낌의 트위드, 고급 소재인 울 등이 적당하며 색상대비가 약한 체크무늬나 스트라이프를 활용한다.

② 헤어 & 메이크업(Hair & make-up)

피부 표현은 피부색에 맞게 단계적으로 입체감 · 밀도감 있게 한다. 눈은 풍부한 색감으로 깊이감 있게 표현하며 세련된 브라운 계열의 색상으로 그러데이션을 주어 자연스럽게 표현한다. 눈썹은 그레이나 브라운 컬러를 사용하여 앞머리는 약하게 시작하여 눈썹산은 다소 각지고 날렵한 형태로 그려 준다. 입술은 지성미가 느껴지는 브라운, 와인 계열로 표현한다. 치크 컬러는 눈과 입술을 자연스럽게 연결하는 색감으로 귀 선에서 입선까지 자연스럽게 터치한다. 헤어는 깔끔하게 빗어 넘긴 올백으로 목 뒷선에서 하나로 묶은 스타일, 웨이브가 들어가지 않고 볼륨감만 주어 심플하고 정돈감 있게 보이는 중간 길이의 보브 스타일, 옆 가르마를 한 레이어드 단발머리가 잘 어울린다.

(3) 로맨틱(Romantic) 이미지

부드럽고 사랑스러운 이미지를 아우르는 것으로 색조는 페일톤, 라이트톤, 라이트 그레이톤 등으로 밝고 가벼우며 부드럽게 표현한다. 따뜻하고 사랑스럽고 상냥한 이미지로 부드러우면서도 건강한 외모를 지닌 20대 초반의 젊은 여성들에게 잘 어울리고 신장이나 체격이 큰 경우에는 부조화스러울 수 있으므로 피하는 것이 좋다. 파스텔 핑크, 라이트 레몬 옐로우, 파스텔 아쿠아 등의 달콤하고 귀여운 색이 대표 색상으로 계절별로 파스텔 컬러를 잘 활용하면 로맨틱 이미지를 잘 표현할 수 있다.

① 패션(Fashion)

여성스러움을 강조하는 스타일로 인체의 곡선을 따라 몸에 꼭 맞는 실루엣이나 가는 허리를 강조하기도 한다. 실크, 시폰, 저지, 울 크레이프 등의 유연한 소재와 화사한 꽃모양 등의 프린트가 들어간 직물을 사용한 티어드 드레스나 팬 칼라 원피스나 스커트가 선호된다. 레이스, 러플, 프릴, 리본 등의 곡선적 디테일이 들어간 블라우스나 원피스에 진주 목걸이나 카메오, 작은 귀걸이 같은 액세서리나 앤티크 보석류를 매치해 연출할 수 있다.

구두는 리본 장식이 있는 밝고 가벼운 펌프스, 작은 끈이 달린 플랫 슈즈, 작고 부드러운 스타일의 핸드백을 선택하는 것도 스타일링 방법이다.

② 헤어 & 메이크업(Hair & make-up)

피부 톤은 피치 톤과 핑크 톤이 가미되어 밝고 화사하게 표현한다. 눈은 다양한 파스텔 톤으로 샤이닝 펄을 이용하여 환상적이며 신비롭게 표현한다. 입술은 오렌지나 핑크 계열로 글로시하게 표현하고 핑크 계열의 치크 컬러로 볼 중앙을 강조해 주듯이 터치해 혈색이 느껴지게 한다. 헤어는 부드러운 롱 웨이브 스타일과 레이어드 보브 스타일에 굵은 웨이브를 주는 것이 잘 어울린다.

(4) 엘레강스(Elegance) 이미지

우아함, 고상함, 단정함 등 품위 있는 이미지를 말하며, 성인을 대상으로 한 페미닌풍의 클래식하고 부유하면서도 조금은 보수적인 감성을 담고 있다. 연한 분홍색이나 그레이시한 보라색을 적절히 사용하면 감각적이면서 기품 있는 느낌을 표현할 수 있고 보라색과 자주색을 주로 사용하여 유사 색상 배색을 하면 전형적인 우아한 이미지를 표현할 수 있다.

① 패션(Fashion)

인체의 곡선미를 강조해 신체라인을 돋보이게 하는 스타일로 슬림한 실루엣이나 허리 라인을 강조해 여성의 아름다움을 부각시키며, 과잉 장식을 피하고 소재의 특성을 살려 신체가 가진 그대로의 아름다움을 표현할 수 있는 벨벳, 새틴, 태피터, 실크 소재가 많이 사용된다. 핑크에서 블루 계열의 부드러운 실크 스카프나 넥타이 또는 핸드백, 진주 등의 액세서리를 사용해 은은하고 우아한 분위기를 돋보이게 한다.

② 헤어 & 메이크업(Hair & make-up)

피부 톤은 한 톤 밝게 하여 화사하게 표현한다. 눈은 우아한 눈매를 위해 눈썹을 부드럽게 둥글리면서 길게 표현하고 아이섀도 색상은 퍼플, 와인, 로즈 브라운 등으로 그윽하게 표현한다. 립은 로즈, 와인계열의 색으로 곡선을 살려 여성스럽게 표현한다. 치크는 광대뼈를 중심으로 너무 길지 않게 가로 느낌으로 표현하고 옅은 핑크나 퍼플 톤이 좋다. 헤어는 부드러운 웨이브가 강조된 헤어스타일이나 가볍게 묶은 스타일, 우아하게 올린 업스타일이 잘 어울린다.

(5) 모던(Modern) 이미지

'도회적인', '간결한', '현대적인' 이라는 의미의 모던 이미지는 다소 차갑고 도시적인 감각이 돋보이는 것이 특징이며 미래를 동경하고 지적인 여성이 되기를 바라는 감성을 담고 있다. 부드러움이나 장식성을 배제하고, 화이트, 블랙, 그레이의 무채색과 차가운 색을 기초로 색상 대비와 명도 대비가 강한 배색이 선호된다. 화이트와 블랙을 사용한 분리 배색 방법은 맑고 선명한 모던 이미지가 되며, 유사한 톤의 배색은 수수하고 탁한 모던 이미지가 된다.

① 패션(Fashion)

모던스타일은 정신적인 풍요로움과 시각적인 즐거움을 줄 수 있는 디자인으로 상식적인 스타일과는 달리 새롭고 특이한 디자인을 지적인 멋으로 승화시켜 표현하거나, 대비되는 강한 배색을 사용해 현대적 이미지를 표현한 패션 스타일을 말한다. 1980년대 이후 뉴욕에서 정착된 슬림 앤 트림 패션이 대표적인 모던룩으로 슈트 차림을 일컬으며 주로 마와 면, 울 같은 천연 소재와 광택소재를 중심으로 사용하고, 모던풍의 기하학적 무늬와 스트레이트 라인을 사용해 도시 감각을 가미시켰다.

파워 숄더 자켓, H라인의 미니멀한 원피스, 데님소재 아이템, 직선적인 코트 및 아우터, 물방울 프린트의 여유있는 미디 드레스 등이 대표적인 아이템이다.

② 헤어 & 메이크업(Hair & make-up)

무채색의 배색, 심플한 의상 등에 맞추어 장식을 배제하고 형태적인 부분에 포인트를 둔다. 피부 표현은 엷은 베이지 톤으로 글로시한 느낌으로 연출한다. 눈썹은 블랙 계열로 직선형이나 일자형으로 그려 준다. 아이섀도는 차가운 느낌을 주는 펄감이 있는 컬러를 사용하고 눈 위, 아래를 굵은 아이라인으로 표현한다. 치크 컬러는 브라운 톤, 무채색을 이용하여 코끝까지 길게 터치해준다. 헤어는 길이에 차이를 주는 보브형 커트나 깔끔한 포니테일의 형태로 표현한다.

(6) 매니쉬(Mannish) 이미지

'남성적인' 이라는 의미를 지니고 있으며, 격조 있고 자립심이 강한 여성의 이미지로 현대에는 합리주의와 행동력을 대표하며 격식을 중요시하고 중후한 멋을 즐기고자 하는 여성들사이에서 페미닌한 감각으로 표현되고 있다. 전체적으로 검은색이 많이 가미되어 어두우면서 색감이 느껴지는 중후한 느낌의 명도가 낮은 회색, 초록색, 진한 갈색, 올리브 그린 등 탁색 계열이 많고, 다크톤이 중심이 되어 차분한 분위기를 연출한다.

① 패션(Fashion)

매니시 스타일은 여성의 옷에 남성복의 구조와 감성을 넣어 디자인하고 스타일링한 룩으로 댄디풍, 머린풍, 밀리터리풍 등 단순한 디자인에 소재감이 최대한 살아있는 재킷과 팬츠를 기본으로 표현된다. 다크한 컬러톤에 스트라이프, 체크무늬, 고밀도의 기하학적인 헤링본 등의 무늬가 주로 사용되며, 소재로는 소모직물, 도스킨, 저지, 개버틴, 트위드 등의 하드한 텍스처를 이용한다. 넥타이, 옥스퍼드 슈즈, 페도라, 행커칩 등의 액세서리를 활용해 스타일의 완성도를 높일 수 있다.

② 헤어 & 메이크업(Hair & make-up)

피부 톤에 맞게 자연스럽게 표현하고 피부 표현은 얇고 가볍게 연출한다. 또한 조금 어두운 톤으로 건강미를 표현하여 남성미를 살려 준다. 눈썹은 블랙이나 브라운으로 짙게 표현하고 눈은 그레이, 카키, 브라운 계열의 펜슬 타입으로 눈매를 강하게 나타낸다. 립은 자연스럽게 표현할 때는 누드 컬러로 표현하고 반대로 짙게 표현할 때는 버건디 계열로 강하게 부각시킨다. 치크 컬러는 브라운 계열로 윤곽을 강하게 표현하기 위해 사선으로 샤프하게 표현한다. 긴머리의 스타일보다는 단발이나 숏 커트형의 스타일로 단정하게 빗어 넘긴 스타일로 연출한다.

(7) 액티브(Active) 이미지

'강한, 활동적인' 이라는 의미대로 운동감을 이미지의 원천으로 하여 밝고 활달한 감성을 전달한다. 에너제틱하고 긍정적인 인상과 함께 친근감을 표현할 수 있다는 특징이 있다. 밝고 화사한 라이트와 비비드, 페일톤을 주로 사용하며 화이트와 네이비 역시 선호된다.

① 패션(Fashion)

기능성을 중시한 디자인에서 건강과 레저를 위한 밝은 색상의 디자인에 이르기까지 활동적인 이미지를 표현하는 스타일로 스포츠웨어, 웨스턴룩, 팝아트룩 등을 포함한다. 레이어드 스타일링을 통해 차별화된 액티브 스타일을 보여줄 수 있는데 스키니 팬츠나 레깅스 위에 원피스와 자켓을 매치하거나, 자켓에 후드 점퍼를 겹쳐 입거나, 정장 위에 누빔 코트로 연출할 수도 있다. 스니커즈나 고급스러운 소재의 백팩 또는 빅백을 활용한 코디네이션으로 세련미를 더할 수 있다. 소재는 대부분 면이나 마 같은 천연 소재에 첨단 기술을 통해 가공한 인조섬유를 더해 기능성을 강화한 직물을 사용한다.

② 헤어 & 메이크업(Hair & make-up)

피부 표현은 밝은 톤으로 자연스러운 피부 톤을 살려준다. 눈은 상쾌한 이미지를 주기 위해 옐로우, 오렌지, 핑크, 그린 계열을 중심으로 전체적으로 넓게 펴 바른다. 립은 입술 형태에 따라 다소 직선적인 느낌이 들도록 라인으로 형태를 잡아주고 오렌지나 레드 톤으로 마무리한다. 치크 컬러는 아이섀도와 연결하여 발랄한 이미지로 표현한다.

(8) 에스닉(Ethnic) 이미지

'민속적, 이방인의, 이교도의' 라는 의미대로 민속풍의 소박한 느낌을 강조하는 이미지이자 이질적인 느낌을 내는 표현방식이다. 깊이 있는 색이 주로 사용되며, 채도가 높고 어두운 색은 오래된 역사의 이미지를 표현하는 데 효과적이며, 세피아 계열의 색을 배색에 첨가함으로써 풍토적이거나 민족적인 이미지를 강하게 할 수 있고, 약간의 콘트라스트를 부여하면 약동감을 얻을 수 있다.

① 패션(Fashion)

인도네시아의 바틱, 이카트와 티베트, 부탄의 전통 무늬인 에스닉 자카드, 케냐 스트라이프 등의 독특한 문양과 소재, 나염 및 패치워크 등의 수공예적 디테일이 들어간 사롱스커트나 셔츠, 스카프를 활용한 스타일링으로 연출이 가능하다. 녹색, 파란색, 인디고 블루 등 자연의 색과 천연 소재를 사용한 판탈롱 팬츠나 차이나 칼라 등을 사용한 동양 분위기의 간결한 선과 디테일을 이용해 다양한 실루엣의 오리엔탈 룩을 완성할 수 있다.

특정 지역의 민속풍 문양을 모티브로 한 소재와 면, 마, 거친 양모섬유 등의 전통 소재가 독특한 자카드 직물이 주로 쓰인다.

② 헤어 & 메이크업(Hair & make-up)

이국적이고 민속적인 메이크업이다. 기본적으로 자연스러운 색을 주로 이용하고 신비로움을 표현해 준다. 피부 표현은 다갈색으로 표현하기 위해 다크 베이지로 음영 없이 글로시한 느낌을 주도록 한다. 눈썹은 블랙 계열로 직선적인 느낌으로 표현하고 눈은 색조보다 라인을 강조한다. 립은 붉은 입술이 대표적이며 오렌지나 붉은 갈색으로 펄감 있게 하거나 글로시한 립스틱을 이용한다. 치크는 강한 색채로 비교적 강조하는 패턴으로 한다.

■ 개인별 패션 이미지 측정

다음은 개인별 패션 이미지 측정 문항으로 자기 모습에 대한 자신의 감정을 평가하는 것이다. 각 문항을 읽고 자신에게 가장 적절하다고 판단되는 문항을 선택하자.

1. 일상생활 혹은 직장이나 학교에서 가장 많이 신는 구두의 타입은?

A. 나는 직장이나 학교에 갈 때는 낮은 굽의 펌프스와 같은 종류의 구두를 신으며 이러한 펌프스형 구두를 3~4가지의 기본 색상들로 가지고 있다.

B. 나는 직장이나 학교 혹은 여가를 즐길 때 모두 의복과 매치가 잘 되는 구두를 선택하므로 납작한 굽의 구두나 리본장식이 달려 있는 구두를 좋아한다.

C. 나는 보통 때도 높은 구두를 즐겨 신기 때문에 구두의 굽이 높을수록 더 좋아하며, 매 시즌마다 새로 유행하는 구두를 사는 편이다.

D. 특별히 좋아하는 타입은 없다. 나는 다양한 구두와 여러 켤레의 구두를 갖고 있지만 어떤 구두를 어떤 옷과 맞춰 입어야 할 것인가를 결정하기가 어렵다.

2. 이브닝 웨어나 혹은 정장을 입을 때 자신에게 가장 잘 어울린다고 생각되는 구두는 무엇입니까?

A. 우아하면서도 단순하고 굽이 약간 높은 구두이다.

B. 중간 정도 굽의 검은색 실크 펌프스형 구두가 다른 모든 옷들과 잘 어울리기 때문에 제일 좋다.

C. 실버와 골드 굽을 가진 구두로서 나의 섹시한 모습을 보이고 싶다.

D. 나는 드레시한 구두가 필요 없다.

3. 좋아하는 주얼리에 관한 설명 중 자신과 가장 관련이 깊은 내용은 무엇인가?

A. 내 목둘레에 맞는 한 줄로 된 진주 목걸이를 좋아하고 자주 착용한다.

B. 단순하고 우아한 유형의 웨딩 밴드 같은 것이나 귀 뚫은 귀고리 정도를 사용한다.

C. 나는 많은 패션 쥬얼리를 가지고 있다. 내가 지닌 의복들과 잘 어울리는 다양한 색채의 쥬얼리를 좋아한다.

D. 기하학적 형태를 지닌 커다란 핀이나 펜던트, 그리고 귀고리 같은 단순한 유형을 좋아한다.

4. 가장 많이 선택하는 귀고리의 유형은 무엇입니까?

A. 작거나 중간 사이즈의 골드나 실버 고리형을 매일 착용한다.

B. 금속류에는 알레르기가 있어 진짜 금으로 귀고리만 하는 데 그 중에서도 14K의 공형태의 귀고리가 좋다.

C. 특별히 선호하는 유형은 없고 입고 있는 의복과 무엇이 어울리는가를 보고 선택한다.

D. 착용할 경우에 적절한 것이면 무엇이든지 좋다.

5. 현재 자신의 메이크업한 모습을 설명한다면?
(현재는 메이크업을 안 했어도 앞으로 메이크업을 한 자신을 상상하고 답해도 좋음)

A. 눈화장은 부드러운 색상의 아이섀도를 사용한다.
B. 밝은 입술 색상과 가짜 눈썹 등 대담한 모습이 좋다.
C. 나는 다양한 종류의 화장품을 갖고 있어 가끔은 나의 외모(look)를 변화시키기를 즐긴다.
D. 화장을 거의 하지 않기 때문에 외출시에도 립스틱과 마스카라로만 살짝 메이크업한다.

6. 가장 좋아하는 매니큐어의 색상과 방법은 어떤 것입니까?

A. 매니큐어를 사는 것을 좋아하며 짙고 어두운 색상을 주로 사용한다.
B. 손톱 끝에만 바르는 프렌치 매니큐어나 약간 투명한 정도의 매니큐어를 좋아한다.
C. 다양하고 많은 색상의 매니큐어를 구입하지만 어떤 것도 실제로 칠한 적은 없다.
D. 손톱은 연한 부드러운 산호색 매니큐어를 칠하고, 발톱에는 같은 계통의 보다 진한 색을 칠한다.

7. 밤에 입고 자는 잠옷은 어떤 형태입니까?

A. 편하고 간편한 티셔츠의 권투선수용 팬티 같은 박스형 쇼트팬츠를 즐겨 입는다.
B. 내가 제일 좋아하는 잠옷은 꽃문양의 긴 가운과 그것과 조화되는 긴 원피스형 잠옷이다.
C. 실크 소재의 매끄럽고 레이스가 달린 가운과 그것과 매치되는 실내용 잠옷이다.
D. 잠옷이 없다.

8. 가장 좋아하는 속옷의 종류는 무엇입니까?

A. 보통은 짧은 실크 가운이지만 가끔은 부드럽고 매우 큰 사이즈의 긴 티셔츠도 좋아한다.
B. 레이스로 된 빨간색 코르셋 형태의 뷔스티에와 그것과 매치되는 종류가 많다.
C. 면으로 된 파자마 세트나 단순한 형태의 긴 가운 종류가 좋다.
D. 빅토리안 스타일의 주름과 레이스가 있는 속옷 종류가 좋다.

9. 핸드백을 선택할 때의 기준은 무엇입니까?

A. 무엇보다도 기능적이어야 하므로 칸이 많고 편안한 것이 좋다.
B. 디자이너 브랜드인가를 보고 난 후에 스타일을 고려한다.
C. 기본형 핸드백 하나를 오랫동안 사용함으로 질이 좋은 천연가죽 백을 중요하게 생각한다.
D. 캐주얼한 옷감 소재로 된 백이나 손뜨개로 만든 백의 종류를 선택한다.

10. 핸드백을 얼마나 자주 구입합니까?

A. 한 시즌에 질이 좋은 가죽백 두 개 정도를 구입한다.
B. 다양한 색상, 사이즈 등 여러 가지 형태의 멋진 백들을 좋아하여 기회가 있을 때마다 구입한다.
C. 얼마나 자주 구입하는지는 잘 모르겠다. 다만 구입하는 핸드백의 유형은 비슷하고 색상만 다르게 선택하는 편이다.
D. 사용하는 핸드백이 낡아졌을 때만 구입한다.

11. 자신의 옷장 안을 어떠한 색의 의복으로 구성하고 싶습니까?

A. 나는 다양한 색의 의복을 갖추고 있는 것이 좋으며 밝을수록 더 좋다고 생각한다.
B. 내가 좋아하는 색으로 된 의복을 구입하고, 시즌마다 유행하는 색을 찾아 보완하는 것이 좋다.
C. 나는 주로 검은색을 선택한다.
D. 다양한 색의 의복을 좋아하지만 어떻게 액세서리들을 코디네이트 시켜야 할지를 몰라 선택을 망설인다.

12. 옷에 문양이 있는 것과 없는 것 중 어느 것을 더 좋아합니까?

A. 이국적인 문양이나 바틱(태국의 전통 염색법) 등 의 문양을 선호한다.
B. 문양이 없는 것을 좋아한다. 만약 있다면 줄무늬나 점무늬 정도가 좋다.
C. 작은 꽃문양이 좋다. 그리고 잔잔한 줄무늬도 선호한다.
D. 서로 다른 모양의 문양과 색상을 혼합한 것을 좋아하고 커다란 문양도 좋아한다.

13. 구매하고 싶은 스웨터의 유형은 무엇입니까?

A. 몸에 잘 붙는 디자인으로 아플리케나 문양이 있는 맑은 색상의 스웨터이다.
B. 사이즈가 다소 넉넉한 동일한 스타일의 터틀넥 스웨터를 여러 가지 소재와 색상들로 구비하고 싶다.
C. 기본 색상으로 된 트윈 세트의 스웨터를 사고 싶다.
D. 다양한 타입과 색상, 그리고 다양한 스타일의 스웨터를 사고 싶다.

14. 의복을 마무리 짓는 단계에서 카디건 스웨터와 재킷 중 어느 것을 선택합니까?

A. 재킷과 팬츠 슈트는 나의 라이프스타일에 주요한 테마이므로 재킷을 선호한다.
B. 긴 스커트에 어울리는 부드러운 카디건을 선호한다.
C. 특별히 어떤 것을 선호하기 보다는 내가 갖고 있는 재킷과 스웨터를 우선 살펴본 후 무엇이 더 필요한가를 파악하여 스웨터나 재킷을 구입하여 나의 옷장을 업데이트한다.
D. 특별히 선호하는 것은 없다. 잡지나 쇼윈도우에 디스플레이된 옷들을 보고, 더 좋은 것으로 선택하여 그것들과 비슷한 분위기를 내는 것을 좋아한다.

15. 다음 중 어떠한 선물을 받으면 미소가 절로 지어지겠습니까?

A. 연한 핑크 카디건 스웨터
B. 14K로 된 목걸이 형태의 팔찌
C. 특이한 수공예품의 장신구
D. 패션 잡지 구독권

16. 자신과 어울리지 않는 선물을 받은 경험이 있습니까? 다음 중 어떤 항목이 이에 해당합니까?

A. 나는 가죽의류를 착용해 본 경험이 없는 데 갈색의 가죽진을 선물 받았던 때가 있다.
B. 나는 받은 선물이 내 마음에 안 들 경우에는 교환을 한다.
C. 나에게 어울리지 않는 클래식한 스타일의 의류브랜드 교환권을 선물 받았다. 이럴 경우에는 기본적인 흰색 티셔츠 정도만을 구입하고 난 후, 나머지는 현금으로 되돌려 받는다.
D. 선물은 무엇이든 다 좋아하며 나중에라도 항상 그것을 사용한다.

17. 당신이 특별한 날 밤에 입고 외출할 칵테일 드레스를 선택한다면 다음 중의 어느 것입니까?

A. 드레시한 스타일의 아이템을 각각 선택하여 경우에 따라 코디네이트 시킨다.
B. 끈이 없는 여러 색상으로 된 짧은 시퀸 비즈 드레스
C. 비즈가 달린 재킷과 검정색 새틴 바지
D. 크림색 레이스 드레스와 재킷

18. 드레시한 의복을 입어야 한다면 어떤 모습으로 보이고 싶습니까?

A. 다른 사람과 다르게 보이고 싶다.
B. 가장 최신의 스타일로 보이고 싶다.
C. 아름다운 소재로 된 멋진 검은색 드레스나 세퍼레이트 정도로 착용한 모습으로 보이고 싶다.
D. 모든 곳에 어울리는 드레시한 실크 슈트를 입은 모습으로 보이고 싶다.

19. 선호하는 소재나 문양의 종류는 무엇입니까?

A. 서로 다른 소재들과 문양들을 혼합하여 입는 것을 좋아한다.
B. 문양이 없는 것이 좋다.
C. 문양이 있는 경우에는 항상 잘 드러나지 않는 잔잔한 꽃문양 정도이다.
D. 실크, 울, 캐시미어 그리고 고급 면소재 등과 같은 럭셔리한 소재를 좋아한다.

20. 선호하는 수영복의 종류는?

A. 탱크 슈트로 입고 수영할 수 있는 유형
B. 밝은 색상의 비키니나 특이한 원피스 스타일
C. 다양한 스타일의 수영복들 중에서 선택
D. 수영을 하지 않으므로 수영복이 없다.

21. 만일 일상적으로 사용하는 식기류를 선택할 기회가 된다면 어떤 것을 선택하겠습니까?

A. 일상생활에서는 하얀색의 기본형 식기류를 사용한다.
B. 단색의 건축학적인 형태의 세트를 사용한다.
C. 충격적인 차이나 스타일로 아주 다양한 스타일을 혼합하여 매치해서 사용한다.
D. 잘 드러나지 않는 작은 꽃문양이나 하얀색과 파란색 문양이 혼합된 스타일이 좋다.

22. 포크와 나이프 같은 실버웨어를 선택한다면 다음 중 어느 것을 선택하겠습니까?

A. 복잡한 골드웨어 세트를 선택한다.
B. 단순하고 기하학적인 세트를 선택한다.
C. 할인점에서 구입한 저렴한 세트를 선택한다.
D. 엄마가 사용하시던 것을 사용하는 것도 무방하다.

23. 침구류로 가장 선호하는 것은 무엇입니까?

A. 베개와 매치되는 데님커버
B. 베개와 매치되는 끝이 레이스로 된 커버
C. 매 시즌마다 다른 베개 커버의 매치시킬 수 있는 단색의 커버
D. 동물 모양의 커버와 그 위에 타피스트리로 염색된 쿠션을 올려놓고 싶다.

24. 의복이나 액세서리에 디자이너 로고가 들어간 것을 좋아합니까?

A. 좋아하기는 하나 어떤 경우에 어디를 가느냐에 달려 있다.
B. 내 몸 근처 어디에라도 로고가 있는 것이 싫다.
C. 핸드백 정도에는 로고가 있는 것이 좋다.
D. 나는 로고가 최상의 품질을 의미하는 것임을 잘 알고 있으므로 로고를 선호한다.

25. 가장 선호하는 양말의 유형은 무엇입니까?

A. 항상 바지를 착용하므로 바지용 양말을 선호한다.
B. 피부색과 같은 색의 스타킹을 착용하지 않는다.
C. 아주 얇은 것부터 줄무늬, 색상이 있는 것 등 다양한 양말이나 스타킹을 좋아한다.
D. 특별히 선호하는 유형은 없으며, 옷에 따라 스타킹을 착용하기도 하고 안하기도 한다.

26. 가장 좋아하는 소파의 종류는 무엇입니까?

A. 꽃문양이나 식물문양이 있는 커버에 쿠션이 많이 있는 것
B. 단순한 가죽 소파
C. 단색의 소파로 매 시즌마다 변화를 줄 수 있는 것
D. 끝이 뾰족한 커버가 있는 고전형 엔틱 소파

27. 이상적인 코트는 무엇입니까?(단, 가격은 고려하지 말 것)

A. 따뜻한 것
B. 검정 트렌치 코트
C. 긴 더블 브레스트의 카멜코트
D. 긴 모피코트

28. 사고 싶은 장갑의 유형은 무엇입니까?

A. 밝은 색상의 가죽장갑
B. 검정 니트 장갑
C. 검정 가죽 장갑
D. 유명한 디자이너의 플레이드

29. 좋아하는 시계줄은 무엇입니까?

A. 금과 은이 혼합된 금속의 밴드 형태
B. 검정 가죽으로 된 가는 끈 형태
C. 라임 스톤 장식이 있는 금으로 된 디자이너 시계
D. 줄의 색상을 바꿀 수 있는 패션 시계

30. 가장 선호하는 헤어스타일은 무엇입니까?

A. 시즌마다 헤어스타일을 바꾼다.
B. 짧고 간편한 스타일
C. 헤어밴드를 한 길고 컬이 있는 헤어스타일
D. 어깨 정도 길이의 산뜻하고 단순한 커트 스타일

■ 평가방법

각 문항별로 자신이 답한 내용에 대한 평가방법은 다음과 같다.

1) 왼쪽 줄의 알파벳 A, B, C, D는 각 문항의 번호를 나타낸다.
2) 오른쪽 줄의 알파벳 A에서 G까지는 자신의 답에 대한 점수이다. 예를 들어 2번 문항의 답을 B로 선택하였다면 'F'에 표시를 해야 한다. 또한 3번 문항에서 답을 'C'로 선택하였다면 'D'에 표시를 해야 한다.
3) 30개 문항을 모두 채점한 후 각각의 점수에 대한 알파벳의 숫자를 계산한다.

1. A-A	2. A-E	3. A-A	4. A-A	5. A-B
B-B	B-F	B-H	B-H	B-G
C-C	C-G	C-D	C-D	C-D
D-D	D-H	D-C	D-C	D-F
6. A-C	7. A-B	8. A-D	9. A-F	10. A-E
B-E	B-F	B-C	B-C	B-G
C-D	C-E	C-F	C-A	C-D
D-B	D-G	D-B	D-B	D-H
11. A-G	12. A-D	13. A-G	14. A-G	15. A-B
B-D	B-A	B-F	B-B	B-E
C-E	C-B	C-A	C-H	C-D
D-F	D-C	D-D	D-C	D-C
16. A-A	17. A-E	18. A-D	19. A-C	20. A-A
B-H	B-G	B-C	B-A	B-G
C-G	C-A	C-E	C-B	C-D
D-D	D-B	D-F	D-E	D-H
21. A-A	22. A-G	23. A-H	24. A-C	25. A-A
B-E	B-C	B-C	B-F	B-B
C-D	C-F	C-F	C-A	C-G
D-B	D-H	D-G	D-G	D-F
26. A-A	27. A-F	28. A-C	29. A-A	30. A-C
B-E	B-A	B-A	B-E	B-F
C-D	C-E	C-E	C-G	C-B
D-B	D-G	D-G	D-C	D-A

4) 다음에 각 점수의 합계를 적어보자.

A ( ) B ( ) C ( )

D ( ) E ( ) F ( )

G ( ) H ( ) NO VALUE

5) 점수의 합계에 따른 타입의 분류는 다음과 같다.

A는 클래식 타입 B는 로맨틱 타입

C는 하이패션 타입 D는 예술적 타입

E는 모던 타입 F는 내추럴 타입

G는 드라마틱 타입 H는 타입이 없음

6) 각 알파벳의 점수가 높을수록 해당 알파벳 분류 타입에 더 가깝다.

대부분의 경우 자신의 타입을 즉시 알아낼 수 있겠지만 때로는 하나의 유형이 두드러지면서 몇 개의 유형이 혼합된 형태를 보이기도 한다. 즉 자신의 점수 합계가 E점수가 11개, G점수가 9개, 그리고 A점수가 2개라면 이 사람은 모던한 타입과 드라마틱 타입이 혼합된 것을 의미한다.

※ 나는 무슨 타입?

Part 4

국제매너

Chapter 10. 매너의 개념

Chapter 11. 복장 매너

Chapter 12. 생활 매너

Chapter 13. 비지니스 매너

Chapter 14. 면접이미지

4

Chapter 10

매너의 개념

인간은 혼자서는 살 수 없으며 국제화 시대에 맞추어 살아가야 하기 때문에 공동체의 다양한 구성원의 인간관계 속에서 남을 배려하며 살아가야 한다. 이러한 공동체의 다양한 구성원의 인간관계 속에서 남을 배려하여 편안하게 해 주는 것이 바로 매너이다. 매너(manner)는 사전적 의미로 방법, 방식, 태도로써 사람들의 행동이나 태도의 보편적인 가치기준으로 '예의범절' 이라고 할 수 있다. 매너의 기본 개념은 상대방의 입장을 존중해주는 데 있으며, 이는 상대방이 불편하지 않도록 배려하고 폐를 끼치지 않게 하는 인간의 행동방식을 뜻한다.

매너와 에티켓은 예의라는 의미로 구분 없이 사용되고 있으나 매너와 에티켓의 용어는 서로 다르다. 매너는 에티켓을 행동으로 나타내는 것이므로 에티켓은 형식이며, 매너는 방법이라 할 수 있다. 예를 들어, 지하철에서 노약자에게 자리를 양보하는 것은 에티켓이다. 그러나 자리 양보를 공손하게 하느냐, 그렇지 않게 하느냐는 매너이다. 상대방을 존중하며 공손하게 자리를 양보 한다면 매너가 좋은 것이고, 그렇지 않다면 매너가 좋지 않은 것이다. 이렇듯 에티켓은 사람들 사이의 합리적인 행동 기준을 말할 때 사용 되지만 매너는 에티켓을 바탕으로 한 행동을 말한다. 아무리 에티켓을 지킨 행동일지라도 매너가 없으면 품위 있는 인격을 소유할 수가 없다. 매너는 삶을 살아가는 방법이자 습관이며, 타인을 배려하는 문명화의 과정으로 경쟁력 있는 성공의 커뮤니케이션인 것이다.

Chapter 11

복장 매너

1. 여성 기본정장

직장생활을 하는 여성에게 있어 정장차림은 자신의 분야에서 전문적인 여성임을 나타낼 수 있는 효과적인 자기표현의 수단이 된다. 또한 정장차림은 품위와 권위 있는 모습뿐 아니라 매너를 갖추는 기본적 자세이다. 정장연출을 위한 기본아이템으로 재킷, 스커트, 팬츠, 베스트 등이 있으며, 액세서리를 코디하여 정장연출을 마무리 하도록 한다.

1) 정장차림

(1) 재킷(Jacket)

재킷은 정장차림의 상의를 말한다. 클래식 정장재킷은 전형적으로 보수적 스타일이다. 테일러드 칼라의 가장 평범한 스타일의 재킷은 그 시대의 유행에 맞추어 재킷의 길이, 칼라의 형태, 여밈의 방식, 앞단의 여밈, 뒤트임의 형식과 스타일 등이 달라진다. 재킷은 보통 하의의 스커트나 슬랙스 색상에 맞추어 다양하게 연출할 수 있는 아이템이다. 트위드나 헤링본 소재의 재킷, 글렌 체크나 하운스 투스 체크 등의 클래식한 패턴의 재킷은 유행에 민감하지 않으며 코디하기에 무난하며 용의한 아이템이다. 재킷의 종류에는 블레이저 재킷(blazer jacket), 더블 브레스티드 재킷(double breasted jacket),테일러드 재킷(tailored jacket), 논 라펠 재킷(non-lapel jacket), 볼레로 재킷(bolero jacket), 블루종(blouson), 턱시도 재킷(tuxedo jacket), 사파리 재킷(safari jacket), 오버사이즈 재킷(over size jacket) 등으로 나누어진다.

블레이저 재킷

더블 브레스티드 재킷

논 라펠 재킷

블르종 재킷

턱시도 재킷

볼레로 재킷

(2) 블라우스(Blouse)

여성의 기본적인 상의 아이템으로 불리는 블라우스는 재킷 안에 코디하여 입는 아이템으로 단색의 블라우스가 무난하다. 블라우스가 여성스럽게 돋보이는 곳은 목둘레와 소매부분의 장식에 의해 분위기가 다르다. 너무 화려한 색상은 피하면서 사이즈가 크거나 작은지를 확인하고 유행에 뒤처지는 스타일은 고르지 않는다.

블라우스는 쉽게 더러워지기 때문에 물세탁이 가능한 원단과 가벼운 느낌의 소재를 선택하도록 한다. 블라우스의 종류에는 셔츠블라우스(shirts blouse), 보우 블라우스(bow blouse), 블루종 블라우스(blouson blouse), 페플럼 블라우스(peplum blouse), 페전트 블라우스(peasant blouse) 등이 있다. 회색 슈트에 흰색 블라우스는 권위적 이미지를 주며, 회색 슈트에 노랑 블라우스는 권위적 인상은 감소되고 호감과 신뢰도는 높아진다. 청색 슈트에 흰색 블라우스 차림이나 짙은 적갈색 슈트에 흰색 또는 검정색 블라우스 차림은 신뢰도를 높이고, 청색 슈트에 연노랑 블라우스, 베이지색 슈트에 갈색 블라우스는 우호적인 인상을 만든다.

셔츠 블라우스

오픈셔츠

타이매치 셔츠

(3) 스커트(Skirt)

스커트는 상의의 재킷과 잘 어울리는 디자인과 착용해야 하며, 다양하게 변화를 줄 수 있기 때문에 업무 중에는 블라우스나 카디건에 코디하여 편안하게 입을 수가 있다. 스커트는 트임이 있는 쪽에 지퍼가 달리기 때문에 옆이나 뒤쪽에 트임을 주어 걷기에 불편함이 없도록 한다. 스커트의 변화는 스커트의 길이와 형태의 스타일에 따라서 달라지기도 하고, 스커트의 길이와 포켓의 위치가 다르다. 스커트의 길이는 무릎정도의 길이가 가장 실용적이다. 스커트의 종류에는 길이와 디자인에 따라서 타이트 스커트(tight skirt), A라인 스커트(a-line skirt), 개더 스커트(gather skirt), 플레어 스커트(flare skirt), 고어드 스커트(gored skirt), 플리츠 스커트(pleats skirt), 티어드 스커트(tiered skirt) 등으로 분류된다.

타이트 스커트

A라인 스커트

개더 스커트

플레어 스커트

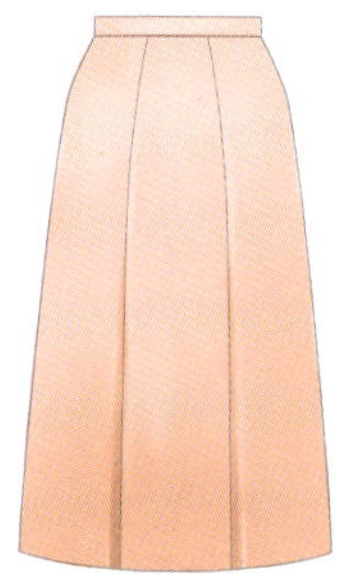
고어드 스커트

플리츠 스커트

티어드 스커트

써큘러 스커트

(4) 팬츠(Pants)

팬츠는 1970년대 팬츠슈트로 발표되어 여성의류 스타일로 정착하였다. 재킷과 한 벌로 코디하여 정장으로 입거나 블라우스, 스웨터, 셔츠 등과 조화를 이루어 착용한다. 팬츠라고도 불리는 바지는 하체의 양쪽다리가 분류된 형태로서 바지의 통과 길이, 외곽선의 형태, 허리선의 위치, 부리의 형태에 따라 명칭이 달라진다. 잘 조화시켜 착용하면 강하면서 지적인 캐리어우먼 스타일을 연출해 낼 수 있다. 사무직 여성은 블랙이나 어두운 색상을 착용하여 안정적이고 품격이 있는 이미지를 연출할 수 있으며 명품이나 유명브랜드가 아니지만 아이보리나 밝은 색상도 고급스럽고 품위있는 연출이 가능하다. 팬츠의 종류는 바지의 길이와 실루엣, 또는 디자인에 따라서 판타롱 팬츠(pantaloons pants), 슬림 팬츠(slim pants), 배기팬츠(baggy pants), 벨보텀 팬츠(bell bottom pants), 힙본 팬츠(hipbone pants), 스트레이트 팬츠(strait pants), 트라우저 팬츠(trousers pants) 등이 있다.

바지의 길이로 구분하자면 극단적으로 짧은 바지의 쇼티 쇼트, 핫팬츠의 길이나 쇼트, 무릎 위의 반바지의 자마이카, 무릎 위 5cm의 버뮤다, 무릎 바로 밑의 토레아도르, 무릎아래 5cm의 페달푸셔, 발목 약간 위나 7~8부의 카프리, 발목길이의 팬츠가 있다.

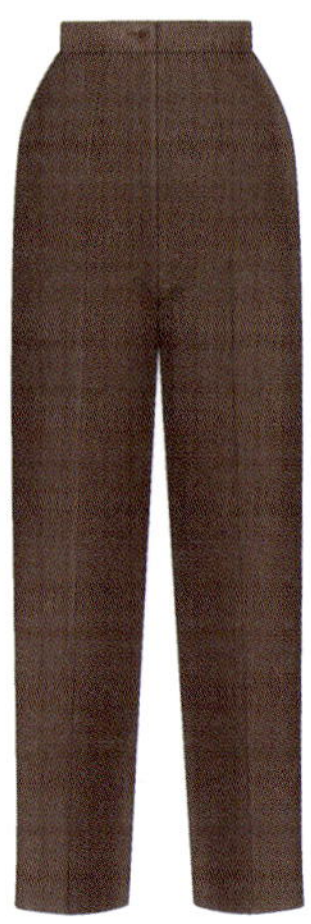

타이트 팬츠

밸 보텀스 팬츠

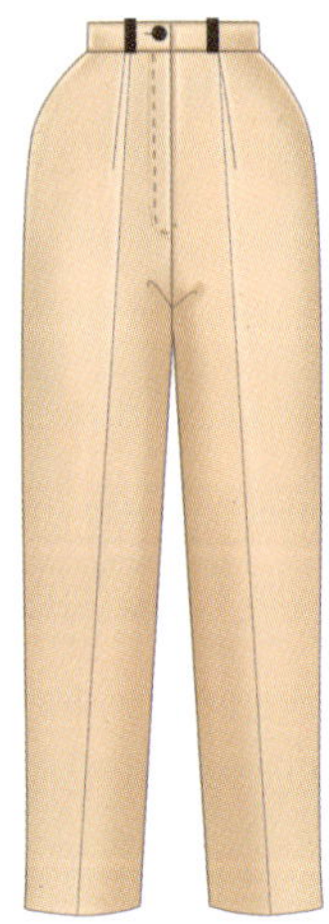

판타롱 팬츠

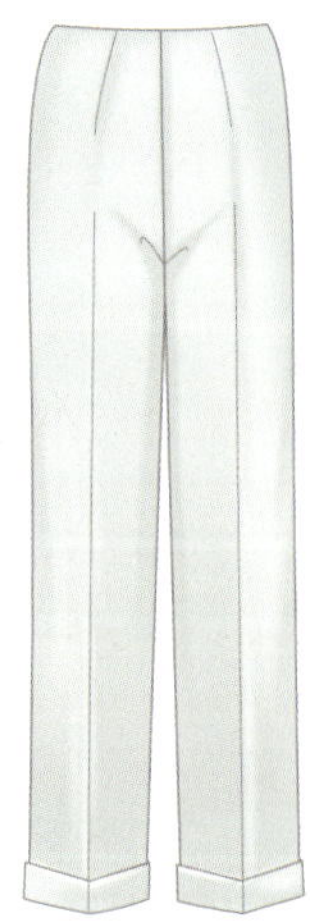

힙본 팬츠

(5) 베스트(Vest)

베스트는 시대의 유행에 따라 길이가 길거나 짧은 스타일이 변화하여 착용된다. 소매가 없는 상의 블라우스나 스웨터, 셔츠위에다 투피스, 슈트나 코트 속에 착용하는 것으로 길이는 허리 위나 아래 7부 길이의 튜닉이나 길이는 다양하다. 모직물 베스트는 블라우스나 폴라 티셔츠 위에 덧입거나 정장과 함께 코디하면 강한 인상을 주게 되어 남성적인 분위기를 나타낼 수도 있다. 단순히 방한용의 아이템의 의미이상의 것으로 전체적인 이미지의 조화를 이루어주는 효과적이며 유용한 아이템으로 센스 있는 코티를 위한 중요한 아이템이다. 때로는 딱딱한 느낌과 권위적인 이미지를 주기 때문에 여성스러움과 부드러움을 전하기 위해서 주로 블라우스에 코디하여 액세서리로 포인트를 준다.

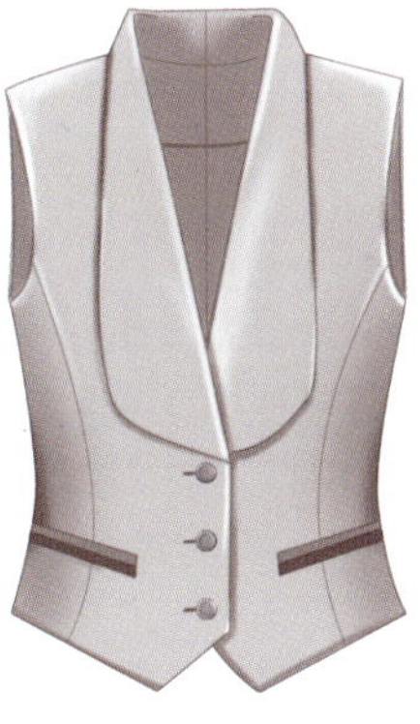

드레스 베스트

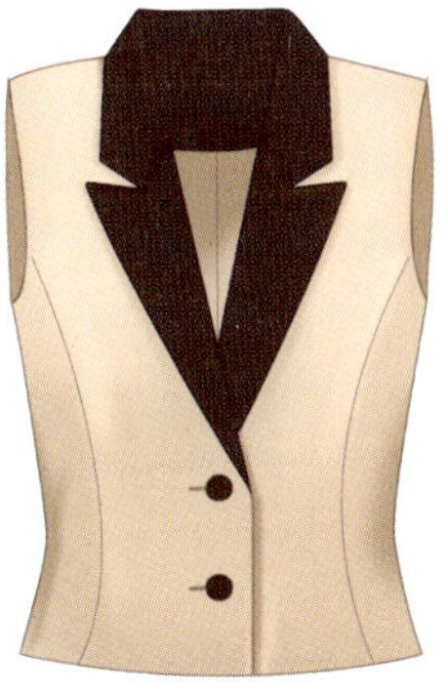

라벨드 베스트

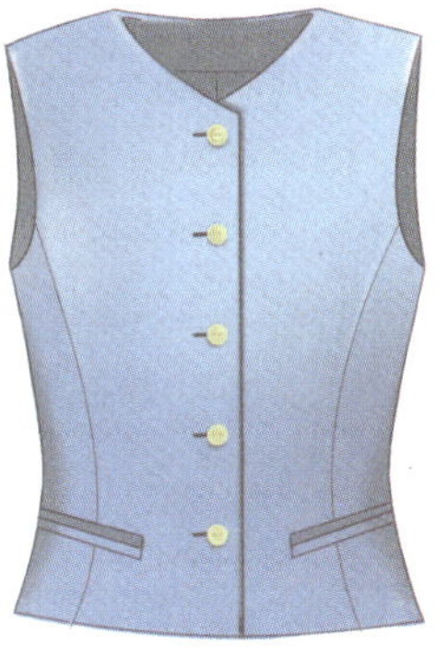

베스트

2) 액세서리

최근 퍼스널이미지를 스타일링을 하는데 있어서 액세서리는 코디네이션의 요소 중에서 매우 중요한 역할을 하므로 정장차림과 가장 어울리는 소품으로 장식을 해야 한다. 액세서리는 사용목적에 따라 기능성과 장식성이 필요하기 때문에 어떤 방식의 착용법이냐에 따라서 다양한 스타일로 변화를 가져올 수 있는 중요한 토털코디네이션의 아이템의 하나이다. 액세서리는 워드로브(wardrobe)에 맞게 연출하기 위해서 모자, 가방, 스카프, 벨트, 머플러, 장갑, 안경, 쥬얼리의 펜던트, 목걸이, 반지, 이어링, 팔찌 등과의 아이템에 따라서 인체의 목 부위에 코디하는 시즌별 스카프와 머플러의 연출방법을 모색하고, 정장재킷의 디자인과 맞는 구두와 스타킹의 착용방법을 구상한다.

(1) 구두

구두는 정장스타일에 맞는 디자인과 색상을 골라서 연출한다. 대부분은 검정색이 적합하고, 베이지색, 브라운색 등이 슈트에 가장 어울리는 색상들이지만 스커트나 슬랙스 색보다는 조금 진한 계열의 색상을 선택한다. 또한 구두는 하루일과 속에서 편안하고, 발에 맞는 것을 착용해야 오랫동안 서있거나 걸을 때에 편안하다. 그러므로 구두 굽의 높이는 4~5cm정도가 적합하여 바른 자세로 맵시 있는 옷차림을 표현할 수 있다. 구두의 형태는 어떠한 옷과의 스타일도 모두 소화해 낼 수 있게 앞뒤가 트이지 않은 펌프스 스타일(pumps style)의 구두를 착용하여 연출한다. 구두의 종류는 오픈 백 펌프스(open back pumps), 옥스퍼드 슈즈(oxford shoes), 앵글 부츠(ankle boots) 등으로 구분한다.

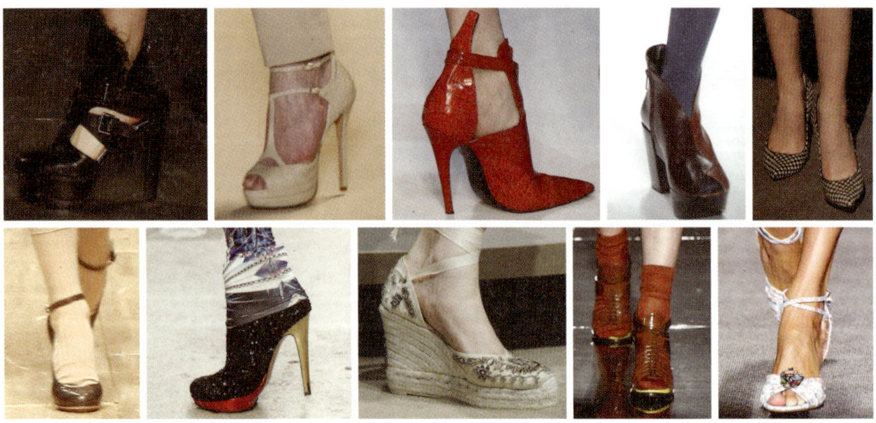

(2) 핸드백

각 개인의 취향과 직업 신분과 상황에 맞추어 선호하는 핸드백의 종류는 다양해질 수 있으며 계절에 따라 여름용과 겨울용 그리고 용도에 따라 정장용과 캐주얼용으로 구분할 수 있다. 차림에 따라 어깨에 메는 형태와 손에 드는 타입이 있으며 어깨에 메는 타입의 핸드백은 작은 형이 무난하며 커다란 타입의 메는 형은 잘못하면 어깨선이 흐트러질 수 있다. 하지만 캐주얼 한 복장에는 커다란 타입의 어깨에 메는 형태의 것도 무난하며 파티용으로 어깨에 메는 타입을 선택할 경우에는 자신의 신체의 비율에 신경을 써야한다. 핸드백의 선택은 전체적인 패션 코디에 있어 중요한 부분임으로 자신의 신체적 비율과 입고 있는 복장의 소재를 고려하여야 하며 T.P.O에 맞는 현명한 판단이 요구되는 아이템이다. 가장 기본적인 검정, 갈색, 흰색은 계절별로 갖추어 놓으면 원활한 코디에 도움이 된다.

핸드백을 선택하는 경우 고려해야할 점으로는 의상의 전체적인 색에 조화를 생각하여야 하며 가장 간단하고도 무난한 방법으로는 의상과 백의 색을 동일하게 코디하는 것이다. 착용하고 있는 의상의 아이템과 무늬와 색상, 소재 등을 통일 시켜주거나 대비되는 색상을 선택하는 방법도 있으나 이런 경우는 대비 색상의 선택에 주의를 기울일 필요가 있다.

(3) 스카프(Scarf)

목에 두르거나 머리에 쓰거나 어깨에 걸치는 것으로 보온 및 장식을 목적으로 하는 것이다. 폭이 넓은 형과 좁은 형이나 장방형의 크고 작은 사이즈의 것으로 소재가 얇은 것과 니트형이나 모피 등 다양한 소재가 있다. 어깨에 걸치거나 매는 방식이나 컬러에 따라 다양한 분위기의 연출이 가능하다.

(4) 머플러(Muffler)

목에 두르는 것으로 방한용의 경우 머플러라고 총칭한다. 스카프나 스톨과 같은 타입으로 목에 둘러 다양한 코디를 할 수 있으며 얼굴과 목선을 부드럽게 연출하거나 악센트를 주어 전체적인 복식의 세련된 미를 완성시킬 수 있는 아이템이다.

스카프 및 머플러 연출법

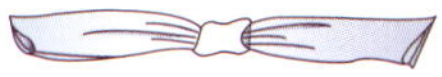

스카프를 말아 접은 후 가운데 부분에 매듭을 짓는다.

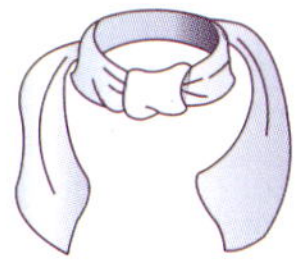

양쪽을 앞에서 뒤로 돌려 감는다.

돌려 감은 후 매듭사이로 교차시켜 집어 넣는다.

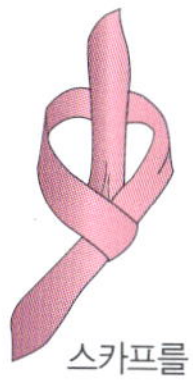

스카프를 한번 돌린다.

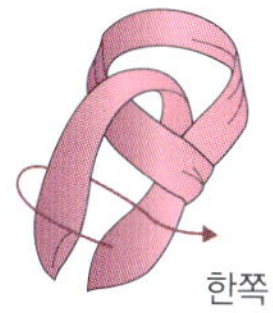

한쪽 끝을 그림과 같이 화살표 방향으로 돌린다.

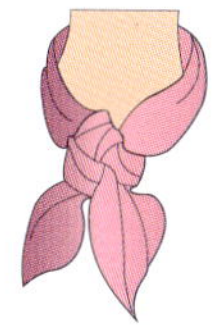

매듭이 잘 보이도록 묶는다.

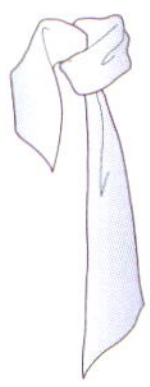

스카프를 한쪽 끝을 먼저 묶는다.

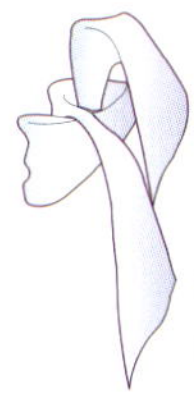

다른 한쪽을 그림과 같이 뒤에서 앞으로 넘긴다.

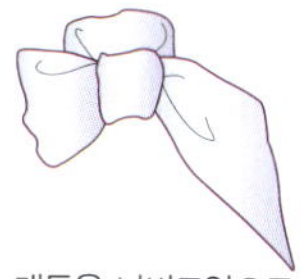

매듭을 나비모양으로 묶어 모양을 잡아 준다.

스카프 한쪽 끝을 먼저 묶은 후 다른 한쪽을 그 매듭 사이로 넣어 잡아 뺀다.

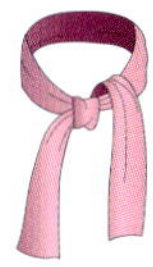

한쪽을 그림과 같이 뒤에서 앞으로 넘긴다.

넘겨진 부분을 넓게 펴서 모양을 낸다.

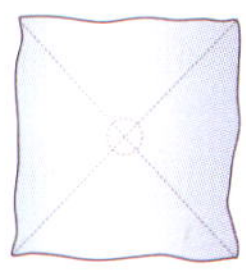

정사각형 스카프의 중심부분을 모아잡는다.

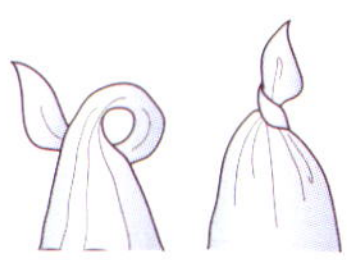

모아 잡은 부분을 한 번 꼬아 묶는다.

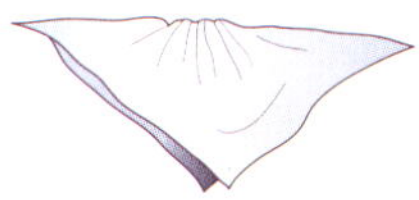

묶인 부분이 안으로 들어 가게끔 접는다.

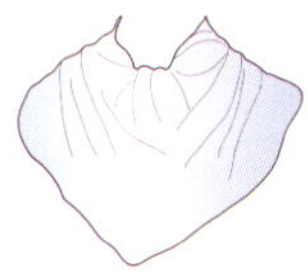

앞에서 뒤로 어깨를 감싸게끔 돌려 묶는다.

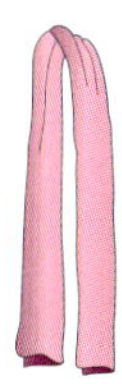

220cm의 스카프를 반으로 접는다.

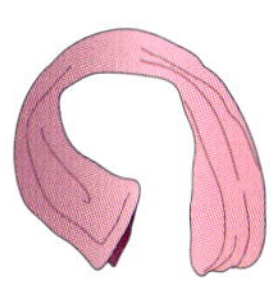

또 한번 반으로 접는다.

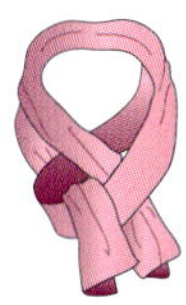

갈라진 부분을 각각 한쪽은 앞에서 뒤로 또 한쪽은 뒤에서 앞으로 잡아뺀다.

200cm의 스카프를 반으로 접는다.

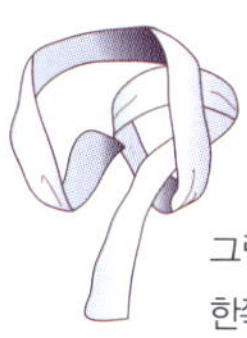

그림과 같이 꼬아서 한쪽 끝을 잡아 뺀다.

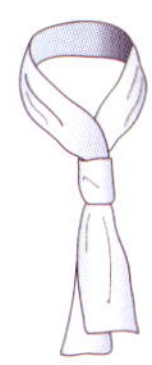

원하는 위치에 매듭을 짓는다.

(5) 사롱스(Sarongs)

비키니 착용시 사롱스로 다양한 연출을 한다.

2. 남성 기본정장

의복은 국가의 문화적인 특성을 전하기 때문에 의복이 갖고 있는 그 기능을 다하고, 상징성을 내포하고 있어야한다. 남성의 신사복은 비즈니스를 할 때 의복의 중요한 역할을 한다. 정장차림은 상대방에 대한 정보가 없다하더라도 그 사람의 옷차림을 보면서 무언의 표현이 된다. 즉 상대방의 이미지와 사회적 직위, 성격, 개성과 성향 등을 전달해준다. 정장을 착용할 때는 착용자의 스타일마다 의복의 역할을 다하도록 하며, 남성의 피부색과 체형에 맞게 조화를 이룰 수 있도록 세련된 옷차림을 연출하여야 한다.

1) 슈트

남성 정장차림의 슈트는 산업혁명이후 사회적으로 평범한 스타일이 시대의 흐름에 따라 점차 획일화되어 19세기 초에 포멀웨어(formal wear)가 변모되어 빅토리아 시대부터 착용하게 되었다. 슈트는 시대가 변하고, 유행이 달라져도 남성에 대한 정체감을 잃지 않고 장식성보다는 실용성을 강조하였다. 비즈니스맨의 슈트차림은 자신의 인격을 나타내어 옷차림으로서 성공을 상징하기도 하며, 사회구성원으로서 역할을 다하기 위해 디테일이 규정되고, 상황에 맞는 옷차림 또한 공식석상에서 타인의 신뢰와 존경을 받는 것이다. 슈트는 몸을 조이지 않는 스타일이 1890년대에 비즈니스 슈트로 입게 되어 남성들의 편이성에 의해 실용적인 재킷들이 등장하였다. 미국식의 편안함과 기능적인 면을 강조한 스타일과 체형선을 강조하고 곡선미와 균형미를 조화시킨 유럽식과 미국식과 유럽식을 잘 조화한 이태리 스타일이 존재하나 주로 우리나라의 남성들은 주로 유럽스타일을 선호하고 있다.

아메리칸 타입

이탈리안 타입

유러피언 타입

(1) 슈트의 기본유형

① 아메리칸 스타일 (American style)

실용적인 면이 그대로 담겨 있는 스타일로 미국인들의 성향에 맞게 활동하기에 편하고 기능적인 면을 강조한 스타일이다. 직선적인 실루엣으로 상체가 조금 길고 허리선이 없고 여유 있는 소매이며, 3~4개의 단추가 달린 싱글 여밈에 플랩 포켓(Flap Pocket)이며 한 개의 뒤트임 그리고 어깨에 얇은 패드가 있다. 이 스타일은 누구나 입을 수 있도록 크게 재단되어 입는 사람의 체형을 감추는데 효과적이나 감각을 표현하기에는 다소 부족하다.

② 이탈리안 스타일 (Italian style)

이탈이안 스타일은 여유로운 아메리칸 스타일과 곡선미가 있는 유러피언 스타일과 새빌로우의 균형미를 조화롭게 디자인한 최근의 스타일이다. 실루엣은 다른 스타일에 비해 어깨가 조금 넓고 허리선의 곡선이 들어갔다. 아랫단이 부드러운 곡선으로 연결되어 착장시 편안하며 세련미가 있다.

③ 유러피언 스타일 (European style)

유럽인들은 자유분방하면서도 격식을 엄격히 따지는 경향이 있다. 그것은 옷차림에서도 마찬가지이다. 전체적인 분위기는 대체적으로 허리선의 윤곽이 드러나는 형태여서 약간의 경직된 느낌의 실루엣이다. 형태는 각진 어깨와 좁은 소매, 가슴에서 엉덩이까지 꼭 맞는 모양을 하고 있다. 2개의 단추가 달린 싱글 여밈에 뒤트임이 없는 것이 유럽피안 스타일의 특징이다. 몸은 곡선느낌이 나고 어깨는 딱딱한 느낌이 나는 스타일로, 엄격한 격식을 지키며 포멀한 옷을 즐겨 입던 유럽인들의 기호를 잘 나타낸다. 우아한 옷차림을 선호하는 사람에게 추천할 만하다.

(2) 슈트의 디테일

남성복의 실루엣은 슈트의 길이, 소매크기, 여밈의 종류, 어깨와 칼라의 넓이, 트임의 형식에 의해서 나타나고, 이 중 트임은 남성복 스타일에 많은 영향을 준다. 트임은 상의의 양 옆트임 또는 중앙 트임 두 종류가 있으며, 트임을 벤트(vent)라고 하는데 이것은 군인들이 말을 타고 다닌 데서 비롯되었다고 한다. 각기 기본 유형이 시대의 유행에 따라 달라지고 있으며, 세 가지 스타일로 나누어진다.

① 더블 벤티드(Double vented)

슈트의 상의 뒤에 양옆으로 두개의 트임이 있다. 영국식 스타일로서 착용 후 앉거나 포켓에 손을 넣을 때 옷이 구겨지지 않게 하며, 엉덩이 부분을 가려줄 수 있다. 그러나 엉덩이가 크거나 배가 나온 사람에게는 적합하지 않다.

② 싱글 벤티드(Single vented)

남성들이 착용하는 슈트 중 가장 많이 선호하는 형태의 트임이며, 아메리칸 스타일에서 많이 볼 수 있다. 뒤 중심에 한 개의 트임이 있어 키가 커 보이고 3버튼 슈트에 아주 잘 어울리는 스타일이다.

③ 노 벤티드(No vented)

유럽피언들이 선호하는 차림으로서 뒤에 트임이 없는 형태이므로 가장 깔끔하게 보이긴 하나 포켓에 손을 넣거나 앉을 때 주름이 생긴다.

더블 벤티드 싱글 벤티드 노 벤티드

(3) 앞단추의 여밈

투버튼 슈트는 윗단추만 채워 입는 것이 바른 착장 방법이며, 아랫단추가 반쯤 보이는 것이 좋다. 쓰리버튼 슈트는 위나 가운데 단추를, 더블 브레스티드 슈트는 윗단추나 아랫단추 중 하나만 채운다. 윗단추를 채우는 것은 키가 큰사람에게, 아래단추를 채우는 것은 키가 작은 사람에게 더 잘 어울린다. 아랫단추만을 채우면 라펠의 선이 길어 보여 키가 커 보이게 되기 때문이다.

2) 셔츠

상의에 입는 드레스 셔츠는 와이셔츠라고 하는 것은 화이트 셔츠에서 유래된 것이다. 셔츠의 어원은 노르망디의 스키르트(skyrt)에서 파생된 것으로 남녀 모두가 입는 옷으로 속옷과 속옷 위에 입는 와이셔츠, 블라우스 등이 있다. 남자용으로는 속셔츠와 와이셔츠 등의 여러 종류가 있고 자신의 피부 컬러에 맞게 핑크, 블루, 페일, 그린, 페일 옐로우, 그레이 등을 상황에 맞추어 선택하는 것이 효과적인 코디의 방법이다. 오늘날과 같은 면, 모직의 유연한 소재의 셔츠가 보편화 된 것은 19세기 중반 이후이며 위생적이며 더욱 세련미를 갖추게 된 것은 20세기 초 이후라고 말할 수 있다. 셔츠의 소매부분은 조금은 여유가 있는 것으로 단추가 쉽게 풀리지 않는 정도로 좁아야 한다. 품은 슈트나 재킷의 실루엣을 고려하여야 함으로 너무 넓은 것은 적합하지 않다. 길이는 움직여도 밖으로 나오지 않을 정도의 길이여야 하며 너무 길면 바지와 겹치는 부분에 둔탁한 느낌을 줄 수 있다.

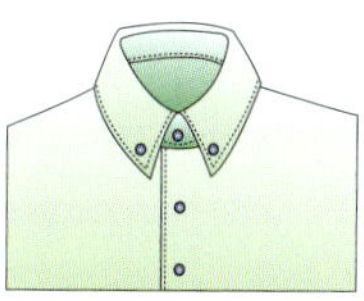
버튼 다운 칼라 셔츠

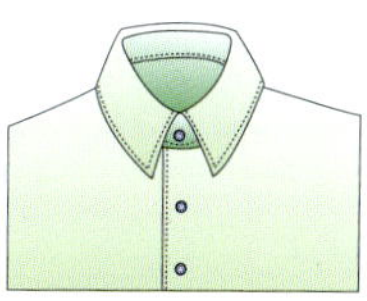
레귤러 칼라 셔츠

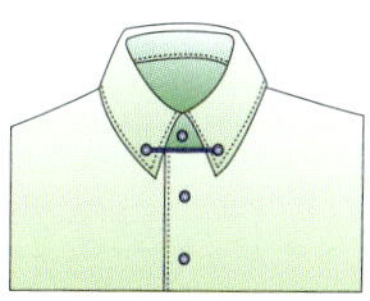
핀 홀 칼라 셔츠

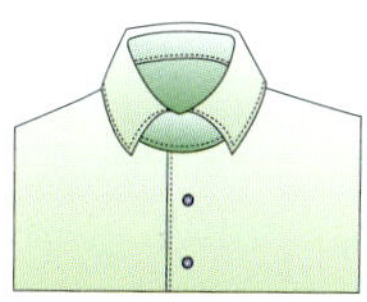
와이드 스프레드 칼라 셔츠

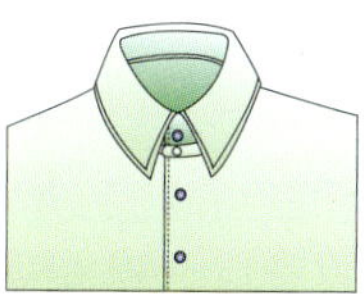
탭 칼라 셔츠

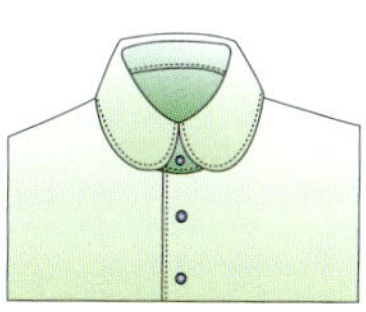
라운드 칼라 셔츠

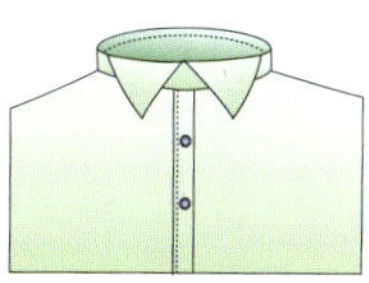
윙 칼라 셔츠

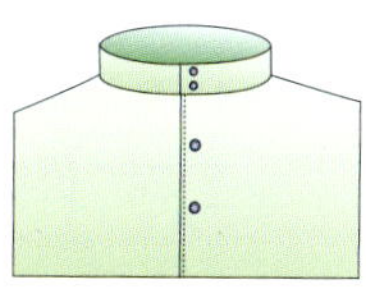
밴드 칼라 셔츠

3) 베스트 (조끼, Vest)

조끼는 몸에 꼭 맞게 입고, 바지의 허리 단을 감추는 길이가 적당하다. 또한 슈트 상의의 단추를 채웠을 때 상의위로 조끼가 살짝 보이도록 입는 것이 적당하며, 뒷면에는 품을 조절할 수 있는 벨트가 있다. 조끼는 보통 체격의 사람은 몸에 꼭 맞게, 뚱뚱한 체형은 약간 여유 있게 착용하여 체형의 결점을 보완한다. 조끼 밑으로 셔츠나 바지의 허릿단이 보이지 않도록 하고 맨 아래 단추는 채우지 않는 것이 격에 맞는 연출이며, 활동하기에도 편하다. 바지와 같은 색상과 소재를 사용하면 가장 무난하며, 길어 보이는 효과를 준다.

베스트 밑으로 셔츠나 팬츠,밸트가 보이지 않도록 하고 베스트는 몸에 꼭 맞게 입는다.

어깨에서 소매까지 연장선이 수직이 되어야 한다.

셔츠 소매는 슈트 소매에서 1~1.5Cm정도 보여야 한다.

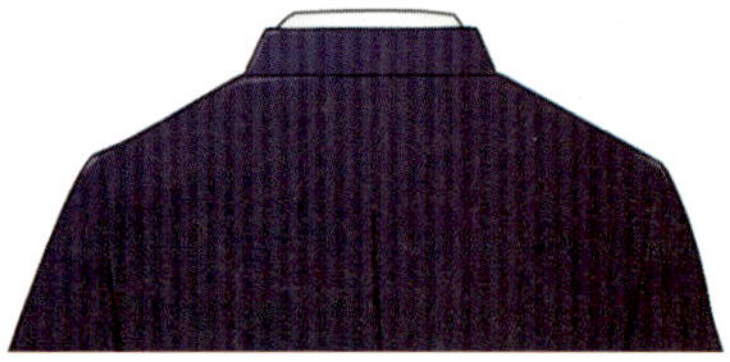

셔츠의 칼라는 슈트의 칼라보다 1~1.5cm 정도 나오는 것이 깔끔해 보인다.

4) 팬츠(Pants)

초기의 바지 모양은 다리에 꼭 맞는 것이었으나 점차 유행에 의해 다양해졌고, 엉덩이에서 발목까지 좁아지는 본래의 모양을 유지하게 되었다. 신사복의 전통적인 바지 스타일은 일자형과 아래로 내려가면서 좁아지는 두 가지 형태가 있다. 바지의 허리 주름은 바지 통이 넓어지면서 생겨났으며, 앞쪽에 각각 2개의 주름이 있는 바지가 정통이다. 이 주름은 앉았을 때 자세를 편안하게 해주며, 바지의 선을 우아하게 유지해준다. 바지에 진흙과 물이 묻는 것을 피하기 위해 1890년대 단을 접어 입게 되었는데 당시에는 받아들여지지 않았으나 20세기 초 일반적인 바지형태로 받아들여졌다. 바지 단을 접어올린 바지는 아랫단에 무게가 더해져 바지의 선이 우아하게 잡힌다. 바지통은 신발이 3/4정도 가려지는 것이 적당하며, 엉덩이 부분을 넉넉하게 해서 입어야 앞 주름과 주머니가 벌어지지 않고 서스펜더를 해서 입는 바지는 벨트를 착용하는 바지의 1.5㎝정도 허리를 넉넉히 하고 길이도 조금 길게 한다. 바지의 길이는 걸을 때 양말이 보이지 않을 정도가 적당하고, 단을 접은 바지는 구두의 등을 살짝 덮는 정도가 적당하다. 단을 접지 않는 바지는 뒷부분이 구두창과 굽이 만나는 지점까지 내려오는 것이 적당하다.

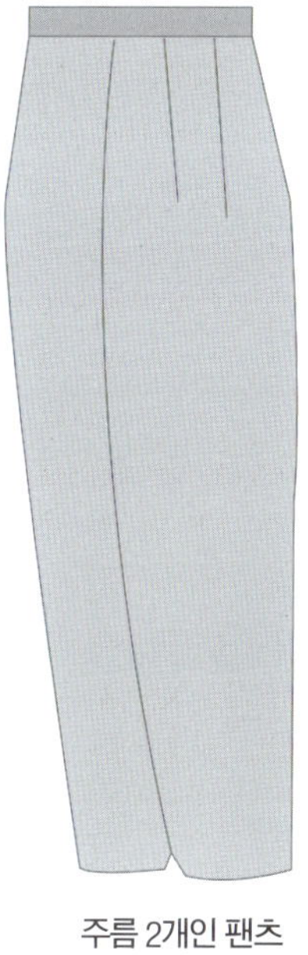

주름 2개인 팬츠

주름 없는 팬츠

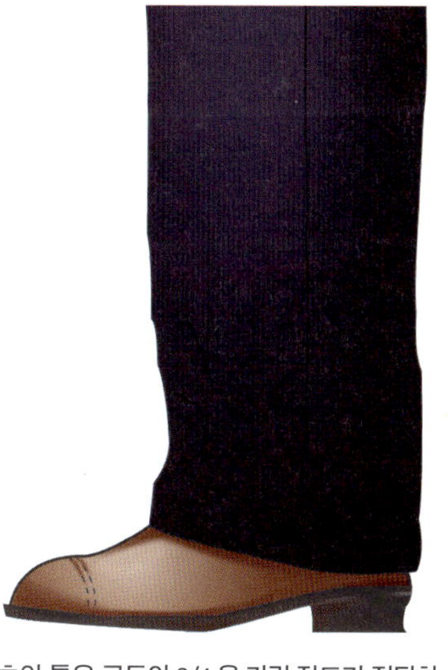

팬츠의 통은 구두의 3/4 을 가릴 정도가 적당하며 바지의 길이는 걸을 때 양말이 보이지 않을 정도가 좋다.

5) 액세서리

(1) 넥타이

넥타이는 남성복 연출에서 대표적인 액세서리로 바지의 허리밴드에 닿게 매는 것이 적당하다. 같은 슈트라도 넥타이에 따라 옷차림의 분위기와 느낌이 달라질 수 있으므로 색상과 무늬까지 충분히 고려하여야 한다. 남자의 슈트 차림에서 타이의 변화는 새로운 분위기와 인상을 연출하는 중요한 아이템으로 슈트와의 조화가 중요하다. 요즘 넥타이는 격식을 갖추거나 캐주얼 스타일에도 다양하게 활용하여 착용하고 있다. 또한 여러가지 패턴으로 상대방의 시선을 끌기도 하지만 넥타이의 변화는 패턴 및 폭, 그리고 길이로 그 유행을 달리한다. 넥타이를 착용하는 것은 예를 갖추되 활동하기에 편하도록 하고, 장식적인 면을 나타낼 때는 타이텍(tie tack), 타이클립(tie clip), 타이핀(tie pin) 등을 꽂는다. 패턴의 종류에는 솔리드 무늬(solid pattern), 스트라이프 무늬(stripe pattern), 도트무늬(dot pattern), 페이즐리 무늬(paisley pattern), 프로랄 무늬(floral pattern) 등의 넥타이가 있다. 넥타이는 아주 키가 크거나 윈저 노트(windsor knot)로 매는 경우를 제외하고 보통 132~147㎝정도의 길이가 적당하다. 적당한 타이의 넓이는 8㎝정도이지만 유행에 따라 7~9㎝까지 허용된다. 일반적으로 청색 슈트에는 청색 계열의 타이를, 밤색 슈트에는 밤색 타이를 매는 것과 같이 동일색상 계열의 타이를 매면 정숙하고 차분한 인상을 줄 수 있고 지적인 분위기를 연출할 수 있다. 청색이나 회색 슈트에 붉은색 계통의 타이와 같이 슈트와 반대색계열의 타이를 매면 자신감 있는 인상을 줄 수 있다.

■ 넥타이 패턴의 종류

■ 넥타이 매는 방법

• 하프 윈저 노트 half windsor knot

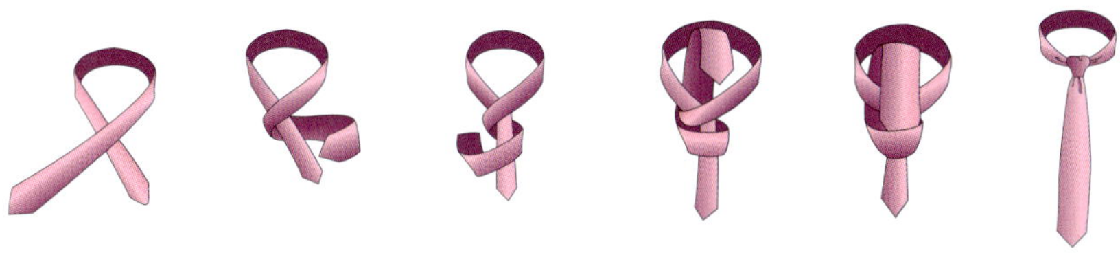

• 에스콰이어 노트 esquire knot

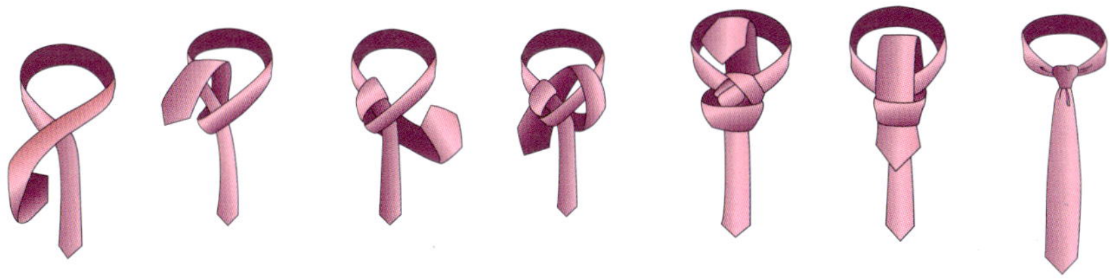

• 윈저 노트 windsor knot

• 보 타이 bow tie

(2) 벨트

남성의 슈트 차림은 최소한의 노출과 소품 하나에 이르기까지 기본의 스타일을 원칙으로 한다. 벨트와 서스펜더(suspenders)는 바지를 고정시킨다는 같은 기능을 가지고 있기 때문에 두 가지를 동시에 착용하지 않는다.

(3) 구두

구두는 옷차림을 마감해 주는 중요한 역할을 가지고 있으나 많은 사람들이 옷매무새에 신경을 쓰는 것에 비해 구두와의 조화에 대해서는 지나쳐 넘어가는 경향이 있다. 남성 정장에 있어서는 물론 그 어떠한 스타일링에도 마찬가지로 구두나 신발 하나로도 옷차림의 느낌은 뒤바뀌고 어떤 것을 신느냐에 따라 토털 코디네이션의 이미지가 잘못 전달되어 그 사람 첫인상이 바뀌어 전달될 우려가 있을 정도로 중요한 부분이다. 일반적으로 정장차림에는 검은색, 회색, 청색 계열의 슈트에는 검은색 구두를, 밤색, 올리브 그린 계열의 슈트에는 밤색 구두를 신는 것이 가장 일반적이며, 특별한 경우라도 기본색상의 구두를 신는 것이 기본이다.

윙 팁 슈즈

스트레이트 팁 슈즈

캡 토슈즈

플레인 토슈즈

Chapter 12

생활 매너

1. 기본 매너

오늘날은 인터넷과 정보통신, 항공노선의 발달로 인하여 세계가 하나로 통합되어 국제화시대에 공존하고 있다. 한 나라가 세계 속에 다져지는 힘은 그 나라의 국민에게 달려있듯이 선진사회의 질서를 유지하기 위하여 국민들은 일상생활, 사회생활, 사교생활에 있어서도 각자가 따라야 할 행동기준이 존재한다.

우리가 지켜야 할 행동기준 중에서 가장 중요한 것은 그 사회에서 전통적으로 존중되어온 예의범절이다. 예절은 민족마다, 국가마다 다르고 또 시대에 따라서 그 시대 기준에 맞게 새로 생기고, 소멸되어 지속적으로 변화하기 마련이다. 21세기의 개방시대를 살면서 국제화, 세계화를 맞이하여 같이 변하고 있는 매너들을 우리의 것이라고 고집할 수도 없으며, 무조건 서양의 것을 그대로 따를 수도 없는 것이다. 그러므로 매너는 우리의 예절을 소중히 간직하면서 전 세계에 널리 퍼져 있는 서양 예법을 우리 것으로 받아들이고 몸에 익히는 현명한 태도로서 아름다운 삶을 영위할 수 있도록 하는데 필요하다고 본다. 매너와 에티켓은 예의라는 의미로 구분 없이 사용되고 있으나 매너와 에티켓의 용어는 서로 다르다. 매너는 에티켓을 행동으로 나타내는 것이므로 에티켓은 형식이며, 매너는 방법이라 할 수 있다. 예를 들면 인사를 하는 것은 에티켓이며, 경솔하게 하는지, 공손하게 하는지의 여부가 매너의 차이점이다. 따라서 아무리 에티켓을 지킨 행동일지라도 매너가 없으면 품위 있는 인격을 소유할 수가 없다. 매너는 삶을 살아가는 방법이자 습관이며, 타인을 배려하는 문명화의 과정으로서 성공을 위한 경쟁력의 커뮤니케이션인 것이다.

1) 매너의 개념

세계는 다국적 글로벌시대의 비즈니스 사회로부터 해체된 개인의 욕구들이 가속화되어가고, 지식과 정보를 서로 교환하는 무한경쟁시대에 지탱하고 있다. 그래서 인간은 혼자서는 살 수 없으며, 국제화시대에 맞추어 더불어 살아가야 하기 때문에 공동체의 다양한 구성원의 인간관계 속에서 남을 배려하여 편안하게 해 주는 것이 매너이다. 과거에서 현재까지 우리는 많은 변화를 접하며 살고 있지만 사람마다 지니고 있는 습관이나 상대에게 나타나는 말투나 몸가짐 따위가 예의이며, 자신의 몸에 배인 말투나 동작을 범절이라고 한다. 매너(manner)는 사전적 의미로 방법, 방식, 태도로써 사람들의 행동이나 태도의 보편적인 가치기준으로 '예의범절'이라고 할 수 있다. 어원은 라틴어인 마누아리우스(manuarius)이고, 우리의 행동이나 습관이라는 의미의 마누스(manus)와 방법 또는 방식을 의미하는 아리우스(arius)의 합성어이다. 매너의 기본 개념은 상대방의 입장을 존중해주는 데 있으며, 이는 상대방이 불편하지 않도록 배려하고 폐를 끼치지 않게 하는 인간의 행동방식을 뜻한다.

2) 에티켓의 개념

에티켓(etiquette)은 프랑스어로 영어의 예절과 예법이란 뜻을 지니며, 그 어원은 'Estipuier'의 나무 말뚝에 붙인 출입 금지라는 의미이다. 이는 17세기 프랑스의 루이 14세가 살던 베르사이유(Versaille) 궁전에서 부르주아 사교계의 관례를 준수하기 위해 지급되었던 바른 행실을 적은 티켓에서 옳다고 생각되는 행위들이 변화해서 일반인에게까지 보편화되어 오늘날 에티켓의 유래가 되었다. 에티켓의 기본은 상대방을 먼저 생각하는 친절한 마음에서 비롯된다. 친절한 감정이 솟아오르면 상대방의 기분을 편안하게 해주려는 생각이 들고, 남에게 불쾌한 감정을 주지 않으므로 주변에 있는 사람에게 예의에 벗어나는 일은 하지 않을 것이다. 편안한 의자를 권하거나, 대화에 끼지 못하는 사람들에게 말을 걸어주는 것이 친절의 표시라 하겠다. 에티켓이란 그 사회와 문화가 요구하는 기본적인 예절이므로 인간관계를 유지시킨다. 과거에는 각 사회마다 그 차이가 심했지만, 세계가 통합되면서 오늘날 서로 다른 전통문화와 예절, 즉 에티켓을 이해하고 지키는 것이 상식화가 되어가는 추세이다.

2. 직장생활 에티켓

직장은 국가와 기업마다 분위기가 다르지만 성실하고 근면한 모습을 보이는 장소이다. 그러므로 직장 분위기를 관찰하고, 직장에서의 매너는 자신에게 기대되는 것을 스스로 파악하기 위해 출근할 때, 자리를 이탈할 때, 퇴근할 때 까지 지켜져야 할 품위와 예의가 있다.

(1) 출근할 경우

1. 출근할 때는 언제나 깨끗하고 단정한 옷차림이어야 한다.
2. 대인관계가 많은 사람은 정장에 넥타이를 매는 것이 좋다.
3. 출근 시간은 최소한 근무시작 10분전까지 출근하는 습관을 가지도록 한다.
4. 출근할 때 자주 지각을 하는 사람은 상사나 동료들로부터 인정받기 어렵다.
5. 근무 중에는 사생활과 구분하여 공적으로 일하도록 한다.
6. 출근 후에는 직장동료들과 정중한 태도로 임한다.

(2) 자리를 이탈할 경우

1. 근무시간에는 가능한 자리를 비우지 않는 것이 좋다.
2. 잠시 비우는 경우는 동료직원에게 행선지, 용건, 돌아올 시간 등을 미리 알려두는 것이 좋다.
3. 외출할 때에는 상사의 허락을 받고, 사무실에 들어오는 대로 결과를 보고한다.
4. 출장 등으로 사무실을 비울 경우에는 책상 위에 사유를 적어 표시판을 놓아둔다.

(3) 퇴근할 경우

1. 퇴근은 하루일과가 끝나기 전부터 미리 서두르지 않는다.
2. 오늘 처리한 업무와 내일 해야 할 일을 함께 점검한다.
3. 책상은 깨끗하게 치우고 전기 기구의 전원을 반드시 확인한다.
4. 상사나 동료에게 퇴근 인사를 정중하게 하고 퇴근한다.

3. 사회생활 에티켓

사회생활에서의 매너는 많은 사람들이 사용하는 시설이나 공간에서 더욱 상대방의 마음을 상하게 하여 피해를 줄 가능성이 높은 편이다. 가급적 상대방을 존중해야하며, 길거리를 통행하거나 엘리베이터, 화장실과 같은 공공장소를 이용하면서 우리의 시민의식을 고취시키고 각자가 지켜야할 사항들이다.

(1) 거리에서

1. 여럿이 길을 걸을 때는 젊은 사람이 차도 쪽에 선다.
2. 마주 오는 사람과 정면으로 충돌하지 않도록 앞을 보며 걷는다.
3. 걸어 다니면서 음식을 먹거나 큰소리로 떠들지 않는다.
4. 남녀가 함께 거리를 걸을 때에는 남성이 차도 쪽에서 걷는다.
5. 혼잡한 거리에 오랫동안 서서 이야기를 하는 것을 삼가 한다.
6. 길거리에서 큰 소리로 멀리 있는 사람의 이름을 부르지 않는다.
7. 남녀가 걸을 때는 여성이 남성의 팔에 매달리듯 걷지 않는다.
8. 화장을 고친다거나 머리 모양을 바꾸는 등의 행동을 하지 않는다.
9. 셔츠의 단추를 풀어헤친다거나 넥타이를 다시 매는 등의 행위를 피한다.

(2) 로비 및 복도에서

1. 보행시에 우측통행을 하고, 상사나 외부인을 추월하지 않는다.
2. 동료들과 긴 이야기나 큰소리로 말하지 않도록 한다.
3. 담배를 피우거나 껌을 씹으며 다니지 않는다.
4. 동료를 만나면 작게 말하고, 미소와 함께 목례를 한다.
5. 좁은 공간에서 마주치면 한쪽으로 비켜서 지나가게 배려한다.
6. 상급자를 에스코트할 때는 중앙에 서서 약간 앞서가면서 설명한다.

(3) 엘리베이터에서

1. 탈 때에는 손윗사람이나 여성이 먼저 타고 내린다.
2. 눈이 마주치면 먼저 인사하고, 미소를 띠는 습관을 기른다.
3. 바닥에 침을 뱉거나 오물을 버리지 않는다.
4. 엘리베이터 안에서 안전을 위해 몸을 기대거나 구르지 않는다.
5. 시설물을 파손하거나 벽에 낙서를 해서는 안 된다.

(4) 화장실에서

1. 여성용인지, 남성용인지를 확인하고 들어간다.
2. 밖에서 줄서기를 하여 질서 있게 기다린다.
3. 급하다고 끼어들지 않고 앞사람에게 양해를 구한다.
4. 문을 잠그고 용무를 본 후, 더럽혀지지 않게 깨끗이 사용한다.
5. 바닥에 침을 뱉거나 휴지를 버리지 않는다.
6. 물과 화장지는 아껴 쓰고, 세면기는 깨끗하게 닦는다.
7. 다음 사람이 이용할 수 있도록 종이 타월로 닦아놓는다.

4. 승하차시 에티켓

서양에서는 기차나 버스, 자동차 등을 타고 내릴 때의 예절 또한 중요시되었다. 승하차 할 때도 모르는 사람과 마주치면 당황하지 않고 미소로 인사를 한다. 우리에게는 다소 생소하게 느껴질 수 있으나 승하차시에 요구되는 예절도 알아두어야 할 것이다.

(1) 자동차에서

1. 남녀가 함께 승용차에 오를 때에는 남성이 여성을 먼저 태운다.
2. 하차할 때에는 남성이 먼저 내려 차문을 열어준다.
3. 좌석의 서열은 뒷좌석 오른편이 상석이며, 왼쪽, 가운데, 앞자리 순이다.
4. 자가운전자의 경우, 운전석 옆자리에 앉는 것이 통례이며 그곳이 상석이 된다.
5. 자동차 속에는 동승한 사람이 있을 경우 담배를 피우지 않는 것이 예의이다.
6. 여성은 차문을 열고 시트에 먼저 앉은 후, 다리를 모아서 차안으로 들여놓는다.
7. 내릴 때에도 다리를 먼저 차 밖으로 내놓은 후에 나온다.

(2) 기차에서

기차 안에서는 사람들이 많이 이용하는 공공장소이므로 가능한 다른 승객에게 불쾌감을 주는 행위를 해서는 안 된다. 서로가 배려하는 마음으로 예의를 지키도록 실천한다.

1. 출입구나 통로에 기대거나, 차내에서 큰소리로 웃고 떠들지 않는다.
2. 음식을 먹고 휴지나 과일 껍질을 바닥에 버리지 않는다.
3. 두 사람이 나란히 앉는 좌석에서는 창가 쪽이 상석이고 통로 쪽이 말석이다.
4. 네 사람이 마주 앉는 좌석은 진행방향의 창가 좌석이 상석이고, 맞은편이 두 번째 상석, 상석 옆이 세 번째, 그 앞좌석이 말석이 된다.
5. 옆 좌석의 모르는 사람과 인사를 나누고, 무거운 짐은 도와준다.
6. 침대차에서는 다른 사람의 수면에 방해가 되지 않게 하는 것이 중요하다.
7. 창문을 열고 싶을 때에는 다른 승객에게 폐가 되지 않을 정도만 연다.
8. 출입구나 통로에 짐을 놓거나 혹은 혼자 자리를 독차지하는 행동은 하지 않는다.
9. 다른 승객들에게 폐가 되는 행위는 일체 삼가해야 한다.

(3) 버스 및 지하철에서

버스나 전철 등은 지정석이 없다. 대중교통수단을 이용할 때 노약자나 여성에게 자리를 양보하는 것은 동서양을 막론하고 에티켓의 기본이다. 웃어른에게 자리를 양보하는 습관을 기르도록 한다.

1. 차내에서 크게 떠드는 것은 다른 승객에게 폐가 되는 행위이다.
2. 남녀가 함께 이용한다면 남성은 여성이 먼저 타게 하고 난 뒤 승차한다.
3. 승차 후에 자리가 나면 여성이 먼저 앉게 양보한다.
4. 다른 승객이 자리를 내주었다면 목례정도로 예를 표시한다.
5. 큰 소리로 웃는 것도 타인에게는 피해를 주므로 조용히 대화하도록 한다.
6. 앞좌석 의자 뒤에 다리를 올려놓아서는 안 된다.
7. 쏟아질 위험이 있거나 냄새가 나는 음식물을 가지고 타서는 안 된다.
8. 혼잡한 공간에서 발을 밟거나 밀치게 되면 서로 사과하고 양해를 구한다.

5. 공연 및 관람 에티켓

서구사회에서는 영화나 연극, 오페라 등의 문화공간을 통해 얻는 감동과 즐거움은 크다. 서양 문화가 그들 생활 속에 접하고 있으나 우리나라의 경우에는 아직 그렇지 못해 문화공간에서의 에티켓이 무시되는 경우가 많다. 아무리 괜찮은 영화나 연극을 보았다 하더라도 관람시간 내 극장에서 불쾌감을 느꼈다면 만족감은 줄어들 것이다. 공연 장소는 누구나 즐겨 찾는 곳이므로 예절을 더욱 잘 지켜야 한다.
해외여행을 할 때 많은 사람이 들르는 곳이 전시장 · 박물관이다. 그러나 바쁜 일정이나 제한된 시간 안에 그 곳을 감상하려면 나름대로 전략이 필요하기 때문에 그 곳에서 유명한 곳이나 혹은 꼭 봐야 할 작품은 어떤 것이 있는지 알아본다. 공연은 어떤 순서로 봐야 하는지 사전에 알아놓거나 외국의 전시장 · 박물관에는 안내 팸플릿이 비치되어 있으므로 참조하고 감상한다.

(1) 공연장에서

1. 공연장이나 극장에는 영화나 연극이 시작되기 5~10분전에 도착하여 자리를 찾아서 앉는다.
2. 공연장에는 보통 6세 이하 어린이는 동반하지 않는다.
3. 남녀 동반인 경우, 남성이 여성을 지정 좌석까지 에스코트하고 남성은 여성이 자리에 앉고 난 후, 통로 쪽에 앉도록 한다.
4. 늦게 도착한 경우에는 한 곡이 끝날 때까지 기다렸다가 들어가도록 한다.
5. 공연이나 관람이 시작되면 일행과 필요이상의 사적인 말을 삼가하고, 소리나는 음식을 먹거나 부석거리는 잡음을 내지 않는다.
6. 공연 중에 밖으로 나갈 경우에는 다른 관객의 시선을 막지 않도록 주의한다.
7. 뒷좌석의 관람객을 위해 모자를 벗거나 조금 내려앉는다.
8. 고함을 치거나 소란을 피우면서 야단스럽게 자리를 찾는 행위 등은 하지 않는다.

(2) 전시장 · 박물관에서

1. 관람하면서 작품에 손을 대지 않는다.
2. 작품에 대해 큰 소리로 아는 척하며 떠들지 않는다.
3. 큐레이터가 있으면 지시에 따라서 설명을 들으면서 질서를 지킨다.
4. 줄을 지어 관람할 경우에는 뒷사람에게 방해를 주지 않도록 한다.
5. 사진촬영은 가능한지 여부를 확인 후에 촬영한다.

Chapter 13

비즈니스 매너

1. 방문 매너

방문은 상대방과의 경계를 조금 누그러뜨리고, 서로의 교제를 깊게 하는데 큰 역할을 한다. 상대방에게 친밀감을 느낄 수 있는 경우는 많이 있겠지만, 방문도 그 중 하나로 친밀감을 느낄 수 있는 가장 자연스러운 계기가 될 수 있다. 방문은 어느 시간에 해야 하는지, 얼마나 머물러야 바람직한지 생각해본다.

(1) 예약 에티켓

1. 방문할 때에 특히 신경 써야 할 것은 시간에 대한 에티켓이 중요한 일이다.
2. 방문에 있어서는 약속시간 정각에 필히 도착하고자 하는 마음 자세가 중요하다.
3. 반드시 상대방의 형편에 따라 미리 시간을 알아보고 방문시간을 정한다.
4. 시간 약속을 않고 방문하는 것은 매우 특별한 경우이며, 사전에 약속을 해 놓는다.
5. 오전 중에는 업무처리나 회의가 있으므로 방문 시간은 오후 3~5시가 가장 적당하다.

(2) 방문 에티켓

1. 방문 시간보다 여유 있게 도착하여 미리 화장실에서 용모와 복장을 점검한다.
2. 사무실에 들어가기 전에 코트와 장갑은 미리 벗고 들어간다.
3. 사무실에서는 방문자의 이름을 알리고 본인의 명함을 내놓는다.
4. 응접실에 안내를 받으면 출입구에서 가까운 말석에 앉아 기다린다.
5. 가방은 바닥에 놓거나 핸드백은 무릎에 놓고 기다린다.
6. 차나 음료를 가지고 오면 감사의 표시를 하고 상대가 권하면 마신다.
7. 면담 중에는 방문자나 손님을 맞이하면서 가급적 시계를 보지 않는다.
8. 사무실에서는 사적인 대화나 사생활과 관련된 질문은 하지 않는다.
9. 사무실은 업무 공간이므로 너무 오래 머무르지 않는다.
10. 방문의 목적이 달성되지 않아도 표정을 바꾸지 않고 정중히 인사한다.

(3) 착석 에티켓

1. 실내에 들어서면 기웃거리는 일은 피하고 주인이 권하는 자리에 앉도록 한다.
2. 먼저 온 손님이 있으면 앉기를 권할 때까지 서 있도록 한다.
3. 서양에서는 출입구 쪽이 하석이고, 그 반대가 상석이다.
4. 상석은 손윗사람이 앉는 자리이므로 권하지 않는 한 먼저 앉지 않는다.
5. 응접실에 안내를 받으면 출입구에서 가까운 말석에 앉아 기다린다.

2. 소개 매너

소개는 서로 처음 만나서 인간관계를 형성하기 위한 것이다. 서로를 소개한다는 것은 생각하기에 아주 간단하고 쉬운 일이 아니지만 실제로 뜻하지 않게 소개를 하거나 받게 되었을 때 당황하게 되는 경우가 많다. 소개를 하는데 있어서 기본적인 예의를 알아두면 유리하다. 소개를 하거나 소개를 받을 때는 웃는 얼굴로 대하고, 눈을 보며 인사말을 전한다.

(1) 소개의 원칙

소개의 절차와 형식이 구별되어 있어도 엄격하지는 않다. 일반적으로 타인을 소개할 경우 다음의 원칙을 알아두면, 언제 어디서 누구를 소개하더라도 에티켓에 어긋나는 일이 없을 것이다.

1. 남성과 여성의 경우, 남성을 여성에게 먼저 소개한다.
2. 연령차가 있는 경우, 손아랫사람을 손윗사람에게 소개한다.
3. 사회적 지위가 다를 경우, 지위가 낮은 사람을 높은 사람에게 소개한다.
4. 한사람을 다수에게 할 경우, 한사람을 소개시킨 후, 다수를 소개한다.
5. 상대방의 요구에 의해 할 경우, 원하는 사람을 먼저 소개한다.

그러나 상대가 성직자나 고관이라면 예외적으로 여성을 소개하는 것이 좋다.

(2) 소개하는 방법

1. 사람을 소개할 때 소개하는 사람이나 받는 사람은 모두 일어서는 것이 예의이다.
2. 의자에 앉아 있는 여성은 앉은 채로 가볍게 인사해도 무방하다. (그러나 상대가 성직자나 고관이라면 일어서는것이 좋다.)
3. 지위가 높은 사람이 다른 곳에 있을 경우 그곳까지 가서 소개한다.
4. 남을 의식해서 불안하지 않게 자연스럽게 소개한다.
5. 서로를 소개할 때는 각자 자신의 소속과 지위, 이름을 정확하게 전달한다.
6. 상대방에게 소개할 때는 흥미 있는 정보를 교환하면서 소개한다.
7. 외국인과 참석한 경우는 대화가 가능한 사람이 소개한다.

3. 악수 매너

악수는 상대방을 신뢰하는 표시로서 상대방과 일체감을 줄 수 있다. 비즈니스 사회의 격식과 사람간의 친근감을 주는 인사법으로서 사회활동과 사교활동을 하는데 매우 중요한 행위이다. 서양에서는 악수를 사양하는 것을 실례로 여기므로 외국인과 만났을 때는 형식으로라도 악수에 응해야 한다.

(1) 악수의 순서

악수는 상호 대등한 의미이지만 먼저 청하는 데에는 나름대로의 순서가 있다. 그 기준은 다음과 같다.

1. 여성이 남성에게 먼저 청한다.
2. 윗사람이 아랫사람에게 청한다.
3. 선배가 후배에게 청한다.
4. 기혼자가 미혼자에게 청한다.
5. 상급자가 하급자에게 청한다.

그러나 국가원수, 왕족, 성직자 등은 소개할 때와 마찬가지로 이러한 기준에서 예외가 될 수 있다.

(2) 악수하는 방법

악수는 상대에게 마음의 문을 열고, 존경하는 마음으로 가벼운 미소를 지으며 한다. 악수할 때의 주의해야 할 사항들이다.

1. 악수를 할 때에는 정중하고 경건한 마음으로 해야 한다.
2. 자연스러운 표정과 바른 자세를 취하는 것이 중요하다.
3. 반드시 일어서서 상대방의 눈을 보면서 손을 가볍게 쥐고 해야 한다.
4. 남성은 여성과 악수할 때에는 반드시 장갑을 벗고서 악수를 한다.
5. 여성이 악수를 할 때는 장갑을 벗을 필요가 없이 낀 채로 해도 무방하다.
6. 손을 팔꿈치 높이만큼 올려서 잠시 상대방의 손을 꼭 잡았다 놓는다.
7. 너무 손에 힘을 주어 잡거나 지나치게 흔들어서도 안 된다.
8. 사람을 만났을 때는 오른손에 들었던 물건을 왼손에 미리 들고, 오른손으로 한다.
9. 형식적으로 손끝만 잡는다거나 또 자기 손끝만을 내미는 일은 실례가 된다.
10. 상대방이 웃어른이면 먼저 인사를 하고 난 후, 어른의 뜻에 따라 악수를 한다.
11. 악수를 할 때 허리를 굽힌다거나 두 손으로 손을 감싸 안을 필요는 없다.
12. 외국인과 악수할 때도 허리를 세워 상호 대등하게 악수를 나누는 것이 좋다.

4. 명함 매너

명함은 서로가 만났을 때 첫인상이 중요하듯이 자신을 소개하는 얼굴과도 같은 것이다. 비즈니스를 할 때는 그 회사의 이미지를 대신할 수도 있다. 최근은 다양한 디자인으로 개인과 기업인으로 분명하게 기억될 수 있도록 많은명함들이 만들어지고 있다.

(1) 명함 제작방법

1. 명함에는 성명과 회사의 주소, 그리고 회사 내에서의 직위를 적는다.
2. 업무용 명함은 사업상 사용하는 것이므로 회사소속과 직위, 성명과 주소를 기입하고, 고딕체나 명조체로 만든다.
3. 사교용 명함은 교제를 위한 명함이므로 성명과 주소, 전화번호를 필기체로 기입한다.
4. 성명을 적고, 여백에 결혼이나 만찬, 리셉션 초대하는 형식으로 제작하기도 한다.

(2) 명함을 줄 때

1. 자기 명함을 줄 때는 반드시 일어서서 오른손으로 준다.
2. 명함은 깨끗한 상태로 여유 있게 준비하고, 구겨진 명함은 사용하지 않는다.
3. 명함케이스에 명함은 거꾸로 넣어두고 상대에게 바로 전해질 수 있도록 준비한다.
4. 상체를 약간 구부려 예를 갖추어 겸손하게 소개의 인사말과 함께 전한다.
5. 명함을 줄 때는 먼저 자신의 소속을 밝히면서 명함을 건네주는 것이 좋다.
6. 상대방에서 읽기 편하게 자기의 이름이 상대방 쪽을 향하게 한다.
7. 명함은 손아랫사람이 손윗사람에게 먼저 건넨다.
8. 남성은 가슴 포켓 또는 양복 명함주머니에 넣거나 명함지갑을 사용하는것이 좋다.
9. 명함을 건네는 위치는 상대방의 가슴 높이가 적당하다.

(3) 명함을 받을 때

1. 명함을 받을 때에도 일어서서 두 손으로 받아야 한다.
2. 받은 명함에 글씨를 쓰거나 낙서를 하지 않는다.
3. 상대에게 받은 명함은 그 자리에서 이름을 확인하여 친근감을 갖도록 한다.
4. 명함은 오른손으로 건네고 왼손 바닥으로 받습니다.
5. 상대에게 이름을 소개를 하지 않고 명함만 건네는 것은 거만한 인상을 준다.
6. 상대방 명함을 손에 쥐고 만지작거리거나 산만한 행동을 보여서는 안 된다.
7. 명함은 원칙적으로 명함케이스에 넣어야 한다.
8. 받은 명함은 명함철에 잘 정리를 하여 둔다.

5. 전화 매너

전화는 우리 생활의 일부분으로 전화 그 자체가 업무의 연장이며, 중요한 수단이 될 수 있으나 전화 예절의 중요성은 별로 의식하지 못하는 경향이 있다. 통신매체를 이용하여 짧은 시간 내에 상대에게 의사전달을 하므로 상대방의 얼굴표정이나 태도가 보이지 않고 목소리만으로 대면하게 되기 때문에 많은 사람들이 전화 응대에 무성의하다.

따라서 상대방의 얼굴이 보이지 않는다고 아무렇게나 행동하면서 걸거나 받으면 안 된다. 전화는 자신의 이미지가 전달되기 때문에 미소와 함께 앞사람과 대화를 하는 것처럼 밝은 목소리로 예의와 격식을 갖추어 정중하고 공손하게 걸고 받을 필요가 있다.

(1) 전화언어 에티켓

1. 정확한 말의 톤
   목소리를 낮추어 조용하게 대화하고, 상대가 이해하기 어려운 표현은 하지 않는다.
2. 정중한 말의 표현
   상대방의 지위를 막론하고, 표준어와 존칭어를 사용한다.
3. 간단한 말의 전달
   전화대화의 용건은 요점만 정리 정돈하여 간단명료하게 전달한다.

(2) 전화를 걸 때

1. 상대방이 전화를 받으면 자기 이름과 소속을 분명하게 밝힌다.
2. 전화 통화를 할 때에는 다시 한 번 자신의 이름을 밝힌다.
3. 상대방의 말을 경청하며, 차분하게 용건을 말한다.
4. 전화를 잘못 건 경우에는 반드시 사과를 한 후에 전화를 끊는다.
5. 상대방과 통화가 가능한지 물어보고, 중요한 요점만을 확인하여 말한다.
6. 통화 중에 전화가 끊어지면 전화를 건 쪽에서 다시 거는 것이 옳다.
7. 용건이 끝나면 상대방이 수화기를 끊는 것을 확인하고 놓는다.

(3) 전화를 받을 때

1. 전화가 걸려오면 되도록 벨이 3번 이상 울리기 전에 받는다.
2. 상대방이 누구인가를 알고 나면 회사의 이름과 소속부서, 자신의 이름을 말한다.
3. 전화는 항상 공손히 받도록 하며, 통화내용을 메모하는 습관을 가지도록 한다.
4. 만약 상대방이 찾는 사람이 부재중일 때는 메시지가 있는지 확인하여 정확하게 전달해 준다.
5. 아무리 바쁘더라도 잘못 걸려오는 전화를 친절하게 받는 매너도 필요하다.
6. 부재중인 사람을 찾는 경우에는 상대의 용건을 간결하고 명확하게 메모해 놓는다.
7. 걸려온 사람이 윗사람이나 상사일 때에는 상대방이 끊고 난 후 수화기를 내려놓는다.

(4) 전화응대 체크요령

평소에 일을 하다보면 업무외의 전화를 걸게 되는 경우가 있기 마련이다. 사적인 전화를 하거나 받을 때는 가급적 작은 목소리로 통화하며, 용건을 짧게 하여 동료들에게 업무에 지장이 없도록 배려한다.

때로는 전화응대에 익숙하지 못한 사람도 걸려온 전화에 실수를 할 수가 있다. 잘못 걸려온 전화일지라도 친절하게 받는 것이 고객에 대한 예의이며, 간접적으로 회사 이미지에 영향을 줄 수 있으므로 항상 회사를 대표하는 마음가짐으로 응대하는 것이 중요하다.

1. 가정이나 직장에서 사적인 전화를 하는 경우
2. 잘못 걸린 전화가 계속 걸려온 경우
3. 전화를 응대하는 태도가 예의 바르지 못할 경우
4. 전화를 걸어서 상대방의 말을 무시할 경우
5. 상대방과 싸우듯이 말투를 던지는 경우
6. 자신의 용건만 말하고, 끊어버리는 경우
7. 상대방에게 성의 없는 전화를 받는 경우

Chapter 14

면접 이미지

1. 이력서

면접에 필요한 서류는 기본적으로 이력서와 자기소개서로 나눌 수 있다. 최근에는 두 가지의 구분이 모호해지거나 통합되는 경향이 있는데, 어느 것이든 면접 대상자를 알리는 기초수단이 된다. 이력서나 자기소개서는 지원하는 회사에 얼마나 알맞은 인재인지를 알리고 자신을 보여주는 객관적인 서류가 된다. 회사에서는 지원자의 지원동기와 장래성, 성장 배경, 성격, 인생관, 문서 작성과 논리 전개 능력을 파악하고, 면접의 자료로 이용하는데 지원자가 이 점에 치중한다면 회사가 원하는 정답을 제출해야만 하는 수동적인 위치에 있을 수밖에 없다. 그러나 이력서나 자기소개서는 일자리를 찾아나서는 주체가 자신을 알릴 수 있는 가장 중요한 수단임을 잊어서는 안 된다. 즉 자기의 이미지를 가장 간결하고 집약적으로 표현할 수 있는 수단인 것이다. 자기 이미지 표현의 출발점이 이력서와 자기소개서라 할 수 있다. 그러므로 면접서류를 작성할 때에는 대외적으로 자랑할 수 있는 경쟁력 있는 자기의 이미지를 떠올리고 이를 정리한다는 마음가짐을 가져야 한다.

1) 이력서 작성 시 주의사항

① 회사가 이력서를 통해 파악하고자 하는 바를 한눈에 알 수 있도록 간결하고 충실하게 설명하고 목적에 부합하는 이력서를 작성해야 한다. 동문서답식의 작성이 될 경우 기본적인 신뢰를 잃을 수 있다. 특히 회사에서 요구하는 기본 항목을 빠트린다거나 궁금증이 유발되도록 애매하게 작성한다면 지원자의 능력을 의심받을 수 있고, 오타가 있을 경우에는 기본적인 일처리 능력을 의심 받을 수 있다.

② 차별화되고 개성 있는 이력서가 되도록 노력하여야 한다. 대부분 이력서는 회사측에서 양식을 제공(회사홈페이지에서 다운 등)하지만 특별한 양식을 요구하지 않을 경우에는 나름대로 자신의 개성과 능력을 표현할 필요가 있다.

③ 결론을 앞세워 핵심적인 키워드를 중심으로 자신이 어떤 능력이 있고 회사에 얼마나 필요한 인재인지를 어필하며 이를 뒷받침할 만한 객관적인 사실이 무엇인지를 간결하면서도 자신있게 표현한다.

2) 이력서 작성요령

(1) 사진

- 회사에서 요구하는 사진 규격이 있다면 이를 준수하여야 하며 호감과 신뢰감이 가는 인상을 위해 살짝 미소띈 얼굴의 사진이 좋다.
- 호감 가는 인상을 위해 사진 이미지를 보정하는 것이 일반적인데, 면접 시 지나친 보정으로 인해 실물과 현격한 차이가 있을 경우 회사 입사 과정에 좋지 않은 영향을 끼칠 수 있다.

(2) 인적사항

- 주소 등 인적사항은 자신이 이력서에 작성한 내용을 각종 증명서류로 입증하여야 하므로 첨부하여 제출하게 될 주민등록등본과 같은 제 증명서류에 맞추어 기재하는 것이 불필요한 의심을 피할 수 있다.
- 본적이나 현주소를 정확히 기재하여야 한다.

주소를 기재하는 방식은

도(특별시, 광역시), 시(군), 동(읍면), 번지수(아파트 동 호수)순으로 하게 되는데 약칭보다는 정확한 명칭을 모두 적는 것이 좋다. (현재는 바뀐 도로명 주소로 꼭 변경하여 작성해야하는 경우도 있으니 주의해야 한다.)

(3) 학력사항

- 졸업한 학교를 적는 것은 학벌과 출신지역을 알아보려는 의도가 있는 것으로, 요즘은 고등학교부터 적는 것이 일반적이다.
- 입사 지원 시 대부분의 회사에서 졸업증명서, 성적증명서 등을 필요로 하기 때문에 입학일이나 졸업일 등은 서류 날짜 그대로 정확히 기재한다.
- 제 증명을 요구하지 않더라도 학교, 성적, 편입 등 정확하게 기재하는 것이 좋다.
- 남자의 경우 군복무 항목을 정확히 기재한다.

(4) 경력사항

- 지원하는 회사의 해당 업무에 적합한 직업경력, 연구경력이 있으면 좋겠지만 회사에서 반드시 직업경력을 요하는 것은 아니므로 직접적으로 연관된 경력이 없다하더라도 도움이 될 수 있는 경력은 기재하는 것이 좋다. 대학시절의 동아리나 해외연수 등 작은 부분이라 생각되더라도 모두 기재한다.
- 자신이 경쟁력을 가질 수 있는 경력은 굳이 이력서 양식에 끼워 맞추지 말고 별도의 '경력 기술서'를 만들어 이력서와 자기소개서 사이에 별도로 첨부하도록 한다.

(5) 특기사항

- 자격증은 업무와 관련 있는 국가공인 자격증 위주로 기재한다.
- 상훈사항은 발급기관. 발급일 등 구체적이고 정확하게 기재하여 공신력을 갖도록 한다.
- 지원회사와 관련 있는 동아리나 온라인 카페 등에서의 활동사항, 또는 언론투고 등 대외 활동경력은 좋은 자료가 된다.

(6) 기타사항

- 가족사항, 신체사항, OA, 어학능력 등을 정확히 기재한다.
- 기획서나 포트폴리오 첨부 시 파워포인트나 액셀 프로그램 등을 활용하여 작성하면 자신의 사무능력을 보여줄 수 있는 자료가 되므로 좋다.
- 어학능력은 점수만 기재할 것이 아니라 이를 입증할 수 있는 사본이나 이미지 파일까지 첨부한다.

이 력 서

<table>
<tr><td rowspan="3">사 진</td><td colspan="3">이 력 서</td></tr>
<tr><td>이 름</td><td>㉥</td><td>주 민 등 록 번 호
-</td></tr>
<tr><td>생년월일</td><td colspan="2">년 월 일생 (만 세)</td></tr>
<tr><td>주 소</td><td colspan="3"></td></tr>
</table>

년 월 일	학 력 및 경 력 사 항	발 령 처

2. 자기소개서

자기소개서는 이력서와 큰 차이가 있다. 이력서가 회사에서 요구하는 방식에 맞춰 빈칸을 채우는 식의 단답형이라면, 자기소개서는 사실에 근거한 일종의 논술시험과 같은 것이다. 따라서 자기소개서를 작성할 때는 자신을 알릴 수 있는 자료를 사전에 정확히 입수, 이를 바탕으로 충분히 구상하여 초안을 작성하고, 이를 바탕으로 실제 작성한 후에는, 반복적으로 검토 후 주변 사람에게도 보여 객관적인 평가를 받아 완성하여야 한다.

완성하여 제출한 후에도 이를 사본을 보관하고 정확히 숙지하여 면접에 대비하여야 한다. 면접 시 면접관은 이력서와 자기소개서를 통해 지원자에 대한 정보를 입수하고 이를 바탕으로 질문을 하기 때문이다.

뿐만 아니라 최근 면접에는 본인이 직접 짧은 스피치 방식으로 자기소개를 하도록 하는 경우가 많으므로 자기소개서는 곧 자기소개 스피치의 연설문이 될 수도 있음을 유념하여야 한다. 즉, 자기소개서는 억지로 문장을 구성하여 말을 만들어 작성하기보다는 면접관에게 간단히 구두로 자신에 대해 소개한다는 전제로 구상하고 모의 면접을 통해 적절하다고 판단됐을 때 실제 작성에 들어가는 것이 좋다. 작성보다는 구상이 먼저라는 것이다.

일차적으로 지원자의 이력서와 자기소개서를 통하여 회사에 적합한 인재인지 판단한다. 면접관은 자기소개서를 바탕으로 적응력, 성격, 대인관계, 성장배경 등을 추론할 수 있고 논리성, 기획력 등 지원자의 능력까지 짐작할 수 있다. 자기소개서에 특기할 만한 사항이 있다면 면접 시 질문의 요소가 될 수 있으므로 지원하는 회사의 성격에 맞추어 유연성 있게 작성해야 한다.

자기소개서의 수요자는 면접관이며 공급자는 응시하려는 자기 자신이다. 수요자의 의도와 성향을 무시한 공급자 중심의 상품이 성공할 수 없는 것과 같이, 자기소개서는 면접관의 입장에서 잘 이해할 수 있고, 지원자의 의도가 잘 전달될 수 있게 작성하여야 한다. 따라서 문장이 쉽고 이해하기 편하며, 전달하고자 하는 메시지가 잘 정리되어 있어야 한다.

자기소개서의 전체를 10으로 봤을 때 성장과정과 성격의 장 · 단점을 각각 1, 학교생활과 입사 후 포부에 각 2, 지원동기에 4의 비중을 두어 작성한다. 지원동기가 가장 중요한 만큼 “왜 이 회사에 입사하고자 하는지”, “왜 이 직종을 택했는지”를 논리정연하게 적고 이를 위해 학창시절부터 얼마나 노력 했는지, 입사 후에는 업무에 어떤 자세로 어떻게 임할 것인지 서술한다. 이때 막연한 일반론을 펴는 것보다 회사와 직간접적으로 연관되는 내용들을 함께 언급하는 것이 좋다. 즉 회사의 업종이나 특성 등에 자신의 전공 또는 희망을 연관시켜 지원동기를 구체적으로 밝힌다. 또한 입사선배나 회사 자료를 통하여 지원하고자하는 회사가 선호하는 스타일을 파악한 뒤 자기소개서를 쓰는 것이 좋다.

유의사항을 간단히 정리하면 다음과 같다.

1. 유연한 필체로 한 눈에 잘 들어오도록 작성한다.
2. 해당 분야 경력이나 중요한 헤드라인인은 눈에 띄게 독특한 구성을 한다.
3. 경력사항은 최근 중심으로 작성한다.
4. 내용이 중복되지 않도록 주의한다.
5. 문법에 맞고, 오자가 없는지 검토한다.
6. 지원회사의 특성에 맞게 작성한다.
7. 내용을 과장되게 작성하지 않는다.
8. 간결한 문장을 쓴다.

1) 자기소개서 작성방법

1. 성장과정을 기술한다.
- 어릴 때부터 연대순으로 서술한다.
- 자신을 부각시키면서 공감을 불러일으킬 수 있는 구체적인 경험을 바탕으로 작성한다.(가족사, 인생의 전환, 새로운 학문분야 선택 등)

2. 성격의 장 · 단점을 열거한다.
- 장점과 특기사항뿐만 아니라 단점에 대해서도언급한다.
- 단점은 솔직하고 간단하게 서술하고, 자신이 노력하여 개선해 나갈 수 있음을 부각시킨다.
- 성격은 면접 시 질문 빈도수가 높으므로 철저히 분석해 놓는 것이 좋다.

3. 전공 선택에 대해 열거한다.
- 전공과 관련된 이상과 실현 가능성을 열거한다.
- 업무와 전공에 대하여 연관 지어 설명하고 자신의 능력을 어필한다.

4. 입사 지원동기를 구체적으로 밝힌다.
- 회사의 특성을 파악하고 지원 동기에 대해 자세히 설명한다.(평소에 신문이나 자료를 이용)
- 자신의 철학, 비전 등과 회사의 경영철학, 인재상 등 자신과 회사를 연관시켜 언급한다.
- 전공을 선택한 동기와 회사의 지원 동기를 연관시켜 구체적으로 밝힌다.

5. 장래 희망을 언급한다.
- 지원하는 회사의 업종, 특성을 고려해 자신의 포부와 비전을 명확히 제시한다.
- 이를 이루기 위한 자세를 구체적으로 제시한다.
- 현실성 있도록 5년 후, 10년 후 자신의 목표를 세우고, 그것을 수행하기 위한 전략을 명확히 세운다.

2) 자기소개서 유형

■ 유형 1

	내 용
출 생	강릉의 교외 작은 어촌에서 저는 태어났습니다. 다른 어촌들이 그런 것처럼 집 앞은 바다가 끝없이 펼쳐져 있고, 마을 뒤로 동해고속도로가 지납니다. 때문에 도시화되어 가는 어촌입니다.
성 장 (가정환경)	어부이신 아버지께 순종하는 한국의 보통 여자인 어머니 사이에 2남 1녀 중 맏딸입니다. 따라서 집안은 보수적이며 전통적인 가정입니다.
종 합	어머니는 몸짓으로 여자의 길을 가르쳐 주셨지만, 저는 이에 고분고분하지 못했습니다. 오히려 바다가 가르쳐 주는 교훈, 생명의 용솟음과 자연의 냉엄함 속에 진취적인 자아를 만들어 나갔던 것 같습니다.
교 육 (학창생활과 활동분야)	대학은 서울의 OO대학교 지리학과를 졸업했습니다. 강릉에서 고등학교까지 마치고 아버지의 반대를 무릅쓰고 서울로 진학했습니다. 여성의 몸으로 아르바이트로 학비와 생활비를 마련하면서 다닌 대학생활은 힘들었으나 한편 재미있던 시절이었습니다.
취 미 및 특기사항	가입한 서클은 없었고, 대신 여행을 즐겼습니다. 어려웠던 중에도 틈틈이 절약하며, 마음에 맞는 친구와 함께 여행을 했습니다. 여행은 산과 바다, 섬과 내륙의 오지 마을로 두루 다녔습니다.
종 합	이러한 여행에서 자연이 훼손되고 오염된 것을 도처에서 목격했습니다. 그리고 유년과 소년시절에 바다로 달려가 자연으로부터 많은 교훈을 배우고, 구원을 청했던 기억이 새로워졌습니다. 이러한 성장배경과 여행은 자연스럽게 환경문제에 관심을 기울이게 했습니다.
지원동기	이제 짧은 여행 같았던 대학생활을 마감하고 사회에 첫발을 내디디게 되었습니다. 그러다가 저는 귀사가 발행한 환경관련 잡지 발행취지가 인간을 인간답게 살도록 한다는 사실에 감명 받았습니다.
전체종합 및 지원사에 대한 각오	지금까지 대학생활에서 사유하고 행동했던 자유분방한 모습은 현실에 밀착한 것이 아님을 압니다. 제가 사회에 첫발을 내디딤과 동시에 과거 대학생활에서 보였던 자유분방한 모습에서도 함께 졸업을 하려 합니다. 그래서 그때의 여러 경험들을 현실 속에서 있는 어떤 어려움이라도 극복해 낼 수 있는 의지로 만들고 싶습니다. 그리하여 떳떳한 사회의 일원으로서 그리고 조직의 일원으로서 제 역할을 충분히 수행하는 조직에 필요한 사람이 되겠습니다.

■ 유형 2

	내 용
출 생	푸른 물결이 시야 가득히 안기는 강원도 강릉이 저의 고향입니다.
성 장 (가정환경)	어머니는 저의 많은 부분에 영향을 주신 분입니다. 직업상 타지방 근무가 잦았던 아버지를 대신해 어머니는 2남 1녀의 자식들을 거의 도맡아 키우셔야 했습니다. 넉넉지 못한 가계를 위해 남의 집 일을 하시면서도 자식들 앞에서는 힘든 내색하지 않고 오히려 행동으로 보이는 교육을 하려 하셨습니다. 두 분 모두가 일을 갖고 있던 관계로, 부모님 부재 시에는 장녀인 제가 동생들을 돌봐야 하는 책임을 맡아야 했습니다. 당시에는 무겁기만 했던 장녀로서의 자각이 지금에 와서는 저의 추진력이나 주도력을 연마하는 계기가 되어 주지 않았나 생각합니다.
교육과정, 취미, 기타	서울로의 대학진학은 제가 자연스럽게 부여받은 조건들에 대해 객관화할 수 있는 계기가 되었습니다. 어릴 때부터 품었던 자연에 대한 관심은 큰 갈등 없이 지리학과를 전공으로 택하게 했습니다. 대학에서는 제가 가지고 있던 자연에 대한 열의와 지각을 응용할 수 있는 부분인 '환경문제연구회'라는 동아리에서 활동하게 되었습니다. 이 시기에 환경문제가 갖는 유효성에 깊이 공감할 수 있었다고 생각합니다.
종합 정리 (내면 이야기 포함)	동네 어디를 가도 막힘없이 펼쳐진 바다는 그것 자체로 유년시절 저에게 세상에 대한 하나의 상징이 되기에 부족함이 없었습니다. 무언가를 꽉 채우고도 쉴 새 없이 꿈틀대는 파란 물결들은 저 아닌 다른 세상에 대한 경외심과 미지에 대한 조건 없는 호기심을 일으켰으니까요.
지원동기	외국에서는 논의되기 시작한 지가 꽤 오래된 환경문제가 우리나라에서는 최근 몇 년 사이에 새롭게 부각되고 있습니다. 그리고 이제까지 환경문제가 정부나 시민단체 주도하에 심정적인 차원에서 진행된 것이라면 앞으로는 이론과 실천이 겸비된 조직적이고 상식적인 문제로 전환될 것입니다. 이의 신호탄을 알리는 귀사의 잡지 발간에 힘 있는 응원을 보내면서 함께 참여하고 싶은 마음 간절합니다.
총정리 및 지원사에 대한 각오	앞으로 사회인이 되어서도 저의 생활태도는 이제까지 살아왔던 자세와 크게 다르지 않을 것입니다. 더불어 환경잡지 편집업무는 이제까지의 저의 성장과정을 스스로 돌아보건대 낯설지 않으면서도 애정과 소명을 가지고 일할 수 있는 분야일 거라고 믿습니다.

3. 면접

21세기 글로벌을 향한 무한 경쟁시대를 살아가는 기업들의 변화는 창의성, 전문성, 문제 해결 등을 잘 할 수 있는 인재의 필요성 때문에 면접에 다양한 변화가 나타났다. 면접횟수와 면접시간이 크게 늘어났고, 실무자 면접도 강화되었다. 면접장소도 기존장소에서 벗어나 야외공원, 노래방, 간이주점 등 부담 없는 장소가 이용되고 있다. 또한 면접관과 하루를 함께 보내면서 평가받는 다차원면접과 응시자들끼리 서로 평가하는 동료평가면접 등의 이색면접, 합숙면접, 사업설명회식 등 생소한 면접을 통해 평가 받게 된다. 면접방식도 개별면접, 집단면접, 집단 토론식 면접 등 다양하다. 이러한 다양한 유형의 면접은 준비하기가 쉽지 않아 썩 달가운 것은 아니지만 평범한 면접에 비해 자신의 장점을 더욱 부각시킬 수 있기 때문에 잘 준비한다면 성공취업으로 가는 지름길이 될 것이다.

1) 면접 방식

(1) 개별 면접(심층 면접)

면접관과 지원자가 1:1로 진행되는 방식과 면접관 여러 명이 지원자 한 명을 면접하는 방식이 있다.

① 1:1 면접

1:1 면접은 대학교에서 수험생 한 사람을 불러 한 시험관이 개별적으로 질의 응답하는 보편적인 방법이다. 회사에서 시행할 경우에는 한 사람에 대한 구체적인 많은 정보를 얻을 수 있으나, 시간이 많이 걸리고 면접관의 주관(선입관)이 개입될 소지가 있다.

- 흐트러지지 않는지를 평가하기 위한 면접관의 과잉 친절에 유의하여야 한다.
- 일관된 차분함과 신중함을 유지하는 것이 좋다.

② 다수:1 면접

면접관 여러 명이 한 사람을 불러 놓고 질문하는 면접 형식이다. 답변 시 질문한 면접관을 보면서 대답하고, 가끔씩 다른 면접관에게도 시선을 주는 것이 좋다.

- 또박또박 답변하는 것이 중요하다.
- 이야기할 내용은 간결하게 정리해 두는 것이 좋다.
- 자세, 시선관리, 어휘구사에 유의하여야 한다.
- 처음 2~3분 동안은 자기소개를 하고, 지망동기, 직업관, 성격, 친구관계 등 질문에 답한다.

(2) 그룹 면접

다수의 면접관이 여러 명을 면접하는 방법으로 일반적으로 5명의 면접관이 5명 내외의 지원자를 면접하는 것으로 여러 명을 동시에 비교 관찰할 수 있고, 평가에 있어서 객관성을 유지할 수 있다는 장점이 있다. 그룹 면접은 토론을 하는 것으로 정답이 있는 것이 아니기 때문에 적절한 의견을 내세우도록 한다.

- 같은 질문을 받았을 경우, 다른 지원자보다 뛰어난 대답을 하도록 노력한다.
- 다른 사람이 얘기할 때는 경청한다.

(3) 집단 토론식 면접

집단 토론식 면접은 면접자들에게(한 팀) 한 주제를 주고 서로 토론해가는 과정에서 인재를 색출할 수 있는 평가 면접이다. 전체 속에서 개인의 지도력, 판단력, 설득력, 협동성 등을 평가하는 새로운 방법이라 할 수 있다.

- 한 팀의 인원은 통상 5~8명으로 구성된다.
- 팀당 30분 내외의 토론시간을 부여해 준다.
- 면접관에게 어떻게 비칠까 생각하며 차분히 자기논리를 전개해간다.

(4) 발표식 면접

면접 당일 주제를 주고 약간의 시간 후에 발표하는 주제발표식 면접과 사전에 지원분야에 맞게 전문적 지식을 요하는 발표를 준비해야 하는 프리젠테이션 면접이 있다.

① 주제발표식 면접

여러 주제를 던져주고 그 중 하나를 선택하여 5~10분정도 준비시간을 거친 후 10~20분간 자신의 견해를 발표하는 것이다.

- 동료 응시자의 발표를 경청하고 질문을 하는 것까지 평가대상이 된다.
- 보통 전공심화면접, 혹은 석 · 박사 전공별 채용 면접 시 사용한다.

② 프레젠테이션 면접

직군별, 지원분야 또는 전공분야에 대해 전문성 있는 주제를 제시한 후 그 주제에 대한 자신의 의견, 지식, 경험 등 자료를 작성해 발표함으로써 지원자 개인의 특성이 최대한 발휘될 수 있는 면접방식이다.

- 대기업에서 많이 진행하며 이를 통해 지식, 전문성, 기획력, 분석력을 평가한다.
- 지원자의 적성과 능력 그리고 자질을 다각도로 평가받는다.
- 발표의 내용과 함께 태도나 어투, 시선처리, 목소리 톤 등에 유의하여야 한다.
- 지원자간의 비교 평가가 용이하기 때문에 자신의 실력을 최대한 발휘하도록 노력한다.

2) 최근 면접 경향

(1) 무자료 면접 (블라인드 면접)

블라인드 인터뷰라고도 하며 미리 준비된 기초적 자료 없이 응시자의 수험표와 이름만으로 평가를 시작하는 면접이다. 이 면접의 장점은 면접관의 선입견 없이 객관적이고 공정한 평가가 가능하다는 것이다.

(2) 압박 면접(스트레스 면접)

지원자가 긴장상태 시 어떻게 대응하는가를 관찰하기 위한 것으로 지원자의 말꼬리를 잡고 비난하기도 하며 고의로 약점들을 들춰내어 질문을 던지는 면접 방식이다. 지원자의 자제력과 인내성, 판단력 등의 변화를 관찰하려는 것이므로 여유롭게 대처하는 것이 좋다.

(3) 황당무계 면접

지원자의 위기대처 능력과 순발력을 알아보기 위한 면접으로 실질적인 행동을 요구하거나(예: 주어진 재료로 자신 있는 요리해보기) 정답이 없는 예상치 못한 질문(예: 하루에 양말을 두 번씩 갈아 신는 사람은 몇 명이나 되는가)을 하기도 하므로 자신 있게 대답하는 것이 무엇보다 중요하다.

(4) 현장체험 면접

지원자의 실력, 조직 적응력, 회사와의 적합성을 판단하기 위한 것으로 일정기간동안(일주일에서 한 달 정도) 실무에 투입시켜 조직 적응력, 회사와의 적합성 여부는 물론 업무 능력 등을 평가하기 위한 면접이다. 신입사원다운 성실성과 열정을 매사에 보여주고 길다면 길고 짧다면 짧은 기간이기 때문에 긍정적인 모습과 회사조직에 새로운 활력을 불어넣어줄 수 있는 인재라는 이미지를 심어주는 것이 좋다.

(5) 동료평가 면접

지원자 7~10명이 한 조를 이루어 자기소개 및 토론주제를 선정, 토론을 진행하고 함께 근무하고 싶은 동료 지원자를 추천하는 것으로 지원자들의 관점에서 평가하는 면접이다.

(6) 합숙전형 면접

지원자와 면접관이 2박 3일 정도 합숙하면서 면접을 진행하는 것으로 회사는 비용과 시간이 많이 들지만, 각 분야에 적합한 인재를 선발하는데 유용하고 지원자에게는 여러 번의 기회가 제공된다. 기획회의와 논리게임, 관찰력 테스트 등을 진행하여 지원자의 창의성, 논리성 등을 알아보는 방식이다.

(7) 행동관찰면접

응시자와 면접관이 회사 밖의 자유로운 공간에서 장시간 동안 다양한 활동을 벌이면서 평가를 진행하는 방식으로 집단토론뿐 아니라 운동회식 면접, 카드놀이 면접, 술자리 면접 등 다양한 방법이 있다.

① 운동회식 면접

지원자들의 승부근성, 팀워크, 리더십 등을 체크하는데 사용되는 면접으로 축구, 농구, 오래달리기 등의 종목을 활용한다.

② 카드놀이 면접

일정한 법칙을 정해 응시자들이 카드놀이를 풀어가는 것으로 각 조별로 해답을 얻어 응시자가 창의적인지, 독단적인지를 판단하는데 좋은 방법이다.

③ 술자리 면접

술이 있는 자연스러운 분위기에서 대화를 통해 지원자의 인성과 적성, 가치관, 잠재능력을 알아보는 것으로 때로는 과음을 유도해 성실성을 평가하기도 한다. 일부 회사에서는 지원자에게 장기자랑을 요구하기도 하는데 이때 적당히 자신의 숨겨진 끼와 재치를 발휘하면 더욱 좋은 결과를 얻을 수 있다.

(8) 사업설명회식 면접

일방적인 문답형식의 면접방식에서 탈피하여 기업 측에서도 사업의 비전을 설명해주는 쌍방향의 정보교환 방식으로 기업의 비전을 공유할 파트너를 뽑는다는 목적하에 주로 벤처기업에서 채택하는 면접 방식이다. 이를 위해서는 사전에 직무관련 기술이나 자질을 갖추도록 노력해야 한다.

(9) 주위사람 면접

면접 당사자가 아닌 주변 사람들을 면접하여 검증된 인재를 선발하는 것으로 전문가의 추천을 받은 소수의 지원자들의 주변 사람들을 통해 지원자의 능력과 잠재력, 성장배경 등을 분석하는 방식이다. 회사는 별도의 훈련과정 없이 현장에 바로 투입할 수 있는 사람을 뽑는데 유리하다.

(10) Unknown 면접

선후배간의 자연스러운 술자리를 통해 인재를 선발하는 것으로 술자리 면접과 비슷하지만 면접관이 지원자의 학교선배라는 점이 다르다.

■ 성공 면접을 위한 tip

① 회사가 원하는 대답을 한다.

면접 시 회사의 히스토리나 인지도 등 모두가 알고 있는 것만을 말하면 진부하게 느껴질 수 있으므로 자신의 의견을 덧붙여 회사에 대해 이해도가 있는 지원자로 평가될 수 있도록 한다. '무엇이든 할 수 있다' 는 말은 '딱히 내세울만한 강점은 없다' 로 오해할 소지가 있으므로 회사에서 '무엇을 해낼 수 있을지' 고민해보고 자신의 장점을 강점으로 부각시켜 회사에 얼마나 도움이 될 인재인지 자신있게 어필한다.

② 자신의 인생 해석이 중요하다.

자신을 객관적으로 평가할 때 특별한 점이 없다 하더라도 장점을 찾아내 스스로 자신을 재해석하는 시간을 갖는다. 자기소개서 작성 시에는 무작정 '나는 이런 능력이 있다' 라고 하는 것이 아니라 '나는 이러해서 이런 것을 할 수 있게 되었고 이 자리에 서게 되었다' 식으로 인과를 잘 서술해 보다 질 높은 자기소개서를 완성한다.

③ 면접은 시작부터 끝까지 스토리텔링이다.

면접에서는 듣는 사람이 흥미를 가질 수 있도록 조리 있게 잘 정리하여 말하는 것이 좋다. 열심히 공부해서 쌓은 스펙은 면접 기회를 얻는 요소일 뿐 그 후에는 스토리텔링이 결과를 좌우한다. 면접관 앞에서 말을 어떻게 잘 풀어내는지가 면접의 관건이라 할 수 있다.

④ 자신감 있는 모습을 어필한다.

사람을 제대로 파악하려면 가정환경, 부모님과의 관계 등 성장배경이 중요하게 작용한다. 만약 자신이 약점이라고 생각되는 부분이 있다 해도 그것은 죄송하거나 부끄러운 점이 아니므로 면접관 앞에서 주눅 드는 모습이 아닌, 그러한 환경을 잘 이겨내고 당당하게 성장한 모습을 어필하여 좋은 평가를 받는다.

⑤ SNS, 블로그에 관심을 갖는다.

대부분의 회사들은 친근한 이미지를 부각시키고 사람들과 소통하기 위해 SNS나 블로그를 많이 사용한다. 지원자는 이것을 통해 자신이 관심 갖는 회사를 자주 접하고 이를 면접에 잘 활용하여 원하는 결과를 이끌어 내도록 한다.

4. 면접 이미지

면접은 서로 대면하여 만나는 것으로 이미지가 중요하게 작용한다. 이미지는 얼굴의 표정, 말하는 소리와 모습, 자세 등 이미지가 좋으면 면접관에게 호감을 주어 좋은 결과로 이끌 수 있다.

1) 면접 이미지 태도

이미지를 결정하는 것 중 하나는 태도이다. 바른 태도로 면접에 임한다면 좋은 이미지를 남길 수 있다.

(1) 면접시 대답요령

① 말을 할 때는 면접관의 눈을 맞춘다.

② 회사에 대한 관심과 열정을 표현하며 간단, 명료하게 답한다.

③ 질문을 잘못 들었을 경우에는 당황하지 말고 다시 물어본다.

④ 적극적인 자세로 자신을 PR한다.

⑤ 두괄식 나열법(결론을 먼저 말하고 이유를 설명)으로 말한다.

⑥ 차분하고 당당하게 말한다.

⑦ 불필요한 습관성 행동이나 말을 하지 않도록 한다.

⑧ 면접관의 의도를 파악하기 위하여 질문을 끝까지 잘 듣는다.

⑨ 의견을 정확히 전달하기 위해 논리정연하면서 설득력 있게 말한다.

(2) 좋은 이미지로 보이기 위한 요령

① 밝은 표정으로 면접에 임한다.

② 의자에 앉을 때 등받이에서 조금 거리를 두어 바른 자세로 앉는다.

③ 모두가 알고 있는 사소한 예의범절을 잘 지킨다.

④ 솔직하고 자신감 있는 태도를 유지한다.

⑤ 끝까지 최선을 다해 면접에 임한다.

⑥ '빠른, 급속도로' 등 활동적인 형용사는 손으로 제스처를 취해 적극적인 모습을 어필하고 '일관성, 신뢰' 등의 용어를 선호한다면 손은 가만히 무릎 위에 올려놓는다.

(3) 긴장, 초조, 불안 극복 요령

① 지압 – 손을 무릎에 놓고 양쪽 손의 합곡(엄지와 검지 사이의 아픈 지점)과 노궁(주먹을 쥐었을 때 중지가 닿는 부분)의 혈을 손가락이나 볼펜으로 번갈아가며 2~3분간 지압한다.

② 숨고르기 – 몸을 느슨하게 하여 공기를 천천히 내보내는 방법으로, 숨을 내쉴 때 마음속으로 20에서 30까지 센다.

③ 미간과 턱, 머리의 긴장을 푼다.

④ 모의면접 연습을 여러 번 반복한다.

(4) 면접 시 주의 사항

① 지각하지 않는다.

② 지시가 있을 때까지 의자에 앉지 않는다.

③ 코나 입에 손을 가까이하는 것은 뭔가 숨기고 있다는 뜻이므로 주의한다.

④ 팔짱은 방어적 자세나 불안함, 배타적인 자세 등 부정적인 뜻이므로 하지 않는다.

⑤ 옷차림에 지나치게 신경 쓰지 말고 단정하게 입는다.

⑥ 책상위의 서류를 보지 않는다.

⑦ 결정전까지 급여에 대해 언급하지 않는다.

⑧ 연고를 과시하지 않는다.

(5) 면접관이 기피하는 인물형

① 공동체 의식이 결여된 개인중심적인 사람

② 무기력한 사람하고 패기가 없는 사람

③ 불성실하며 책임감이 없는 사람

④ 지혜롭지 못한 사람

⑤ 문제의식이 결여된 사람

⑥ 논리적 사고가 부족한 사람

⑦ 창의력이 부족한 사람

⑧ 인간관계가 원만하지 못한 사람

⑨ 과도하게 자신을 과시하는 사람

2) 면접 이미지 연출

면접 시 해당 직업군에 맞게 이미지를 연출함으로써 원하는 직업에 더욱 가까이 다가갈 수 있다.

(1) 직업별 면접 이미지 연출

직업의 성격에 따라 옷차림은 조금씩 다르다. 대기업, 공기업, 금융업 분야는 성실함과 신뢰감을 중시하므로 단정한 모습을, 광고나 패션 분야는 유행에 민감하기 때문에 개성을 드러내고, 영업, 서비스 분야는 주로 사람을 상대하므로 활동적인 모습을 보여주는 것이 좋다. 자신이 원하는 분야에 맞게 적당한 옷차림으로 면접에 임한다면 좋은 결과를 얻는데 도움이 될 것이다.

① 대기업, 공기업, 금융업 분야(세련된 정장에 신뢰감 주는 얼굴)

전통과 규율을 중시하는 성격이 강한 분야이므로 성실하고 신뢰감을 주는 것이 좋다.

예) 남성: 푸른빛이 도는 정장에 흰색 셔츠.(검정색 양복은 경직되어 보이므로 피한다)

여성: 검은색이나 회색 H라인 스커트 정장(무릎 선을 넘지 않는다)밝은색 셔츠, 블라우스 (가급적 액세서리는 피한다)

② 광고, 패션 분야(예의에 벗어나지 않는 한도 내에서 개성 표출)

유행에 민감한 분야로 개성 있고 센스 있는 사람을 원하므로 자신의 감각을 보여준다.

예) 남성: 벨벳이나 코듀로이 소재 재킷, 폭이 좁은 슬림타이를 연출

여성: 리본이나 셔링이 들어간 테일러드 칼라 재킷에 주름이 들어간 플레어 스커트

③ 영업, 서비스 분야(단정한 옷차림에 밝은 웃음)

고객과 소통의 창구 역할을 하는 분야이므로 단정하면서도 활동적인 옷차림이 좋다.

예) 남성: 포근한 느낌의 브라운컬러 정장에 흰색셔츠, 파스텔톤 넥타이

여성 : 깔끔한 스커트에 프릴이나 주름장식 가미된 블라우스, 가디건

(2) 성별 면접 이미지 연출

좋은 이미지를 연출하기 위한 방법은 성별에 따라서 다르다. 여성과 남성의 면접 이미지 연출에 대해 더욱 자세히 알아보고자 한다.

① 여성의 면접 이미지 연출

※ 좋은 이미지 화장법

- 자연스럽고 밝은 이미지로 자신의 분위기에 맞게 표현한다.
- 너무 짙은 화장이나 맨 얼굴은 좋은 이미지를 줄 수 없으므로 주의한다.
- 피부색보다 약간 밝은 색의 파운데이션을 얼굴에 얇게 바르고 파우더로 살짝 눌러 준다.
- 투웨이케익은 무겁게 보이므로 사용하지 않는 것이 좋다.
- 눈썹은 자연스럽게 그린다.
- 눈은 눈두덩 위에 은은한 갈색 톤의 아이섀도를 바른다.
- 검정색 아이펜슬이나 액체 아이라이너로 선명하고 얇게 그려준다.
- 눈 화장은 눈두덩 위에 은은한 갈색 톤의 아이섀도를 바른다.
- 검정색 아이펜슬이나 액체 아이라이너를 신명하고 얇게 그려준다.
- 원색 립스틱에 갈색(베이지색)톤의 혼합은 혈색 있는 색상이 된다.
- 볼은 은은하게 발라 혈색을 살려준다.

※ 좋은 이미지 헤어스타일

- 지적인 이미지의 깔끔하고 단정한 생머리, 단발, 세미커트 스타일이 무난하다.
- 파마보다는 생머리가 단정한 인상, 상큼한 단발이나 깔끔한 커트 머리는 활동적인 인상을 준다.
- 헤어컬러는 자연 갈색이 좋고, 밝은 갈색은 신뢰감을 떨어뜨릴 수 있고, 검은색은 무거워 보인다.
- 단정한 이미지에는 둥근 단발머리인 아나운서 스타일(보브단발)이 좋다.

※ 좋은 이미지 패션

▷ 정장

- 단정하고 깔끔한 이미지 부각을 위해 투피스 정장이나 바지 정장이 좋다.
- 슈트는 검정색, 감색, 회색, 커피색, 회갈색 계열로 심플하고 라인이 세련된 것으로 입는다.
- 옷차림 전체는 세 가지 이내의 색 조합이 안정감을 준다.
- 스커트는 회색, 브라운, 밝은 베이지, 검정색으로 트임이 깊지 않은 무릎 중간 길이 정장이 좋다.
- 바지 정장의 경우 일자바지, 어두운 색상이 적당하다.(활동적인 직업여성의 이미지를 준다)
- 블라우스보다는 셔츠가 좋고, 줄무늬 셔츠가 세련되어 보인다.
- 스타킹은 불투명 보다는 피부색보다 한 두 단계 어두운 살색이나 커피색이 좋다.

▷ 핸드백, 구두, 액세서리

- 핸드백은 정장과 같은 계열 색으로 연출한다.
- 구두는 발등을 약간 덮는 스타일로 5~7cm 정도의 펌프스를 신는다.
- 액세서리는 두 개 이내로 하고 귀걸이는 부착형이 좋다.

② 남성의 면접 이미지 연출

※ 좋은 이미지 헤어스타일

- 깔끔하고 단정한 느낌을 주는 약간 짧은 자연스러운 스타일이 좋다.
- 젤이나 헤어스프레이로 단정하게 연출한다.
- 헤어 컬러는 짙은 갈색이 부드러우면서 세련된 이미지를 준다.

※ 좋은 이미지 패션

▷ 정장

피부가 하얗거나 편안한 이미지를 주고 싶다면 밝은 색 양복을 선택하고 감청색계열, 회색계열의 컬러로 줄무늬가 있는 슈트는 세련된 이미지를 준다.

- 좋은 색: 짙은 감색, 줄무늬 약간 있는 브라운 계열.
- 좋지 않은 색: 붉은 색 들어간 갈색, 밤색, 베이지색, 카키색, 검정색

▷ 셔츠, 넥타이

- 셔츠는 흰색, 베이지, 연한 갈색, 블루 등 양복보다 밝은 색상을 선택한다.
- 피부가 하얀 경우엔 아이보리, 어두운 편이면 흰색 셔츠를 입는다.
- 넥타이는 정장과 같은 색의 단색으로 줄무늬나 물방울무늬가 좋다.
- 넥타이의 길이는 벨트를 살짝 가리는 정도가 적당하다.

▷ 구두, 양말

- 검정색이 가장 좋고 갈색 계열의 정장이라면 갈색 구두를 신는다.
- 어떤 정장에든 검은색 구두에 검은색 양말을 신는 것이 어울린다. (흰색 양말은 피한다)
- 양말은 바지와 구두의 중간색이 좋고, 바지와 같은 색이나 약간 짙은 것도 좋다.

참고문헌

퀸튼 신들러/김영선 역 시간관리, 성공하는 사람들은 어떻게 하는가, 도서출판문장(2012)

박선영 오 마이 이미지, 미니멈(2012)

정승혜 대학생을 위한 화법과 이미지메이킹, 태학사(2012)

김한권 성공하는 직장인의 53가지 예절, 조선일보사 출판국(1995)

허은아 매너가 경쟁력이다, 아라크네(2003)

박경화 나를 연출하는 이미지 컨설팅, 마다스북스(2003)

김경호 이미지메이킹의 이론과 실제, 도서출판 높은오름(2013)

남혜원 외2인 서비스 시대에 필요한 기본매너와 이미지 메이킹, 새로미(2012)

주영애 외2인 매너와 이미지메이킹 플러스, 도서출판 신정(2012)

이인경 인파워&서비스이미지메이킹, 백산출판사(2012)

매리 미첼/권도희 역 첫 5분을 사로잡는 이미지 경영, 이손(2006)

권혜숙 외 패션 이미지 메이킹 수학사, 2004

김경순외 4인 모발 관리학, 청구문화사. 1995

김광숙 외 메이크업 & 코디네이션, 예림, 2003

강갑연 외 모발 및 두피관리학, 광문각, 2004

강근영 외 색채와 뷰티코디네이션, 고문사, 2001.

금한나 이미지와 국제매너, 한올출판사, 2001

김남희 기초 메이크업, 예림, 2006

김민경 튀는 색깔이 뜨는 인생을 만든다, 명진 출판, 1999

김미현 색채분석을 위한 Handbook, Color & Face 연구실, 1996

김미현 외 컬러진단과 이미지 메이킹 예림출판사, 2003

김보배 프로 이미지 컨설팅, 교문사, 2000.

김시중 외 매너클리닉, 대왕사, 2004

김영준 외 호텔 서비스실무 매뉴얼, 대왕사, 2005

김월순 외 토털패션코디네이션 예림출판사, 2004

김유순 외 스타일리스트를 위한 이미지메이킹, 예림, 2004

김은희 대학이미지 연출, 형설출판사, 2000

김희숙, 이은임 『메이크업과 패션』, 수문사, 1996

리처드다이어/주은우 역 스타-이미지와 기호, 도서출판 한나래, 1995

박한표 글로벌문화와 매너, 한올출판사, 2005

(사)한국분장예술인협회 메이크업아티스트 3급 자격검정시험예상문제집, 2004

신향선 패션과 뷰티를 위한 Color image making, 도서출판국제, 2003

오성환 직장예절, 형설출판사, 2005

오희선.박화순 아름다운 여성을 위한 패션코디, 경춘사, 2000.

윤광희 만점 면접 노하우, 물푸레, 2004

윤치영 면접 하루 전에 읽는 책, 팜파스, 2006

이경손. 김희섭 의생활과 패션코디네이션, 교문사, 2003.

이경희 외 패션과 이미지 메이킹, 교문사, 2006

이병숙 차별화된 면접 경쟁력을 키워라, 팜파스, 2006.

이성옥 이미지 메이킹, 수문사, 2002

이현주, 외 더 메이크업, 예림, 2018

장애란 외 패션 코디네이션, 예학사, 2003

정삼호 외 패션 Self 스타일링, 교문사, 2001

정연아 이미지테크연구소 & 아카데미, 연구소자료, 2006

정해정 스타일을 위한 컬러코디네이션, 도서출판국제, 2003.

조진아 외 토털 코디네이션, 훈민사, 2002

최민령 외 The Beauty Make-up, 예림, 2006.

황선길 외 면접질문 174제, 제우미디어, 2006

한명숙. 하희정 자기 이미지 커뮤니케이션, 교문사, 2005.

한명숙 마뀌아쥬 예술, 청구문화사, 2003

나해윤(2004) 개인색채 진단에 따른 이미지 연출에 관한 연구, 광주여자대학교 미용과학대학원 석사학위논문.

신수현(2003) 얼굴형과 메이크업 컬러에 관한 연구, 조선대학교 산업대학원 석사학위논문.

신향선(2002) 퍼스널컬러 시스템에 따른 유형의 분포도와 색채진단 변인에 관한 연구: 메이크업, 헤어, 의상 색채중심으로, 건국대학교 디자인대학원 석사학위논문.

우연정(1999) 한국여성의 피부색 · 얼굴색 · 화장색에 관한 연구, 건국대학교 대학원 석사학위논문.

김경순(1999) 피부색과 어울리는 메이크업 색상의 이론적 고찰, 한국미용학회 5(1).

Applbaum, R. L., E. M. Bodaken K. K. Sereno and K. Anatol(1974) The Process of Group Communication, IL : Science Research Associates.

Hall, Edward T.(1966) The Hidden Dimension, Garden City, N.Y. : Doubleday.

Hall, Edward T.(1976) Beyond Culture, Garden City, N.Y. : Anchor Press.

Mehrabian, Albert(1972) Nonverbal Communication, Aldine-Atherton, Chicago, Illinois.

Mehrabian, Albert(1981) Silent Messages : Implicit communication of emotions and attitudes(2nd ed.), Wadsworth, Belmont, California.

Niemeir, Susanne, Charles P. Campbell and Rene Dirven(1998) The Cultural Context in Business Communication, Philadelphia: John Benjamin Publishing.

Whitman, R. F. and P. H. Boase(1983) Speech Communication: Principles and Contexts, New York: MacMillan.

IMAGE MAKING

2024년 2월 28일 초판인쇄
2024년 3월 05일 초판발행

저 자 정연자 서혜경 신원선 윤미연
발 행 인 석종환
발 행 처 도서출판 예 림
편 집 박경선
교정교열 박경선

경기도 남양주시 다산순환로 20
다산현대프리미어캠퍼스 지식산업센터 D동 2층 27호
Tel: 02) 921-6045~6 Fax: 02) 921-4524
E-mail: yaelim21c@hanmail.net
http://www.yelimbook.com
등록번호 제 1-2685호
ISBN 978-89-6475-195-4

정 가 20,000원

● 잘못된 책은 바꿔 드립니다.